Imperialismo e questão europeia

domenico losurdo

Imperialismo e questão europeia

ORGANIZAÇÃO
EMILIANO ALESSANDRONI

POSFÁCIO
STEFANO G. AZZARÀ

TRADUÇÃO
SANDOR JOSÉ NEY REZENDE

© Boitempo, 2023
© La scuola di Pitagora editrice, 2019

Título original: *Imperialismo e questione europea*

Direção-geral	Ivana Jinkings
Edição	Pedro Davoglio
Coordenação de produção	Livia Campos
Assistência editorial	Elaine Alves
Tradução	Sandor José Ney Rezende
Revisão técnica	Rita Coitinho ("Introdução" e artigos de Losurdo)
Preparação	Sílvia Balderama Nara
Revisão	Maíra Meyer ("Introdução" e artigos de Losurdo) e Daniel Rodrigues Aurélio ("Apêndice" e "Posfácio")
Capa	Maikon Nery
Diagramação	Antonio Kehl

Equipe de apoio Elaine Ramos, Erica Imolene, Frank de Oliveira, Frederico Indiani, Higor Alves, Isabella Meucci, Ivam Oliveira, Kim Doria, Luciana Capelli, Marcos Duarte, Marina Valeriano, Marissol Robles, Maurício Barbosa, Raí Alves, Thais Rimkus, Tulio Candiotto, Victória Lobo

CIP-BRASIL. CATALOGAÇÃO NA PUBLICAÇÃO
SINDICATO NACIONAL DOS EDITORES DE LIVROS, RJ

L89i

Losurdo, Domenico, 1941-2018
Imperialismo e questão europeia / Domenico Losurdo ; organização Emiliano Alessandroni ; posfácio de Stefano G. Azzarà ; tradução Sandor José Ney Rezende. - 1. ed. - São Paulo : Boitempo, 2023.

Tradução de: Imperialismo e questione europea
Apêndice
ISBN 978-65-5717-214-8

1. União Europeia - Política mundial - 1945-1989. 2. Imperialismo. 3. Política mundial - 1989-. 4. Europa - Política e governo - 1945-. I. Alessandroni, Emiliano. II. Azzarà, Stefano G. III. Rezende, Sandor José Ney. IV. Título.

23-82696   CDD: 327.4
     CDU: 327.2

Gabriela Faray Ferreira Lopes - Bibliotecária - CRB-7/6643

É vedada a reprodução de qualquer
parte deste livro sem a expressa autorização da editora.

1ª edição: março de 2023

BOITEMPO
Jinkings Editores Associados Ltda.
Rua Pereira Leite, 373
05442-000 São Paulo SP
Tel.: (11) 3875-7250 / 3875-7285
editor@boitempoeditorial.com.br
boitempoeditorial.com.br | blogdaboitempo.com.br
facebook.com/boitempo | twitter.com/editoraboitempo
youtube.com/tvboitempo | instagram.com/boitempo

SUMÁRIO

Introdução – *Emiliano Alessandroni* 9

1. Primeiro, Segundo e Terceiro Mundo: os Estados Unidos, a Europa e a China 15

2. A ideologia da guerra e o mito da *translatio imperii* da Europa para os Estados Unidos.. 17

3. Marxismo ou populismo? 43

4. Existe um imperialismo europeu hoje? 59

5. O império americano e a Europa 73

6. O inimigo principal está em seu próprio continente?.................. 95

7. O que significa ser anti-imperialista hoje?................................... 99

8. O ideal de "paz perpétua" entre a Europa e os Estados Unidos...... 105

9. A nova rota da seda e o diálogo entre civilizações................... 143

10. Por que o imperialismo dos Estados Unidos é de longe o inimigo principal? 159

11. Pode um Estado colonialista ou imperialista constituir um baluarte da democracia? 179

Apêndice. Economicismo ou dialética? Uma abordagem marxista da questão europeia – *Emiliano Alessandroni* 185

Posfácio. A emergência de uma democracia bonapartista pós-moderna e plebiscitária e a revolta "soberana" contra a Grande Convergência e contra a Europa – *Stefano G. Azzarà* 235

Não acredito no niilismo antieuropeu: na minha opinião, não haverá retorno ao *status quo ante*, seja qual for o juízo que se queira fazer.

O processo de unificação europeia é certa e totalmente hegemonizado pela burguesia, disso não há sombra de dúvida, e é um processo que se desenvolve de forma contraditória: não penso de forma alguma que esteja destinado a resultar tão cedo na formação de um estado federal. Está a meio caminho entre um mercado comum e a aspiração a um estado federal.

A tendência a construir áreas maiores não diz respeito apenas à Europa; veja-se, por exemplo, a América Latina, a Aliança Bolivariana para as Américas... onde, no entanto, a oposição ao imperialismo estadunidense é clara e declarada, enquanto, desse ponto de vista, nossa atitude é mais positiva.

Em suma, não acho que se possa voltar ao *status quo ante*, não creio que a Europa possa ser colocada no mesmo plano que os Estados Unidos, e acredito que o imperialismo hoje seja representado principalmente por esse eixo Estados Unidos-Israel.

Naturalmente, é necessário observar que a União Europeia é totalmente hegemonizada pela burguesia e combater nesse terreno. Assim como, do ponto de vista de Marx e Engels, era clara a consciência de que a unificação da Itália era totalmente hegemonizada pela burguesia, mas isso não significava que a divisão do Estado devesse ser lamentada.

Hoje a situação naturalmente é diferente: não estamos caminhando para um Estado unitário, mas não acho que seja uma palavra de ordem de esquerda a que convida a deixar a União Europeia. E, em todo caso, é uma bandeira idealista.

De *Ma cos'è la destra, cos'è la sinistra* [Mas o que é a direita, o que é a esquerda] – colóquio com Domenico Losurdo, Florença, 31 de outubro de 2009.

Por ocasião da última reunião da Coordenação em Roma (julho), antes da minha (breve) intervenção, foi ***** que me convidou a criticar publicamente as palavras de ordem pela saída da Europa. Lamento não ter seguido esse conselho.

Domenico Losurdo (e-mail enviado a Emiliano Alessandroni, em 18 de abril de 2016, às 20h54).

Nota da edição brasileira

Além dos textos que compõem este livro, a edição italiana de 2019 traz: "A doutrina Bush e o imperialismo planetário"; "Os Estados Unidos e as origens político-culturais do nazismo"; e "Palmiro Togliatti e a luta pela paz ontem e hoje". Esses três capítulos (5, 7 e 9 da edição original) integram a obra *Colonialismo e luta anticolonial*, do mesmo autor, organizada por Jones Manoel e publicada pela Boitempo em 2020.

Este volume contou com o apoio de muitas pessoas, a quem agradecemos: Massimiliano Marotta, da editora La scuola di Pitagora, pela cessão da edição italiana; Emiliano Alessandroni, pelo trabalho de organização; Stefano Azzarà, pelo "Posfácio" aqui incluído; Rita Coitinho, pela revisão técnica e pelo texto de capa; a família de Domenico Losurdo, na figura de seu filho Federico Losurdo, pela confiança e parceria que sempre marcaram nossos esforços de publicação conjunta; e todos os profissionais que trabalharam para tornar este lançamento possível.

INTRODUÇÃO
Emiliano Alessandroni

Quando Hans Heinz Holz – aluno de Ernst Bloch e amigo de György Lukács, além de presidente honorário da *Internationale Gesellschaft Hegel-Marx für dialektisches Denken* –, faleceu em 11 de dezembro de 2011, Domenico Losurdo expressou publicamente suas condolências: tratava-se, de fato, escreveu, "de um grave luto não só para a Associação com a qual, graças à sua profunda cultura, à estima universal de que gozava, à simpatia que inspirava e ao seu apaixonado empenho como filósofo e militante político, ele contribuiu de forma essencial para fundar, animar e dirigir", mas de "um grave luto também para a comunidade filosófica internacional e para o movimento que luta pela causa da paz e da emancipação"[1].

Alguns anos antes, em uma conversa privada, Losurdo me dizia que Holz era um dos poucos intelectuais de prestígio internacional com cujo pensamento encontrava uma particular afinidade de pontos de vista: "há um único tema", acrescentou, porém, "que nos divide profundamente: a União Europeia". Sobre esse assunto, segundo Losurdo, Holz mostrava-se particularmente intransigente: não admitia posições que não levassem a uma ruptura com o processo de convergência em curso e a uma saída nacional da moeda única.

Aluna brilhante e carismática de Holz foi Sahra Wagenknecht. Essa figura de destaque da *Linke* [Esquerda] alemã, depois de ter contribuído para a fundação do movimento *Aufstehen* [De pé!]* em posições mais antieuropeias, num contexto de crescente atrito entre os Estados Unidos e a União Europeia e de tentativas por parte da administração Trump de perturbar a já débil unidade

---

[1] Domenico Losurdo, "È morto Hans Heinz Holz, grande filosofo marxista e militante politico comunista", do blog de Losurdo, 12 dez. 2011.

* Trata-se de um movimento coletivo alemão de partidos de orientação política de esquerda, iniciado por Sahra Wagenknecht. (N. T.)

política do Velho Continente; em um contexto em que o governo Salvini via aumentar os atritos com a União Europeia e a aproximação cada vez maior com a Casa Branca, sem proferir uma única palavra sobre a dominação e a interferência que os Estados Unidos exercem de forma cada vez mais premente em nosso território [Itália], declarou, em entrevista, que "os italianos não querem ser governados por Bruxelas, e menos ainda ser governados por Berlim"[2]. Como se estivessem felizes, em vez disso, por deixar-se governar por Washington!

Comparada à era Bush e ao período de tensões que surgiram entre os Estados Unidos e a União Europeia com o distanciamento de Jacques Chirac e Gerhard Schröder em relação à "guerra preventiva" desencadeada por Washington contra o Iraque, a era Obama registrou um maior alinhamento do Velho Continente à política estadunidense. Nos assuntos da Líbia, Ucrânia e Síria, a União Europeia mostrou toda a sua agressividade, ainda que em posição subordinada ao controle de além-Atlântico.

A concepção liberal europeia exibiu, nos últimos anos, os profundos sinais da ideologia colonial da qual está impregnada, daquela ideologia na qual tem suas raízes. Este fato não escapou a Losurdo, que, no entanto, falando mais uma vez da União Europeia, dividiu comigo este pensamento:

> no que diz respeito às posições antieuropeias que pairam na esquerda radical do Ocidente, posso concordar com alguns aspectos das premissas, mas com certeza não quanto às conclusões: concordo que a União Europeia é um processo capitalista e também posso concordar que ela poderá desenvolver um viés imperialista. A partir dessas duas premissas, alguns chegam à conclusão de que se deve deixar a Europa. Parece-me uma conclusão sem sentido. Seguindo essa lógica, também deveríamos sair da Itália.

Quando recordei-lhe que o antieuropeísmo – que também explodiu à esquerda após os acontecimentos gregos – identifica a União Europeia com um projeto de dominação da Alemanha ou, conforme o caso, do eixo franco-alemão, Losurdo respondeu que o processo de convergência que os países do continente perseguiam não expressava o desejo de submissão ao poder dos países centrais, mas obedecia à necessidade de unificar as áreas econômicas para construir um mercado mais robusto; caso contrário, estaríamos destinados a

---

[2] "Die Italiener wollen nicht von Brüssel regiert werden" (Sahra Wagenknecht im Gespräch mit Tobias Armbruster), *Deutschlandfunk*, 24 out. 2018.

permanecer em um estado de subordinação às economias hegemônicas. "Tome um país como a Sérvia", ele me disse, "pelo qual sempre nutri uma profunda estima. Há anos pede para se juntar à União Europeia. Sua motivação é a necessidade de não ficar em uma posição marginal em relação aos grandes processos econômicos mundiais".

As conversas sobre esse tema continuaram nos meses seguintes, e sua oposição ao *exit* [saída] permaneceu inalterada. Em 18 de abril de 2016, às 20h54, recebo um e-mail dele no qual estava escrito: "Por ocasião da última reunião da Coordenação em Roma (julho), antes da minha (breve) intervenção foi ***** que me convidou a criticar publicamente as palavras de ordem pela saída da Europa. Lamento não ter seguido esse conselho".

No mês anterior, ele havia publicado no site da Marx XXI, associação da qual era então presidente, um artigo intitulado "Por que o imperialismo dos Estados Unidos é de longe o inimigo principal?". Faria eco a esse ensaio um segundo, publicado no ano seguinte, intitulado "Palmiro Togliatti e a luta pela paz ontem e hoje"[3]. Ambos os textos pretendiam ser um convite à redução do desperdício de energias investidas em pedir a saída da Itália da Europa e do euro, a fim de concentrá-las contra os crescentes perigos de guerra que a política dos Estados Unidos semeava e contra a sistemática violação do direito internacional que o eixo Estados Unidos-Israel cometia. Essas indicações, porém, não foram acolhidas; ou, talvez, deliberadamente se desejasse ignorá-las pelo que significavam no âmbito teórico e no da contingência política. Foram notadas, no entanto, pelo Partido Comunista de Marco Rizzo que, professando posições ainda mais radicais sobre a Europa do que as do KKE grego, do qual se sentia próximo, respondeu no seu órgão de imprensa oficial com um artigo, fraco nos argumentos, mas duro nos tons, intitulado "L'antimperialismo 'barocco'" ["O anti-imperialismo 'barroco'"]. Nele, Losurdo é retratado como um mistificador, um arquiteto de "cambalhotas dialéticas" que tenta "retratar Lênin como um antileninista" e que "joga sujo", a ponto de explorar indevidamente os clássicos do marxismo para defender o "bloco imperialista" europeu e todos os "outros blocos capitalistas-imperialistas, começando pelos chamados Brics"[4].

---

[3] Já publicado em português em Domenico Losurdo, *Colonialismo e luta anticolonial: desafios da revolução no século XXI* (São Paulo, Boitempo, 2020), p. 55-68.

[4] Alberto Lombardo, "L'antimperialismo 'barocco'. Commenti a 'Concentrare tutte le forze contro il *nemico principale*', de Domenico Losurdo", *La Riscossa*, 13 mar. 2017.

Com a eleição de Trump para a Casa Branca, o atrito entre os Estados Unidos e a União Europeia ficou mais uma vez estridente. Em compensação, percebemos, por outro lado, sinais de aproximação, ou redução das tensões, entre a União Europeia e a Rússia e entre a União Europeia e a China[5].

Losurdo assistia, assim, nos últimos meses de sua vida, a um aumento das tensões entre os dois continentes, mas, paralelamente a isso, também a uma mudança no centro de gravidade das energias combativas: do contraste às políticas expansionistas do eixo Estados Unidos-Israel à oposição à estabilidade político-institucional da União Europeia. Se as forças lhe tivessem permitido, ele teria tentado iniciar um trabalho para esclarecer a questão, como fez quando, na *Ernesto* de 2003, publicou aquele ensaio sombrio, "Existe um imperialismo europeu hoje?", que incluímos neste volume. A morte, no entanto, impediu-o de fazê-lo.

Com esta coletânea de artigos, esperamos não só atender aos seus últimos desejos e contribuir para dar a conhecer o seu pensamento sobre o tema aqui exposto, mas também lançar luz, precisamente, sobre a controversa questão europeia e sobre o conceito de imperialismo.

Os textos que aqui reunimos conservam, salvo algumas pequenas alterações realizadas para evitar a perda da lógica temática, a ordem cronológica em que surgiram, e abrangem um período que vai de 1978 a 2017. A maioria dos títulos manteve-se inalterada e, aonde foram feitas alterações, o título original foi indicado em nota.

O texto que abre a coletânea, "Primeiro, Segundo e Terceiro Mundo: os Estados Unidos, a Europa e a China", se reconecta conceitualmente à chamada *Teoria dos Três Mundos*, de Mao Tsé-Tung e Deng Xiaoping, sobre a qual nos deteremos no ensaio do apêndice. Essa discussão aparece também no nono tópico do capítulo 8 ("O Império, os vassalos e os bárbaros"), no qual "o atual Império Americano" é comparado ao "Império Romano" e "os supostos aliados de Washington revelam-se Estados 'vassalos e tributários' ou mesmo 'protetorados'", o que é válido "tanto para a 'Europa ocidental' e a 'Europa central' como para o Japão" (infra p. 136). Nesse contexto, a Europa constitui o Segundo Mundo, ou o mundo dos *vassalos*, não um Primeiro Mundo em competição com os Estados Unidos. Se os vassalos muitas vezes mostram uma atitude agressiva em relação aos *bárbaros*, mas o *Império* é o alvo principal, não são suas periferias que devem ser forçadas a se separar daquele poder que

---

[5] Sobre esses aspectos, ver o ensaio do apêndice, "Economicismo ou dialética?".

as domina, o que só é possível quando conseguem adquirir suficiente força econômica, militar e política. Força dificilmente imaginável fora de uma união.

Deve-se ter em mente que a aversão expressa por Losurdo a qualquer hipótese de saída do euro e da UE não constitui nenhuma forma de idolatria incondicional em relação à Europa. O capítulo 2 contribui para dissipar esse potencial mal-entendido, pois oferece uma reconstrução detalhada da ideologia colonialista e racista que caracterizou a história do liberalismo europeu (cada vez mais fomentado pelo ímpeto da missão civilizadora), para depois mostrar como essa ideologia, esse mito imperial, no entanto, experimentou uma progressiva *translatio* [transmigração] da Europa para os Estados Unidos, que o manteve quase intacto em sua agressividade original.

Os ensaios "Marxismo ou populismo?" e "Existe um imperialismo europeu hoje?" devem ser pensados juntos e agrupados com os dois a que nos referimos anteriormente: "Palmiro Togliatti e a luta pela paz ontem e hoje" e "Por que o imperialismo dos Estados Unidos é de longe o inimigo principal?". Neles são respectivamente criticados, e concebidos como relacionados entre si, o "populismo", o "economicismo" e aquilo que Losurdo define como "anti-imperialismo barroco". Compreender esses três conceitos, em sua articulação, é indispensável para o entendimento das críticas dirigidas aos partidários da saída da Europa.

O capítulo 5 mostra como a cultura do colonialismo e a ideologia da *white supremacy* [supremacia branca] sempre caracterizaram a história político-ideológica dos Estados Unidos, fazendo-os emergir como *precursores* e ao mesmo tempo *herdeiros* do pensamento nazista.

O capítulo 6 é a primeira tradução italiana de uma intervenção feita por Losurdo em alemão em uma mesa-redonda sobre a Europa por ocasião da *XIV Internacional Rosa-Luxemburg-Konferenz*, em 2009.

Por fim, um capítulo extraído de *Il marxismo occidentale* [O marxismo ocidental] completa o quadro. Nele a concepção mecanicista da conflitualidade é solapada, apontando que não apenas um país capitalista, mas mesmo uma potência imperialista não está a salvo do risco de sofrer uma subjugação colonial.

A partir de uma reformulação teórica e de uma reflexão sobre o mosaico conceitual oferecido neste volume, damos vida ao ensaio contido no apêndice: "Economicismo ou dialética? Uma abordagem marxista da questão europeia".

Por fim, como posfácio, há um artigo de Stefano G. Azzarà no qual, na esteira dos ensinamentos teóricos de Losurdo, são analisados os acontecimentos culturais e políticos do populismo, fenômeno generalizado nos ambientes do euroceticismo radical.

Antes de concluir, gostaria finalmente de agradecer com carinho à família Losurdo – Ute, sua esposa e companheira de vida, e seu filho Federico – pela confiança que depositaram neste projeto, por terem me ajudado, com cuidado e convicção, a realizá-lo. Sem esse apoio, sentido em âmbito sentimental antes mesmo que prático, este volume não teria visto a luz.

Finalmente, um último, mas devido agradecimento ao *Istituto Italiano per gli Studi Filosofici di Napoli* [Instituto Italiano de Estudos Filosóficos de Nápoles] e a Massimiliano Marotta que, tendo conhecido Mimmo pessoalmente e, podendo assim, apreciar sua estatura intelectual e humana, ofereceu sem hesitação seu total apoio a esta publicação.

1. PRIMEIRO, SEGUNDO E TERCEIRO MUNDO: OS ESTADOS UNIDOS, A EUROPA E A CHINA[1]

Isolar o inimigo principal e unir todas as forças que podem ser unidas: é um princípio repetidamente enunciado nas obras de Mao Tsé-Tung; e é um princípio que Zhou Enlai sempre tentou aplicar em sua atividade como primeiro-ministro. Ao publicar as *Propostas relativas à linha geral do movimento comunista internacional*, em junho de 1963, o Partido Comunista Chinês (PCCh) caracterizou a situação internacional nestes termos:

> Aproveitando a situação criada após a Segunda Guerra Mundial e substituindo os fascistas alemães, italianos e japoneses, os imperialistas americanos procuram fundar um imenso império mundial sem precedentes. O seu objetivo estratégico sempre foi invadir e dominar a zona intermediária entre os Estados Unidos e o campo socialista, sufocar a revolução dos povos e das nações oprimidas, passar à destruição dos países socialistas e, assim, colocar todos os povos e países do mundo, incluindo os aliados dos Estados Unidos, sob o domínio e a escravidão do capital monopolista americano.

Já então a "zona intermediária" constituída em primeiro lugar pelos países capitalistas avançados da Europa ocidental e o Japão (que, posteriormente, serão definidos como "Segundo Mundo"), foi chamada a se opor à política de ingerência e opressão dos Estados Unidos [...]. É significativo que, por ocasião da morte de Charles de Gaulle, o presidente Mao Tsé-Tung envie uma mensagem à viúva, cujo texto diz: "Tendo conhecimento da morte do general Charles de Gaulle,

---

[1] Texto original sem título. Introdução a "Ciu En-lai, Appoggio alle lotte dei paesi e popoli del secondo mondo", em Domenico Losurdo (org.). *Ciu En-lai: scritti e discorsi* (Milão, Editrice Popular, 1978).

gostaria de apresentar-lhe minhas profundas condolências e render homenagem ao falecido, inflexível combatente contra a agressão fascista e pela salvaguarda da independência nacional da França". Nessa mesma ocasião, Zhou Enlai, por sua vez, enviava uma mensagem, de mesmo teor ao presidente da República francesa e ao seu futuro hóspede na China, Georges Pompidou (ver *Pekin Information*, 1970, n. 46). Isso demonstra que uma característica constante da política externa da República Popular da China é o encorajamento à luta dos pequenos e médios países em defesa da sua independência e soberania, luta que atinge "os maiores exploradores e opressores internacionais do nosso tempo" [...]. É nesse quadro que deve ser inserida a visita do presidente Pompidou à China em setembro de 1973. Zhou Enlai (que alguns dias antes, em nome do Comitê Central, havia lido o relatório político no X Congresso do PCCh), recebendo o convidado francês, depois de sublinhar os crescentes perigos da guerra, declara:

> Apoiamos todas as lutas justas travadas pelos povos dos diversos países. Apoiamos também os povos da Europa que se unem para preservar a sua soberania e independência. E somos a favor deste ponto de vista: a causa da unidade europeia, se concretizada, contribuirá para a melhoria da situação mundial.

Zhou Enlai confirmará essa abordagem em seu Relatório à IV Assembleia Popular Nacional em 13 de janeiro de 1975, quando declara: "Apoiamos a luta dos países e dos povos do Segundo Mundo contra o controle, as ameaças e o assédio das superpotências, e os esforços realizados pelos países da Europa ocidental para unirem-se a esta luta". Como primeiro-ministro do governo chinês, Zhou Enlai deu uma grande contribuição para a construção da maior frente única possível... contra o imperialismo estadunidense.

2. A IDEOLOGIA DA GUERRA E O MITO DA *TRANSLATIO IMPERII* DA EUROPA PARA OS ESTADOS UNIDOS[1]

2.1. Autoconsciência europeia, "guerra santa" e expansão planetária

Em 1772, Arthur Young calcula que, dos 775 milhões de habitantes do globo, apenas 33 milhões gozam de liberdade, e estão todos concentrados em uma área bastante limitada do planeta, que exclui a Ásia, a África, quase toda a América, bem como a parte Sul e Leste da própria Europa[2]. Trata-se de um tema sucessivamente retomado e desenvolvido com eloquência por Adam Smith:

> Somos levados a acreditar que a escravidão está quase erradicada pelo fato de não sabermos nada sobre ela nesta parte do mundo, mas, ainda hoje, é quase universal. Uma pequena parte da Europa Ocidental é a única porção do globo que está imune, e isso é muito pouco comparado aos vastos continentes onde a escravidão ainda predomina.[3]

A Europa ou o Ocidente têm o prazer de se retratar como a pequena ilha de liberdade e civilização em meio ao oceano tempestuoso da tirania, escravidão e barbárie. Para prosseguir com essa autocelebração, Young e Smith, no entanto, são obrigados a ignorar um detalhe que está longe de ser negligenciável: o

---

[1] Título original: "Idee d'Europa e ideologie della guerra", em Luciano Canfora (org.), *Idee d'Europa* (Bari, Edizioni Dedalo, 1997).
[2] Citado em Seymour Drescher, *Capitalism and Antislavery: British Mobilization in Comparative Perspective* (Nova York/Oxford, University Press, 1987), p. 17.
[3] Adam Smith, *Lectures on Jurisprudence* (1762-3 e 1766) (Indianápolis, Liberty Classics, 1982), p. 451-2.

tráfico negreiro, que envolve a forma mais brutal de escravidão, a *chattel slavery**, e que há séculos compromete justamente a Europa ocidental, partindo precisamente da Inglaterra liberal que adquiriu o monopólio desse comércio de carne humana, o *asiento*, arrebatando-o à Espanha. Da América, o tráfico de negros nos leva de volta à África. O tráfico de escravos é evocado por Hume, mas apenas para ser imputado às próprias vítimas.

Como demonstração do fato de que as "nações europeias" constituem "aquela parte do globo que nutre sentimentos de liberdade, honra, equidade e valores superiores ao restante da humanidade"[4], o filósofo inglês aponta que "qualquer coisa pode ser obtida de um negro se lhe for oferecida uma bebida alcoólica forte, e pode-se facilmente fazê-lo vender não apenas seus filhos, mas sua esposa e amante por um barril de conhaque". Há, portanto, razão para acreditar que os negros "são naturalmente inferiores aos brancos", e inferiores a ponto de serem desprovidos de qualquer "vislumbre" de *ingenuity* [engenhosidade], ou seja, de inteligência, mas também de espírito livre[5].

Smith e Hume criticam a escravidão como economicamente improdutiva, mas a realidade dessa instituição não chega a lançar sombra sobre a imagem luminosa da Europa que eles traçam. Em Locke, porém, a justificativa da escravidão nas colônias, suportada por homens "em nome da lei da natureza sujeita à dominação absoluta e ao poder incondicional de seus senhores", anda de mãos dadas com a celebração de "nossos países ocidentais" como lugar exclusivo da liberdade, habitados como são por "pessoas intratáveis e irremediavelmente teimosas e obstinadas", que certamente não tolerariam a "castração" sofrida pelos "maometanos" do "Império Otomano"[6]. Entende-se, então, que a autoconsciência ou falsa consciência de ser a "única porção do globo" livre não é abalada nem mesmo pela intervenção militar com a qual a Inglaterra

---

* Forma de escravidão na qual o escravizado é considerado um "bem móvel" pessoal do escravizador. (N. T.)

[4] David Hume, *The History of England*, v. 1 (Indianápolis, Liberty Classics, 1983 [1778]), p. 161.

[5] Idem, "Of National Characters", em *Essays Moral, Political, and Literary* (1772 e 1777) (Indianápolis, Liberty Classics, 1987), p. 214 e 208 (nota) [ed. it.: E. Lecaldano e E. Mistretta (orgs.), *Opere*, v. 2, Bari, Laterza, 1971, p. 624 e 618 (nota)].

[6] Sobre a justificação da escravidão em Locke, ver Domenico Losurdo, *Hegel e la libertà dei moderni* (Roma, Editori Riuniti, 1992), p. 354-5 [ed. bras.: *Hegel e a Liberdade dos modernos*, trad. Ana Maria Chiarini e Diego Silveira Coelho Ferreira, São Paulo, Boitempo, 2019, p. 387-92]; sobre a oposição Oriente-Ocidente, ver John Locke, "A Third Letter for Toleration" (1692), em Diego Marconi (org.) *Scritti sulla tolleranza* (Turim, Utet, 1977), p. 673.

liberal, primeiro, e a França napoleônica, a seguir, tentam reintroduzir em Santo Domingo a escravidão abalada pela revolução dos negros liderados por Toussaint L'Ouverture: "Um Estado negro no arquipélago ocidental" – escreve *The Times* – "é radicalmente incompatível com todo o sistema de colonização europeia". E, portanto: "Nesta área, a Europa obviamente recuperará a influência e o domínio que justamente reivindica em virtude da sabedoria superior e das qualidades superiores de seus habitantes"[7].

Vimos Smith celebrar a "Europa ocidental" e Hume, indiferentemente, as "nações europeias" e os "brancos": uma identidade que se destaca mais claramente nas colônias inglesas na América e nos Estados Unidos, onde será objeto de celebração, e a "raça branca ou europeia"[8], cuja superioridade tende cada vez mais a assumir um fundamento "natural". As categorias legitimadas por Burke sobre a "raça escolhida dos filhos da Inglaterra" ou a "nação em cujas veias circula o sangue da liberdade" (é uma questão de "genealogia", contra a qual os "artifícios humanos" se mostram impotentes[9]) foram validadas por grande parte da cultura europeia e ocidental da época para explicar a relação entre metrópoles e colônias ou o resto do mundo. Dentro da pequena ilha de liberdade, os países individualmente rivalizam entre si, mas o fato é que a essa ilha compete, em relação ao oceano sem limites da escravidão, uma primazia que não é meramente histórica. Burke faz outra observação importante. Precisamente nas colônias americanas, onde a instituição da escravidão está presente ou é mais difundida, a liberdade aparenta "qualquer coisa de mais nobre ou de mais liberal". Aqui, os livres "são mais forte e obstinadamente apegados à liberdade" do que os habitantes das colônias do Norte: "a soberba do império combina-se com o espírito de liberdade, fortalece-o e torna-o invencível"[10]. Além disso – pode-se acrescentar – a presença de escravos negros e a relação de separação e conflitualidade em relação a eles estimula o sentimento de igualdade

---

[7] Citado em David Geggus, "British Opinion and the Emergence of Haiti, 1791-1805", em J. Walwin (org.), *Slavery and British Society 1776-1846* (Londres, Macmillan, 1982), p. 136-7.

[8] Um dos mais prestigiosos defensores da instituição da escravidão, por exemplo, assim se expressa: ver John C. Calhoun, "Speech on the Reception of Abolition Petitions" (1837), em Ross M. Lence (org.), *Union and Liberty: The Political Philosophy of John C. Calhoun* (Indianápolis, Liberty Classics, 1992), p. 473.

[9] Edmund Burke, "Speech on Moving His Resolution for Conciliation with the Colonies" (1775) [ed. it.: "Mozione di conciliazione con le colonie", em A. Matelloni (org. e trad.), *Scritti politici*, Turim, Utet, 1963), p. 100 e 142-3].

[10] Ibidem, p. 91.

entre os brancos livres. Algo semelhante acontece em âmbito planetário. Longe de enfraquecê-la, a sujeição progressiva do resto do mundo e a sua submissão a relações laborais servis ou semisservis reforça ainda mais a autoconsciência da Europa como representante privilegiada ou exclusiva da liberdade, e reforça também o sentido de identidade e de pertencimento comum, apesar da multiplicidade de Estados que a constituem, a uma entidade cultural e política única e infinitamente superior a todas as outras.

Além dos "brancos", Hume fala também dos "alemães" e das "nações nórdicas" que dão vida à Europa cristã e amante da liberdade[11]; e, nesse mesmo sentido, Burke elogia "nossos ancestrais góticos"[12]. Trata-se de um tema claramente deduzido de Montesquieu que, ao fazer a liberdade inglesa, que tanto admirava, derivar dos "bosques" dos "alemães"[13], celebra como "livres" "os povos do Norte e da Alemanha"[14], denunciando os turcos e as "nações do Sul" como uma "grande ameaça ao Ocidente", ou seja, ao "Norte" e à "Europa"[15]. Europa que é também sinônimo de "cristandade", como já se depreende do título do famoso livro de Novalis, *Christenheit oder Europa* [Cristianismo ou Europa], ou da celebração que August Willhelm Schlegel faz das Cruzadas como expressão do "patriotismo cristão-europeu"[16]. Mais tarde, a partir da segunda metade do século XIX, o *páthos* da Europa, do Ocidente e do Norte entrelaça-se, em grandes círculos culturais e políticos, com o mito "indo-europeu" e "ariano". Assim em Renan: o conjunto das "nações europeias", a "Europa" como "confederação de Estados, unidos por uma ideia comum de civilização", a "Europa cristã [...] superior ao Oriente" começa a tomar forma com a "conquista germânica dos séculos V e VI [que] se tornou a base de toda preservação e legitimidade na Europa"; mas essa entidade cultural e política tem como fundamento a "raça indo-europeia" ou "raça ariana" com sua "gran-

---

[11] D. Hume, *The History of England*, cit., p. 160-1.
[12] Edmund Burke, "Speech on Moving His Resolution for Conciliation with the Colonies" [ed. it.: "Mozione di conciliazione con le colonie", cit., p. 91].
[13] Charles-Louis S. de Montesquieu, "Esprit des lois" (1748), Livro 6, cap. 11, em *Oeuvres complètes*, v. 2 (org. Roger Caillois, Paris, Gallimard, 1949-51), p. 407.
[14] Idem, "Lettres Persanes" (1721), carta 131, em ibidem, v. 1, p. 328.
[15] Idem, "Réflexions sur la monarchie universelle en Europe" (1734), ibidem, v. 2, p. 29.
[16] August Wilhelm Schlegel, "Ueber das Mittelalter" (1803), em Friedrich von Schlegel (org.), *Deutsches Museum*, v. 2 (Viena, [s. n.], 1812-3) (reimpressão anastática organizada por E. Behler, Darmstadt, Wissenschaftliche Buchgesellschaft, 1975), p. 438-9.

de superioridade"[17]. Assim como Lapouge, para quem "ariano" é sinônimo de *"Homo europaeus"*[18], da mesma forma, em relação à Itália, Lombroso contrasta o *Homo europaeus* (representante da raça ariana ou germânica) com o *Homo meridionalis*[19]. Em última análise, Europa, Ocidente, Norte, raça branca (e ariana) e cristandade tendem a se tornar sinônimos que definem o lugar da civilização em oposição à barbárie.

Tudo isso pressupõe a transfiguração ou até mesmo a remoção das páginas mais obscuras da história da qual essa entidade é protagonista, de tempos em tempos definida em termos culturais, políticos, geográficos ou raciais. Como exemplo de ingênua transfiguração, podem ser citadas as páginas de Joseph Gorres, ex-jacobino que mais tarde se tornou ideólogo da Restauração, dedicadas às Cruzadas, particularmente significativas não só pelo tom alegre com que celebram um empreendimento descrito pelos próprios cronistas cristãos como guerras de extermínio, mas também e sobretudo pelo fato de que nelas aparece mais claramente a identificação entre Norte, Europa, Ocidente e cristandade (a raça branca ou ariana permanece nas sombras). Ao escândalo que era ver um falso profeta dominar os mesmos lugares sagrados e espalhar um veneno "na própria intimidade do coração da cristandade", reagem "os orgulhosos, ágeis heróis nórdicos":

> Assim, as antigas guerras míticas entre os deuses ressurgiam entre os homens como guerra pelos deuses; assim a história tornava-se uma única grande epopeia religiosa, para a qual cada nação contribuía com seu próprio canto: todo o Ocidente se configurava como a abóbada de uma única grande catedral [...] Era uma exultação, um júbilo, um canto feliz esse tempo [...] Um longo e belo maio floresceu sobre a Europa, os prados verdejavam frescos e repletos de homens [...] Todas as nações europeias participaram dessa festa da vida, unidas em uma única liga.[20]

---

[17] Ver Ernest Renan, "La Réforme intellectuelle et morale de la France" (1871), "Nouvelle lettre a M. Strauss (15 settembre 1871)" e "Histoire des langues sémitiques" (1855; 3. ed., 1863), em *Oeuvres complètes* (org. H. Psichari, Paris, Calmann-Levy, 1947 e seg.), v. 1, p. 390 e 455 e v. 8, p. 581 e 584.

[18] Citado em Léon Poliakov, *Le Mythe aryen: essai sur les sources du racisme et des nationalismes* (1971) (Bruxelles, Complexe, 1987, nova ed. aumentada), p. 305.

[19] Citado em Vito Teti, *La razza maledetta: origini del pregiudizio antimeridionale* (Roma, Manifesto Libri, 1993), p. 154.

[20] Joseph Gorres, "Die teutschen Volksbücher" (1807), em Paul Kluckhohn (org.), *Deutsche Vergangenheit und deutscher Staat*, v. 10: *Deutsche Literatur, Reihe Romantik* (Leipzig, Reclam, 1935), p. 137-9.

Mais importante que a transfiguração, porém, é a técnica de remoção ou neutralização de memórias incômodas. Em 1842, ao traçar em grandes linhas a história da Europa e do Ocidente, Edgard Quinet tropeçou na conquista espanhola da América. Não pôde silenciar sobre o extermínio dos povos indígenas, mas encontra uma explicação engenhosa e tranquilizadora: é verdade, isso foi realizado pela Espanha, país europeu, sim, mas que naquele momento encontrava-se sob a influência decisiva da cultura e da religião do Islã, que assim acaba por ser o carrasco real, mas indireto, dos nativos[21]. A mesma técnica de autoconsolação e autoabsolvição é adotada para todos os outros eventos suscetíveis de lançar uma sombra sobre a glória da Europa e do Ocidente. A Inquisição não teve seu centro em uma Espanha amplamente influenciada, ainda mais uma vez, por bárbaros estranhos e hostis ao cristianismo? E a Cruzada, que aniquila os hereges albigenses, sem distinção de idade e gênero, não foi talvez preparada pela pregação do espanhol São Domingos de Gusmão[22]? Passando pela Espanha, todas as pistas levam ao Islã, em cuja conta são colocadas até mesmo as próprias Cruzadas, aquelas que têm precisamente os "infiéis" muçulmanos como alvo declarado. Quinet setencia: "A Igreja Católica ditou nas Cruzadas o princípio do islamismo: o extermínio"[23].

Essa exaltada autoconsciência funciona muito bem como ideologia de guerra da pequena "porção do globo", lançada em sua irresistível expansão planetária. No início da Primeira Guerra do Ópio, Tocqueville se expressa em termos líricos:

> Eis aqui finalmente a mobilidade da Europa às voltas com a imobilidade chinesa! É um grande acontecimento, sobretudo se pensarmos que isso é apenas a continuação, a última etapa de uma multiplicidade de acontecimentos da mesma natureza que gradualmente empurram a raça europeia para além das suas fronteiras e depois submetem todas as outras raças ao seu império ou às suas influências [...]; e a escravização das quatro partes do mundo pela quinta. Portanto, é bom não maldizer demais nosso século e nós mesmos; os homens são pequenos, mas os eventos são grandes.[24]

---

[21] Edgar Quinet, *Le Christianisme et la Révolution française* (1845) (Paris, Fayard, 1984), p. 146.
[22] Ibidem, p. 159.
[23] Ibidem, p. 137 (assim Quinet se expressa já nos subtítulos da oitava lição).
[24] Carta a H. Reeve de 12 abr. 1840, em Alexis de Tocqueville, *Oeuvres complètes* (org. J. P. Mayer, Paris, Gallimard, 1951 e seg.), v. 4, p. 58.

Na mesma direção do autor de *A democracia na América* vai John Stuart Mill, que não hesita em justificar ou celebrar o empreendimento em nome dos princípios do liberalismo: "a proibição de importação de ópio da China" viola a "liberdade [...] do comprador" antes mesmo que a "do produtor ou do vendedor"[25]. Até a Guerra do Ópio pode ser transfigurada em uma guerra da liberdade, dessa liberdade que a Europa tem a sagrada missão de espalhar pelo mundo. E sagrada continua a ser a missão da Europa também para Quinet, que não fala uma palavra sobre os massacres que, naquele momento, a França perpetrava na Argélia, em detrimento dos árabes, denunciados por ele como fonte de todo o mal; aliás, o grande historiador torna-se o propagandista acrítico da expansão colonial europeia descrita nas cores mais ternas e até mesmo transfigurada em termos religiosos, tanto que as grandes potências coloniais da época são comparadas aos Reis Magos, movidas por uma inspiração religiosa: "Quem entre eles verá a estrela primeiro?"[26].

A guerra santa às vezes é banida no sentido literal do termo. Na Inglaterra ainda não liberal, mas já orgulhosa de sua exclusiva "liberdade inglesa" ou anglicana, Bacon não apenas teoriza a "guerra santa" contra os turcos, mas também dedica um diálogo à *holy war* ou, em latim, ao *bellum sacrum* contra os selvagens do Novo Mundo, em última análise considerados "bestas ferozes"[27]. Somente um eurocentrismo ingênuo sugere hoje que o motivo da guerra santa se refere exclusivamente ao mundo islâmico. Segundo Toynbee, no entanto, o Islá desempenhou um papel particularmente importante na história da Europa e do Ocidente:

> O temperamento, a atitude e o comportamento ocidentais em termos de raça, como em muitas outras questões vitais, são amplamente inspirados no Antigo Testamento [...] O "cristão bíblico" de raça e origem europeias que se estabeleceu além-mar entre povos de raça não europeia acabou inevitavelmente por identificar-se com Israel, que obedece à vontade de Jeová e realiza a obra do Senhor tomando posse da Terra Prometida, ao passo que, por outro lado, identificou os não

---

[25] John Stuart Mill, *On Liberty* (1858) [ed. it.: *Saggio sulla libertà*, Milão, Il Saggiatore, 1981, p. 130; ed. bras.: *Sobre a Liberdade / A Sujeição das Mulheres*, trad. Paulo Geiger, São Paulo, Companhia das Letras, 2017].
[26] Edgar Quinet, *Le Christianisme et la Révolution française*, cit., p. 148.
[27] Ver Enrico de Mas, "Nota storica premissa de F. Bacone", em Francis Bacon, *Scritti politici, giuridici e storici*, v. 1 (Turim, Utet, 1971, p. 82); para o "Dialogo sulla guerra santa", ver as p. 709-32 do mesmo volume.

europeus encontrados em seu caminho com os cananeus que o Senhor colocou nas mãos de seu Povo Eleito para destruí-los ou subjugá-los. Sob essa sugestão, os colonos protestantes de língua inglesa do novo mundo exterminaram indígenas norte-americanos, assim como bisões, de uma costa a outra do continente.[28]

A razão da guerra santa parece estar implicitamente contida, de forma mais ou menos latente e mais ou menos radical, no etnocentrismo enquanto tal, com sua tendência a contrapor o espaço sagrado da civilização ao espaço profano da barbárie. Toda cultura tende ao etnocentrismo, mas talvez a autoconsciência da Europa ou do Ocidente seja particularmente exaltada (como explicou Schmitt, a dicotomia civilização/barbárie nada mais é do que a secularização da dicotomia cristãos/pagãos[29]). E essa exaltada autoconsciência, legado da tradição judaico-cristã, talvez tenha contribuído de maneira não negligenciável para a irresistível ascensão planetária dessa pequena "porção do globo" de que fala Adam Smith.

Mas quais são os seus limites?

2.2. Os limites incertos da Europa: exclusões, excomunhões e readmissões

Quando Smith, Hume e Tocqueville falam de "Europa ocidental", de "nações europeias" ou de "raça europeia" ou mesmo "desta grande nação que é a raça europeia"[30], eles claramente incluem as colônias inglesas na América ou mesmo os Estados Unidos, mas excluem os negros e indígenas. Estes últimos, segundo o liberal francês, devem ser considerados apenas os guardiões momentâneos do "berço vazio" da "Providência", destinado a "uma grande nação" da família europeia[31].

---

[28] Arnold J. Toynbee, *A Study of History* (1934-1954) [ed. it.: *Panorami della storia*, v. 2, 1, Milão, Mondadori, 1954, p. 47-8].

[29] Carl Schmitt, "Völkerrechtliche Formen des modernen Imperialismus" (1932), em *Positionen und Begriffe im Kampf mit Weimar-Genf-Versailles 1932-1939* (1940) (Berlim, Duncker & Humblot, 1988), p. 163.

[30] Carta a N. W. Senior de 25 mar. 1852, em Alexis de Tocqueville, *Ouvres complètes*, cit., v. 6, p. 151.

[31] Alexis de Tocqueville, *De la démocratie en Amérique* (1835-40) [ed. it.: N. Matteucci (org.) *Scritti politici*, Turim, Utet, 1968, v. 2, p. 42; ed. bras.: *A democracia na América*, trad. Eduardo Brandão, São Paulo, Martins Fontes, 2014].

Trata-se, portanto, de uma categoria que não é estritamente geográfica, e cujos limites são instáveis não apenas no plano territorial. Ainda na década de 1930, da "supranacionalidade europeia" (à qual pertencem "os domínios ingleses, os Estados Unidos etc.", e que é chamada a desempenhar uma "função arcôntica para toda a humanidade"), Husserl exclui os "indígenas que são mostrados nos estandes das feiras ou os ciganos que vagam pela Europa"[32]. Até aqui, lidamos com exclusões étnicas sancionadas, se não unanimemente, de forma bastante compacta pela cultura europeia e ocidental. Mais atormentada é a história dos judeus. Segundo Renan, eles já são parte integrante da história da Europa e do Ocidente, até mesmo da Civilização como tal, pois constituem, com os arianos, "a grande família ariano-semita", o conjunto da "grande raça civilizada" ou mesmo das "grandes raças nobres", cujo domínio "está na ordem providencial da humanidade" e que subjugam, "exterminam" ou "regeneram" as "raças inferiores", aquelas que ainda estão "em estado selvagem"[33]. Os propagandistas mais exaltados, primeiro do cristianismo e depois do arianismo, procederam de forma diferente; para excluir mais facilmente os judeus do espaço sagrado da civilização europeia e ocidental, por vezes não hesitaram em inventar a figura de um Jesus ariano. Para Chamberlain, no entanto, não há dúvida de que se trata de um "povo asiático"[34]; algumas décadas depois, a "solução final" será precedida e acompanhada pelas incessantes advertências dos hierarcas nazistas contra uma "raça" duplamente estranha à Europa, dada sua ligação com os "centros semita-judaicos do oriente próximo"[35] e na qualidade de inspiradora do "bolchevismo oriental"[36].

Não apenas grupos étnicos, mas até mesmo grupos sociais podem ser racializados e expulsos, ou melhor, excomungados da Europa. É o que ocorre sobretudo por ocasião das grandes revoluções. A irrupção das massas populares no no cenário político e histórico é assemelhada, por uma grande

---

[32] Ver Domenico Losurdo, *La comunità, la morte, l'Occidente: Heidegger e l'"ideologia della guerra"* (Turim, Bollati Boringhieri, 1991), p. 84.

[33] Ernest Renan, "Histoire des langues sémitiques", cit., p. 580-1 e 585-6; "La réforme intellectuelle et morale de la France", cit., p. 390.

[34] Houston S. Chamberlain, *Die Grundlagen des neunzehten Jahrhunderts* (1898) (Munique, Ungekurzte Volksausgabe/Bruckmann, 1937), p. 382.

[35] Alfred Rosenberg, *Der Mythus des 20. Jahrhunderts* (1930) (Munique, Hoheneichen, 1937), p. 55.

[36] Joseph Goebbels, *Reden 1932-1945*, v. 2 (org. H. Heiber (1971-72), Bindlach, Gondrom, 1991), p. 175.

publicidade, entre 1789 e 1848, a uma "nova invasão dos bárbaros", que ameaça a Europa, o Ocidente e a civilização como tal[37]. São visados especialmente os líderes do movimento revolucionário: os jacobinos são denunciados por Burke como "selvagens ferozes"[38], piores do que os próprios turcos[39] (os inimigos por excelência da cristandade europeia); aliás, olhando mais de perto, tanto para o *Whig* inglês quanto para Constant, trata-se de "antropófagos"[40] (categoria clássica para denunciar os bárbaros). E é aqui que a Europa e a unidade europeia assumem o papel de palavras de ordem centrais da cruzada contrarrevolucionária. Sim, Vattel, o grande jurista suíço do século XVIII, definiu "a Europa moderna como uma espécie de República, cujos membros, independentes, mas ligados pelo interesse comum, se reúnem para manter a ordem e a liberdade"[41]. E subscrevendo essa tese, Burke e Gentz declaram que não se pode ficar indiferente ao que se passa na França[42]: o novo regime está "em total contradição com o teor do direito público europeu"; e, portanto, "este mal no coração da Europa deve ser erradicado a partir do centro", para evitar qualquer contágio[43].

---

[37] Ver Domenico Losurdo, *Marx e il bilancio storico del Novecento* (Roma, Bibliotheca, 1993), p. 31.

[38] Edmund Burke, "Remarks on the Policy of the Allies with Respect to France" (1793), em *The Works*, v. 7 (Londres, Rivingston, 1826), p. 123-4 e 145.

[39] Ver a carta ao conde E. Dalton de 6 ago. 1793, em Edmund Burke, *The Correspondence of Edmund Burke*, v. 7 (org. P. J. Marshall e J. A. Woods, Cambridge/Chicago, University Press, 1968), p. 382.

[40] No que diz respeito a Burke, ver "Reflections on the Revolution in France" (1790) em *The Works*, cit., v. 5, p. 146; no que diz respeito a Constant, ver H. Guillemin, *Benjamin Constant muscadin 1795-1799* (6. ed., Paris, Gallimard, 1958), p. 13.

[41] Emer de Vattel, *Le droit des gens ou principes de la loi naturelle* (1758), Livro 3, cap. 3, item 47 (ver a reedição organizada por J. Brown Scott, Washington, *The Classics of International Law*, v. 2, 1916, p. 39-40) [ed. bras.: *O direito das gentes, ou, princípios da lei natural aplicados à condução e aos negócios das nações e dos governantes*, trad. Ciro Mioranza, Ijuí, Ed. Unijuí, 2008].

[42] Para a transcrição das passagens que Burke considera mais significativas de Vattel, ver *The Works*, cit., v. 7, p. 201-2 (em particular p. 211). No que diz respeito a Friedrich von Gentz, ver "Über den Ursprung und Charakter dês Krieges gegen die französische Revolution, 1801", em Wilderich Weick (org.), *Ausgewählte Schriften*, v. 2 (Stuttgart/Leipzig, Rieger, 1836-1838), p. 195.

[43] Edmund Burke, "Heads for Consideration on the Present State of Affairs" (1792), em *The Works*, cit., v. 7, p. 99 e 114.

Algo semelhante ocorre por ocasião da Revolução de Outubro. Algumas décadas antes, Quinet incluiu a Rússia, juntamente com a Inglaterra e a França, entre os "Reis Magos" chamados a levar a luz da civilização e do cristianismo europeus para o Oriente a ser colonizado[44]. Mas, com o advento dos bolcheviques – declara Spengler colocando-se como porta-voz de uma opinião amplamente difundida –, a Rússia tirou a máscara "branca", para se tornar "novamente uma grande potência asiática", "mongólica", animada pelo "ódio ardente contra a Europa" e, como demonstram seus apelos à insurreição dos povos e países coloniais, agora parte integrante de "toda a população de cor da terra, que permeou o pensamento de resistência comum" e que luta contra a "humanidade branca"[45].

A proibição de excomunhão da Europa pode ocorrer de diferentes maneiras. A Revolução Francesa às vezes é explicada por publicações reacionárias como resultado da revolta da população autóctone, ou seja, dos galo-romanos derrotados pelos francos, ou seja, pelos alemães, população nórdica que fundou a autêntica Europa cristã. Se por um lado Burke assimila os jacobinos aos turcos, por outro coloca a Revolução Francesa na conta de manobras obscuras do Iluminismo, dos *illuminati* e dos judeus[46]. Além de serem "mongóis" e "asiáticos", os bolcheviques são rotulados como judeus ou seus cúmplices. De qualquer forma – declara Henry Ford, o magnata da indústria automobilística estadunidense, nesses anos freneticamente empenhado em alertar contra a "conspiração judaico-bolchevique" – "a revolução russa é de origem racial, não política"[47]. Nesse contexto, a teoria da conspiração judaica, que espreita por ocasião das grandes revoluções, visa também expulsar da autêntica Europa os movimentos políticos e sociais intoleráveis do ponto de vista da ordem estabelecida.

Mais do que um lugar geográfico, a Europa é um princípio de legitimação. Dado que é sinônimo de civilização, as guerras em seu interior são acompanhadas de avisos recíprocos de excomunhão da civilização e da própria Europa, feitos por cada uma das partes opostas. Contemporâneo de Smith e Hume, Blackstone também celebra a Europa como um lugar de liberdade, mas desenvolvendo

---

[44] Edgar Quinet, *Le Christianisme et la Révolution française*, cit, p. 148.
[45] Oswald Spengler, *Jahre der Entscheidung* (Munique, Beck, 1933), p. 150.
[46] Ver Domenico Losurdo e Vincenzo Cuoco, "La rivoluzione napolitana del 1799 e la comparatistica delle rivoluzioni", *Società e storia*, n. 46, 1990, p. 907-8.
[47] Henry Ford, *The International Jew* (1920) [ed. al.: *Der internationale Jude*, Leipzig, Hammer, 1933, p. 145; ed. bras.: *O judeu internacional*, Porto Alegre, Livraria do Globo, 1933].

uma ulterior dicotomia, que desta vez contrasta a Inglaterra, onde "a liberdade política floresce ao máximo" e "se aproxima da perfeição", com os Estados do "continente europeu", onde, em vez disso, o despotismo é de casa[48]. Por trás dessa oposição está a ascensão imperial de um país que derrotou seus rivais, primeiro a Espanha e depois a França (a Guerra dos Sete Anos terminou dois anos antes da publicação, pelo grande jurista inglês, de seus *Commentaries on the Laws of England* [Comentários sobre as leis da Inglaterra]). O confronto entre a Inglaterra e a França agravou-se ainda mais com a Revolução Francesa e o advento de Napoleão. O balanço ideológico desses eventos pode ser lido em J. S. Mill. Ele vê o "governo representativo" encarnado em primeiro lugar nos anglo-saxões – que nesse aspecto se distinguem clara e positivamente não apenas dos bárbaros ainda em estado "selvagem, ou quase", que constituem a "grande maioria da raça humana", mas também dos povos do "sul da Europa", cuja "indolência" e "inveja" impedem o desenvolvimento da sociedade industrial – como afirmação de um grupo de gestão sólido e o funcionamento ordenado de instituições. Mesmo em comparação com os demais povos que habitam o coração da Europa, os anglo-saxões acabam se revelando superiores, carentes como são daquelas características ("submissão", "renúncia", estatismo) típicas dos franceses e das "nações continentais", "gangrenadas pela burocracia" e pelos anseios igualitários invejosos: "quanto mais as instituições são iguais, mais se cria um número infinito de postos; consequentemente, o excesso exercido por todos sobre cada um, e pelo Executivo sobre todos, torna-se mais monstruoso do que nunca"[49]. Ainda por ocasião do conflito franco-prussiano, autoridades inglesas apelam à solidariedade da Prússia, eminente representante da "civilização europeia", empenhada na luta contra um império sinônimo de "reação e barbárie"[50], aliás na luta – para desta vez acompanhar a fala de Bismarck contra "uma nação de nulidades, um rebanho" estupefato pela tradição revolucionária – contra "trinta milhões de idiotas como os negros" (*Kaffer*), que

---

[48] Citado em Robin Blackburn, *The Overthrow of Colonial Slavery 1776-1848* (1988) (Londres/Nova York, Verso, 1990), p. 81 [ed. bras.: *A queda do escravismo colonial: 1776-1848*, trad. Maria Beatriz de Medina, Rio de Janeiro, Record, 2002].

[49] John Stuart Mill, *Considerations on Representative Government* (1861) [ed. it.: P. Crespi (org.) *Considerazioni sul Governo rappresentativo*, Milão/Florença/Roma, Bompiani, 1916, p. 61-4; ed. bras.: *Considerações sobre o governo representativo*, trad. Denise Bottman, Porto Alegre, L&PM, 2018].

[50] Ver Paul M. Kennedy, *The Rise of the Anglo-German Antagonism 1860-1914* (Londres, Ashfield, 1980), p. 118.

"vivem apenas na massa" e são desprovidos de qualquer "sentimento individual do próprio eu"[51].

Com a intensificação da rivalidade anglo-germânica e depois com a eclosão da Segunda Guerra dos Trinta Anos, a dicotomia civilização europeia/barbárie extraeuropeia é deslocada de forma diferente. Até aquele momento, arianos, alemães, teutões, anglo-saxões são evocados, para a maior glória da Europa e do Ocidente, como um todo e, de forma muito particular, a estirpe que abarca a Alemanha, a Grã-Bretanha e os Estados Unidos, como algo unitário. É "quase universalmente admitido" – escreveu um estimado etnólogo inglês em 1842 – que o "corpo coletivo das nações europeias" descende da "raça ariana ou indo-europeia"; algumas décadas depois, um propagandista do imperialismo britânico celebra nos ingleses e nos alemães as "duas grandes correntes da raça teutônica"[52]. Em 1899, foi o próprio ministro inglês das colônias, Joseph Chamberlain, que convocou os Estados Unidos e a Alemanha para formar, com seu país, uma aliança "teutônica"[53]. Foi só mais tarde que as categorias em questão passaram da condição de instrumentos de autocelebração coletiva da Europa e do Ocidente (e sobretudo de seus países fundadores) a instrumentos de luta "fratricida". Nos Estados Unidos, com a intervenção na guerra contra a Alemanha, o termo "teutão" perde a conotação positiva e celebratória, que tinha nos grandes ambientes culturais e políticos, para tornar-se um insulto dirigido aos novos inimigos[54]. A divisão entre a Europa e o Ocidente é também a divisão da raça ariana. No fim do século XIX, enquanto a onda chauvinista se formava nas duas margens do Reno, Nietzsche assumiu uma posição clara a favor da França com uma linguagem muito significativa: "O *Norddeutsche Zeitung* [Jornal da Alemanha do Norte] [...] enxerga nos franceses 'bárbaros' – eu, por minha parte, busco o continente *negro*, onde os 'escravos' deveriam ser libertados, na vizinhança dos alemães do norte"[55]

---

[51] Citado em Frantz. Herre, *Deutsche und Franzosen* (Bergisch Gladbach, Lubbe, 1983), p. 173 e 167.

[52] Hugh A. Mac Dougall, *Racial Myth in English History: Trojans, Teutons, and Anglo-Saxons* (Montreal/Londres, Harvest-University Press of New England, 1982), p. 120 e 98.

[53] Ver Henry Kissinger, *Diplomacy* (Nova York, Simon & Schuster, 1994), p. 186 [ed. bras.: *Diplomacia*, trad.: Heitor Aquino Ferreira, 1. ed., 4. tir., São Paulo, Saraiva, 2015].

[54] Thomas F. Gosset, *Race: The History of an Idea in America* (Nova York, Schocken Books, 1965), p. 341.

[55] Friedrich Nietzsche, *Nietzsche contra Wagner* (1888), *Wohin Wagner gehört* [ed bras.: "Nietzsche contra Wagner", em *O caso Wagner e Nietzsche contra Wagner*, trad. Paulo César de Souza, São Paulo, Companhia de Bolso, 2016, p. 58].

(a alusão é à propaganda guilhermina que legitima e transfigura sua expansão colonial como uma cruzada pela libertação dos escravos africanos). A expulsão da Europa ocorre rotulando o inimigo como bárbaro e negro. O momento de virada é representado pelo delinear-se daquilo que um autor estadunidense, Lothrop Stoddard (que alcançou rápida notoriedade internacional e foi elogiado por dois presidentes dos Estados Unidos), define como a "Guerra de Secessão Branca", a "guerra civil branca", ou até mesmo a "nova guerra do Peloponeso" da "civilização branca"[56]. É uma guerra que, destruindo a "solidariedade branca" e dilacerando primeiro a Europa, "o país dos brancos, o coração do mundo branco", representa o "suicídio da raça branca", como demonstrou a Revolução de Outubro e a "maré montante dos povos de cor"[57].

A partir de 1914, a ideologia da Entente e até personalidades ilustres do nível de Hobhouse e Boutroux rotularam os alemães como "góticos", ou melhor, como "descendentes de hunos e vândalos"[58], os quais continuarão a sê-lo durante o segundo conflito mundial. Do lado oposto, Thomas Mann denuncia a Inglaterra como "uma potência extraeuropeia e até mesmo antieuropeia, totalmente desprovida da consciência europeia e do sentimento de solidariedade europeia", em última análise, uma "potência asiática" que, não por acaso, para perseguir seus desígnios de hegemonia asiática e mundial, não hesita em "desviar o impulso expansionista russo do leste para o oeste, direcionando-o contra a Europa"[59].

É um tema desenvolvido mais tarde por Schmitt, segundo o qual "a criação de um império britânico ultramarino" significa "a transformação da essência da ilha inglesa. Esta, de parte isolada do continente europeu que era, transforma-se numa parte do mundo oceânico. A partir desse momento, a Inglaterra não pode mais ser considerada pertencente ao continente europeu. Interrompe sua

---

[56] Lothrop Stoddard, *The Rising Tide of Color Against White-World-Supremacy* (1920) [ed. fr.: *Le Flot montant des peuples de couleur contre la suprematie mondiale des Blancs*, Paris, Payot, 1925, p. 7-8 e 153]; o julgamento lisonjeiro do presidente Harding é relatado na abertura da tradução francesa; para os prêmios Stoddard concedidos por Hoover, ver Stefan Kuhl, *The Nazi Connection: Eugenics, American Racism and German National Socialism* (Nova York/Oxford, University Press, 1994), p. 61.

[57] Ibidem, p. 173, 159 e 193-5.

[58] Ver Domenico Losurdo, *Hegel e la libertà dei moderni*, cit., p. 347-8. [ed. bras.: *Hegel e a liberdade dos modernos*, cit., p. 379-81].

[59] Thomas Mann, *Betrachtungen eines Unpolitischen* (1918) (org. H. Helbling, Frankfurt am Main, Fischer, 1988), p. 422-3.

união com o continente para celebrar a união com o oceano"[60]. O pensador político alemão, invertendo seu juízo de valor, retoma o contraste, como vimos, caro a Mill, entre a Inglaterra e o continente:

> A Inglaterra tornou-se senhora do mar e construiu com seu domínio do mar, estendendo-se por todo o globo, um império mundial britânico disseminado por todos os continentes [...] O termo "continental" adquiriu o significado secundário de atrasado e a população que lá vivia se tornou "*backward people*" [povo atrasado] [...] Disraeli, o político mais importante da época da rainha Vitória, disse, referindo-se à Índia, que o Império Britânico era uma potência mais asiática do que continental. Foi também ele que, no ano de 1876, uniu o título de rainha da Inglaterra com o de imperatriz da Índia. Nisto encontrou expressão o fato de que a potência mundial inglesa deriva seu caráter de império da Índia. O próprio Disraeli já havia, em 1847, em seu romance *Tancred*, avançado a proposta de que a rainha da Inglaterra se mudasse para a Índia: "A rainha deveria montar uma grande frota e se mudar com toda a sua corte e toda a classe dominante, transferindo a sede do Império de Londres para Delhi. Ali encontrará um reino enorme e pronto, um exército de primeira qualidade e grandes receitas"[61].

A Inglaterra conquista o domínio dos mares também graças à ação de "salteadores, saqueadores, corsários, piratas, mercenários" e, portanto, por meio de empreendimentos bélicos totalmente alheios ao *jus publicum europaeum* [direito público europeu][62]. Disraeli

> sabia o que estava dizendo quando fez essas propostas. Ele percebia que a ilha não era mais um pedaço da Europa. Seu destino não estava mais necessariamente ligado ao da Europa. Poderia, portanto, sair e, como metrópole de um império marítimo mundial, mudar sua sede. O navio poderia levantar suas âncoras e lançá-las diante de outro continente[63].

---

[60] Carl Schmitt, "La Mer contre la terre" (1941), em, *L'unità del mondo e altri saggi* (org. A. Campi, Roma, Pellicani, 1994), p. 256-7.
[61] Idem, *Land und Meer: Eine weltgeschichtliche Betrachtung* (1942; 1954) [ed. it.: *Terra e mare*, org. A. Bolaffi, Milão, Giuffre, 1986, p. 75-6].
[62] Idem, "La Mer contre la terre", cit., p. 256.
[63] Idem, *Land und Meer*, cit., p. 76.

A conclusão, portanto, é de que a Grã-Bretanha não tem nada a ver com a Europa propriamente dita. Se a Entente e depois os Estados Unidos expulsam os alemães da Europa e do Ocidente excomungando-os como hunos e vândalos, a Alemanha, por sua vez, passa a excluir seus inimigos da comunhão com a civilização, rotulando-os como irremediavelmente corrompidos devido à contaminação trazida pelos negros (a França, que faz uso de tropas coloniais é, para Spengler, um país "euro-africano"[64]) e pelos judeus, eles mesmos bárbaros e não surpreendentemente muitas vezes associados pela propaganda nazista a outras raças "inferiores": aos olhos de Hitler, o ministro da Guerra britânico é um "judeu marroquino" e "sangue judeu" corre nas veias de Roosevelt, cuja esposa ainda tem um "aspecto negroide"[65]. De resto, o líder nazista não faz mais do que responder ao estereótipo agitado, durante a Primeira Guerra Mundial, por certos setores do mundo inglês que, com base na propaganda antitsarista desenvolvida entre judeus russos e poloneses da Alemanha guilhermina, a qualificam como uma nação "judaica" e dominada, mais precisamente, pelos "hunos-ashkenazi"[66].

Mas é Schmitt quem procede à judaização mais orgânica de um país inimigo, considerando-o estrangeiro e hostil à Europa. Quem contribui poderosamente para separar a Inglaterra do continente, que "foi assim desenraizada e desterritorializada", a ponto de perder qualquer vínculo autêntico com "terra e pátria", é, portanto, um judeu, um membro do povo apátrida por excelência, privado como é de raízes e de vínculos com o solo. Mas Disraeli – acrescenta o pensador político alemão – é também um "Abravanel do século XIX", um desses "cabalistas judeus" que, no embate fratricida na Europa, procuram a oportunidade para o triunfo de sua raça...[67].

As expulsões ou excomunhões podem ser seguidas de readmissões no seio da civilização e da Europa. Após o fim do primeiro conflito, e na presença da ameaça constituída pela União Soviética, os alemães deixam de ser hunos aos olhos de Churchill: "Combatendo o bolchevismo, constituindo o baluarte

---

[64] Oswald Spengler, "Frankreich und Europa" (1924), em Hildegard. Kornhardt (org.), *Reden und Aufsätze* (Munique, Beck, 1937), p. 88.

[65] Ver os *Bormann-Vermerke* (transcrições das conversas de Hitler organizadas por Martin Bormann) [ed. it.: Adolf Hitler, *Idee sul destino del mondo*, Padova, Edizioni di Ar, 1980, p. 178 (12-13 jan. 1942) e p. 476 (1º jul. 1942).

[66] Ver J. H. Clarke, "England under the Heel of the Jew", citado em A. de Benoist, "Psicologia della teoria del complotto", *Trasgressioni*, n. 14, jan.-abr. 1992, p. 17.

[67] Carl Schmitt, *La mer contre la terre*, cit., p. 258 e 253.

contra ele, a Alemanha pode dar o primeiro passo rumo à reunificação final com o mundo civilizado"⁶⁸. Essa é também a opinião de um ilustre filósofo, discípulo de Croce e Gentile. Depois de expulsar do Ocidente o bolchevismo e o próprio movimento espartaquista alemão como um fenômeno político propriamente eslavo, De Ruggero – é dele que se trata – continua: "Contra a anarquia eslava, a Alemanha constituiu e constituirá o mais poderoso baluarte da civilização europeia [...] Um princípio de justiça quis extrair de suas faltas essa razão profunda de expiação; hoje voltam-se a favor da civilização europeia aquelas forças que antes voltavam-se contra ela: assim redime-se e renova-se"⁶⁹. Com a eclosão da Segunda Guerra Mundial, os alemães são novamente expulsos da Europa. Churchill, então, aumenta a dose:

> Existem menos de 70 milhões de hunos malvados. Alguns (*some*) deles devem ser recuperados, outros (*others*) devem ser mortos, muitos dos quais já estão empenhados em oprimir austríacos, tchecos, poloneses, franceses e as inúmeras outras raças antigas que eles agora tiranizam e saqueiam⁷⁰.

A exclusão da Europa é também a exclusão do cristianismo (trata-se precisamente de uma excomunhão). Em 1916, Boutroux condena a Alemanha por ainda não se ter "totalmente convertido à doutrina cristã do Deus de amor e bondade"⁷¹. Vinte e quatro anos depois, Churchill apela à luta contra esses "ferozes bárbaros pagãos" que são os alemães⁷².

---

[68] Discurso de 11 abr. 1919, em David Cannadine (org.), *The Speeches of Winston Churchill* (Londres, Penguin Books, 1990), p. 91.

[69] G. de Ruggero, "La lotta civile in Germania" (1919), em R. de Felice (org.), *Scritti politici 1912-1926* (Bolonha, Cappelli, 1963), p. 203-4.

[70] Discurso de 27 abr. 1941, em Winston Churchill, *His Complete Speeches 1897-1963*, v. 6 (Nova York/Londres, Chelsea House, 1974), p. 6.384; sobre esse trecho, chamou a atenção Ernst Nolte (*Der europäische Bürgerkrieg 1917-1945: Nationalsozialismus und Bolschewismus*, Frankfurt am Maim/Berlim, Ullstein, 1987, p. 503), que, no entanto, tendencialmente traduz *others* como *die Anderen*, como se fossem "todos os outros". Além disso, como emerge do contexto, aos olhos de Churchill não parece haver muitos membros da "raça" dos "hunos" passíveis de serem tratados e cooptados para o mundo civilizado.

[71] Émile Boutroux, "L'Allemagne et la guerre: Deuxième lettre à la revue des Deux-Mondes" (15 maio 1916), em *Études d'histoire de la philosophie allemande* (Paris, Vrin 1926), p. 234.

[72] Assim na mensagem radiofônica de 23 dez. 1940, relatado em Winston Churchill, *Great Destiny* (org. F. W. Heath (1962), Nova York, Putnam' Sons, 1965), p. 687-9.

2.3. Velha e nova Europa, velho e novo Ocidente

Vimos Smith, Hume e Tocqueville subsumindo as colônias inglesas na América e depois os Estados Unidos à categoria de Europa. Mas essa união está longe de ser indiscutível no outro lado do Atlântico. Aos olhos de Hamilton, o novo Estado recém-formado constitui o lugar sagrado e remoto em relação a "todos os labirintos perigosos da política e das guerras europeias"[73].

Por isso, em sua mensagem de despedida, Washington convida seus concidadãos a manterem-se bem longe das "preocupações com as ambições, rivalidades, interesses, humores ou caprichos da Europa"[74], cujo comportamento faz lembrar o dos indígenas: "enquanto na Europa as guerras e as agitações parecem abalar quase todas as nações, a paz e a tranquilidade prevalecem entre nós, com exceção de algumas áreas de nossas fronteiras ocidentais, onde os indígenas estão nos assediando: estamos tomando as medidas adequadas para educá-los ou puni-los"[75]. O Velho Mundo é assim relegado aos bárbaros, equiparados aos indígenas. Essa justaposição continua a ser sentida por muito tempo na tradição política estadunidense. Em 1802, ao comemorar o aniversário da Independência dos Estados Unidos, um autor da *Founding Era* credita a Washington e a Adams o mérito de terem "celebrado tratados vantajosos com as nações da Europa e com as tribos que habitam os territórios selvagens do Oeste"[76]. Dez anos depois, ao declarar guerra, Madison acusa a Inglaterra de atingir com sua frota indiscriminadamente a população civil, sem poupar mulheres ou crianças, com um comportamento semelhante ao dos "selvagens" peles-vermelhas[77].

---

[73] Alexander Hamilton, James Madison, John Jay, *The Federalist* (1787-88), org. B. F. Wright (1966) [ed. it.: *Il Federalista*, org. M. D'Addio e G. Negri, Bolonha, Il Mulino, p. 75, nota 7; ed. bras.: *O federalista: pensamento político*, trad. Ricardo Rodrigues Gama, 2. ed. rev., Campinas, Russell, 2005].

[74] Mensagem presidencial de 19 set. 1796, em George Washington, *A Collection*, org. W. B. Allen (Indianápolis, Liberty Classics, 1988), p. 525.

[75] Carta ao marquês de Lafayette, Filadélfia, 28 jul. 1791, em ibidem, p. 555.

[76] Ver Zephaniah Swift Moore, "An Oration on the Anniversary of the Independence of the United States of America" (1802), em Charles S. Hyneman e Donald S. Lutz (orgs.), *American Political Writing During the Founding Era 1760-1815* (Indianápolis, Liberty Press, 1983), p. 1.209.

[77] Henry S. Commager (org.), *Documents of American History*, v. 1 (7. ed., Nova York, Appleton-Century-Crofts, 1963), p. 208-9.

O *páthos* da Europa é agora substituído pelo *páthos* do Ocidente, mas daquele autêntico que, seguindo um desígnio providencial, transmigrou – sublinha-se repetidamente – para o outro lado do Atlântico.

O Oriente parece já começar na Europa. Em 1794, com o olhar voltado para a Revolução Francesa, um autor da *Founding Era* [Era da Fundação] escreve que "uma demolição total da velha ordem social" (o totalitarismo, diríamos hoje) só pode fazer sentido no "continente oriental", isto é, na Europa[78]. E a Europa continua essencialmente a fazer parte do Oriente mesmo quando o presidente estadunidense Monroe formula a famosa doutrina que leva o seu nome e que contesta o direito de as potências europeias intervirem na América, "neste continente", "neste hemisfério", ou melhor, no hemisfério ocidental.

Às vésperas da Primeira Guerra Mundial, Theodore Roosevelt reitera a doutrina Monroe e radicaliza seu significado, afirmando que o "hemisfério ocidental" deve permanecer imune à influência contaminante das "potências do Velho Mundo"[79]. Após a eclosão do conflito, já nos primeiros meses a sentença atinge indiscriminadamente todos os contendores, que – observa um editorial do *Times* de 2 de agosto de 1914 – "recaíram na condição de tribos selvagens"[80].

Novamente em seu discurso de 26 de outubro de 1916, Woodrow Wilson acusa "todo o sistema europeu" que, com sua "conexão de alianças e entendimentos, uma complicada rede de intrigas e espionagem", "capturou firmemente em suas tramas" e arrastou para uma guerra nefasta "a família inteira dos povos"[81]. Posteriormente, à medida que se delineia a intervenção estadunidense junto à Entente, a denúncia se concentra univocamente sobre os alemães, rotulados pela imprensa e por uma ampla parcela da opinião pública como os "bárbaros" que desafiam a "civilização", como os "hunos" ou como

---

[78] James Kent, "An Introductory Lecture to a Course of Law Lectures" (1794), em Charles S. Hyneman e Donald S. Lutz (orgs.), *American Political Writing during the Founding Era 1760-1815*, cit., p. 948.

[79] Theodore Roosevelt, *An Autobiography* (1913) (Nova York, Scribner's Sons, 1920), p. 506.

[80] Citado em Ralph H. Gabriel, *The Course of American Democratic Thought* (3. ed., Nova York/Westport/Londres, Greenwood, 1986), p. 388.

[81] Citado em Carl Schmitt, *Der Nomos der Erde im Völkerrecht des Jus Publicum Europaeum*, Colônia, 1950 [ed. it.: *Il nomos della terra nel diritto internazionale dello "Jus Publicum Europaeum"*, trad. E. Castrucci, Milão, Adelphi, 1991, p. 348; ed. bras.: *O nomos da Terra no direito das gentes do jus publicum europaeum*, trad. Alexandre Franco de Sá et al., Rio de Janeiro, Contraponto/Editora PUC-Rio, 2014].

selvagens que estão até abaixo "dos peles-vermelhas da América e das tribos negras da África"[82].

Uma dialética semelhante desenvolve-se por ocasião da Segunda Guerra Mundial. Ainda em abril de 1939, Franklin Delano Roosevelt acusa os países europeus como um todo de não conseguirem encontrar métodos melhores para resolver suas diferenças do que os usados "pelos hunos e vândalos há 1.500 anos"; felizmente, graças a uma "instituição tipicamente americana" como a união que abrange todos os países da "família americana", "as repúblicas do mundo ocidental" (*Western world*), ou melhor, do continente americano, conseguem "promover sua civilização comum sob um sistema de paz" e proteger o "mundo ocidental" da tragédia que atinge o "Velho Mundo"[83].

Na sequência da intervenção na guerra, o presidente estadunidense concentra o fogo exclusivamente na Alemanha, sem nem sequer se preocupar de forma particular com as distinções no seu interior, como demonstra principalmente a ideia, expressa em agosto de 1944, de "castrar o povo alemão" para evitar de uma vez por todas o perigo que ele representa para a civilização e o Ocidente[84].

Entende-se a indignação de Schmitt pelo fato de Jefferson contrapor "o hemisfério ocidental" à "Europa corrupta", a "velha e doente Europa" a ser relegada "ao lixo da história universal"[85]. Pior ainda, a tradição política estadunidense olha para os europeus da mesma forma que olha para as populações coloniais: "Estranhamente, a fórmula do hemisfério ocidental foi dirigida precisamente contra a Europa, o antigo Ocidente. Não contra a velha Ásia ou a África, mas contra o velho oeste. O novo oeste afirmava ser o verdadeiro oeste, o verdadeiro Ocidente, a verdadeira Europa". E, assim, a "velha Europa" acaba tendo o mesmo destino da Ásia e da África, que sempre foram excluídas da civilização[86].

---

[82] Citado em Ralph H. Gabriel, *The Course of American Democratic Thought*, cit., p. 394-9.

[83] "Hands off the Western Hemisphere – Franklin D. Roosevelt's Pan-American Day Address (15th April 1939)", em Henry S. Commager (org.), *Documents of American History*, cit., v. 2, p. 414.

[84] James Bacque, *Other Losses* (1989) [ed. it.: *Gli altri Lager: I prigionieri tedeschi nei campi alleati in Europa dopo la 2ª guerra mondiale*, Milão, Mursia, 1993, p. 21].

[85] Carl Schmitt, "Beschleuniger wider Willen, oder: Die Problematik der westlichen Hemisphäre" (1942), [ed. it.: "La lotta per i grandi spazi e l'illusione americana", em *L'unità del mondo e altri saggi*, cit., p. 265-6].

[86] Idem, *Der Nomos der Erde im Völkerrecht des Jus Publicum Europaeum*, cit., p. 381.

Mas não é muito diferente da atitude aqui denunciada aquela adotada pela Alemanha, primeiramente a guilhermina e depois a do Terceiro Reich, que agita a palavra de ordem da Europa autêntica, e sobretudo da *Mitteleuropa* [Europa central], em oposição não só à Rússia (e muito mais à União Soviética), mas também aos seus inimigos a oeste, referindo-se em particular à América. É nesse sentido que, em 1935, Heidegger celebra a luta da Alemanha e da Europa contra a "torquês" armada por dois países que representam o mesmo princípio, o da "técnica desencadeada" e da "massificação do homem", bem como da "falta de historicidade" e, portanto, em última análise, de cultura autêntica. Mais fortemente, no outono de 1942, falando no Congresso Europeu da Juventude, realizado em Viena, Baldur von Schirach, líder da juventude de Hitler, dirigiu-se aos Estados Unidos desta forma: "Onde estão seus Praxiteles e Rembrandt? [...] De onde vem a audácia de pegar em armas, em nome de um continente estéril, contra as inspirações divinas do gênio europeu?".

Os nazistas alemães não são os únicos a dar continuidade à "descoberta da Europa", a qual Thomas Mann ironiza[87]. Mussolini, por sua vez, celebra o fascismo como a mais autêntica ideia "europeia", capaz de unir os "verdadeiros europeus" ("recuso-me a definir como europeias as aglomerações balcânicas") contra "o eventual inimigo da Ásia ou da América". E este é o significado do *slogan* recorrente: "ou Roma ou Moscou"[88]. No fim do segundo conflito mundial, Gentile troveja contra os "novíssimos bárbaros", que bombardeiam as cidades italianas sem se preocupar com a população civil e os monumentos: é um "vandalismo bestial" do qual o "novo continente" é culpado em primeiro lugar, podendo ser considerado herdeiro dos antigos bárbaros, "relutante [...] e surdo à ação civilizadora da Europa e, portanto, de Roma"[89].

2.4. "Sentimento de raça ocidental", contrarracismo e rivalidade entre "subcivilizações"

O resultado das duas guerras mundiais e da Guerra Fria tornou possível unificar o mundo da Europa ocidental sob a hegemonia dos Estados Unidos. Nesse

---

[87] Ver Domenico Losurdo, *La comunità, la morte, l'Occidente*, cit., p. 90 e 155-6.
[88] Ver Entrevista de Benito Mussolini citada em *Il Popolo di Alessandria*, de 20 abr. 1945, em Enzo Santarelli (org.), *Scritti politici di Benito Mussolini* (Milão, Feltrinelli, 1979), p. 354.
[89] Giovanni Gentile, "Discorso agli italiani" (1943), em H. A. Cavallera (org.), *Politica e cultura*, v. 2 (Florença, Le Lettere, 1991), p. 200 e 207.

sentido, concluiu-se a *translatio imperii* da velha para a nova Europa, do velho para o novo Ocidente. Essas duas entidades estão, no entanto, unidas pelo "sentimento da raça ocidental" de que fala Toynbee[90] e que justamente hoje em dia, ainda que em grande parte despojado das suas configurações fortemente biológicas, celebra os seus maiores triunfos.

É um sentimento que não parece ser seriamente prejudicado pelos pontos isolados de reflexão autocrítica que emergem aqui e ali. Vejamos por quê. Em 1943, Croce, em um importante escrito, condena veementemente não apenas o racismo do Terceiro Reich, mas também o que vimos emergir na própria coalizão antinazista, mas o condena enquanto expressão de "turva religiosidade oriental", o que não por acaso atingiu particularmente um país que se encontrava numa situação de "conflito espiritual" com a "Europa"[91]. Hannah Arendt procede da mesma forma alguns anos depois. Após descrever sem indulgência os crimes do colonialismo, culpado, por exemplo, de ter "reduzido a população nativa (do Congo) de 20-40 milhões em 1890 para 8 milhões em 1911", a autora de *Origens do totalitarismo* observa que agindo dessa forma, Leopoldo II, rei da Bélgica, moveu-se em total contraste com "todos os princípios políticos e morais do Ocidente"[92]. A reflexão, inicialmente crítica e autocrítica, é assim invertida numa transfiguração da Europa e do Ocidente, cuja essência, embora oposta à história real e deduzida não sabemos bem de quê, se revela mais luminosa do que nunca. E aqui então, mais instrumentalmente, um autor como Ernst Nolte coloca o genocídio nazista na conta da barbárie "asiática", imitada por Hitler olhando para o Leste, para a Revolução de Outubro[93]. Por meio desses periódicos ritos de purificação e exteriorização do mal (que já conhecemos pelas páginas de Quinet), o Ocidente recupera sua pureza imaculada e pode continuar a reivindicar sua missão planetária permanente e posar como um anjo exterminador do Mal, como fez durante a Guerra do Golfo.

---

[90] Arnold J. Toynbee, *A Study of History* [ed. it.: *Panorami della storia*, cit., p. 47, nota 1].

[91] Benedetto Croce, "Il dissidio spirituale della Germania con l'Europa" (1943), em *Scritti e discorsi politici* (1943-1947), v. 1, (org. A. Carella, Nápoles, Bibliopolis, 1993), v. 7, Edizione Nazionale, p. 157-8.

[92] Hannah Arendt, *The Origins of Totalitarianism* (1951) [ed. it.: *Le origini del totalitarismo*, Milão, Comunita, 1989, p. 257 e 259 (nota); ed. bras.: *As origens do totalitarismo*, trad. Roberto Raposo, 5. reimpr., São Paulo, Companhia das Letras, 2004].

[93] Ernst Nolte, "War nicht der 'Archipel Gulag' ursprünglicher als Auschwitz?", *Frankfurter Allgemeine Zeitung*, 6 jun. 1986.

Compreende-se que essa atitude esbarra em uma resistência crescente, senão em âmbito militar, dado o equilíbrio de forças existente, ao menos em âmbito cultural. Por ocasião da inauguração do Mausoléu dedicado ao Holocausto, os sobreviventes das tribos indígenas perguntavam-se por que um mausoléu semelhante não era erguido nos Estados Unidos em memória do genocídio ali ocorrido. Por sua vez, os militantes negros sublinham, em polêmica contra a ideologia dominante, a centralidade daquilo que chamam de *Black Holocaust* [Holocausto Negro] na história estadunidense. Mas o protesto hodierno não se limita a acusar a falsa consciência e a repressão da Europa e do Ocidente. Indo muito mais longe, alguns intelectuais e militantes negros celebram a superioridade do pensamento negro (com sua "dimensão emocional") sobre a "educação ocidental", culpada de ter "historicamente subordinado os sentimentos" para dar valor exclusivamente a "comunicação e cálculo"[94]. Leopold Senghor já não formulou a tese segundo a qual "a emoção é negra" enquanto "a razão é helênica"[95]? Nessa perspectiva, os brancos parecem frios, individualistas e materialistas: constituem o "povo de gelo" que na história do mundo imprimiu "dominação, destruição e morte", os chamados três "dês", "*domination, destruction and death*". A tradição cultural, filosófica e política da Europa e do Ocidente (e do mundo branco) torna-se agora sinônimo de pensamento calculista e desejo de poder, características que parecem inatas à raça dos dominadores que ditaram as leis no mundo e sempre gabaram-se disso[96]. As vítimas do desejo de poder e do pensamento calculista tornam-se, por sua vez, a encarnação de um pensamento, de uma cultura, de um modo de ser totalmente diferente, que só pode dar à história do mundo um rumo diferente daquele seguido até agora.

Obviamente, contrarracismo não é o mesmo que racismo. A violência dos oprimidos (neste caso, a violência cultural que monopoliza determinados valores em benefício de uma raça) não pode ser equiparada à violência dos opressores. E, no entanto, permanece o fato de que no interior dos movimentos emancipatórios pode manifestar-se uma tendência à retomada de certos estereótipos da cultura conservadora e reacionária, ainda que com um juízo de valor invertido. Durante séculos, a discriminação contra as "raças inferiores" foi motivada por

---

[94] Arthur M. Schlesinger Jr., *The Disuniting of America. Reflections on a Multicultural Society* (Nova York/Londres, Norton, 1992), p. 63.

[95] Ibidem, p. 82.

[96] Ibidem, p. 67 e 64.

sua incapacidade de argumentar em termos rigorosa e abstratamente lógicos e com sua falta de coragem e espírito guerreiro, com sua tendência a se deixar guiar pelos sentimentos e pela emotividade[97]. Inverter o julgamento de valor não acrescenta credibilidade a tais estereótipos. Este segundo balanço não é mais satisfatório do que o anterior. O fato é que um e outro continuam a operar com dicotomias e essências contrastantes, passando por cima do entrelaçamento e da contaminação da história real.

Quero aqui limitar-me a um exemplo. A Europa e o Ocidente adoram exibir seu "individualismo" como um título de glória que os distingue positivamente do restante do mundo. Mas se por essa categoria entendemos o reconhecimento de todo indivíduo, independentemente de renda, sexo ou raça, como sujeito titular de direitos inalienáveis, é claro que não podemos compreender esse resultado sem a contribuição da tradição revolucionária que vai de Toussaint L'Ouverture a Lênin, sem a contribuição de personalidades e movimentos que a ideologia dominante ainda hoje luta para considerar estranhos à Europa e ao Ocidente autêntico. Se na época o "negro jacobino" foi denunciado pela Europa e pela Inglaterra liberal como duplamente bárbaro, como "negro" e como "jacobino", ainda hoje não são apenas os emuladores de Spengler que leem Lênin em chave asiática. Este último seria interpretado mais como "o produto da reação russa ao Ocidente, que do marxismo"[98]. Mas quem melhor expressa o "individualismo" europeu ou ocidental, Toussaint L'Ouverture, que levando a sério a declaração dos direitos humanos, lidera a revolução dos escravos de Santo Domingo ("nenhum homem, nascido vermelho, preto ou branco pode ser propriedade de seu semelhante"), ou Napoleão Bonaparte, que tenta reintroduzir a escravidão ("sou pelos brancos, porque sou branco; não há outra razão senão esta, mas esta é suficiente"[99]). O expressa melhor Lênin, que

---

[97] Para dar apenas um exemplo, segundo Jefferson, a incapacidade dos negros de ascender a formas desenvolvidas de civilização depende do fato de que, "em geral, sua existência parece ser guiada mais pelo instinto do que pela reflexão"; se, em termos de "razão" são "muito inferiores", "em música os negros são geralmente mais dotados do que os brancos e têm ouvidos sensíveis à melodia e ao ritmo", ainda que sejam igualmente incapazes de ascender à autêntica "poesia", o que ainda pressupõe a superação do imediatismo emocional: ver *Notes on Virginia* (1787) [ed. it.: Malcon Sylvers, *Il pensiero politico e sociale di Thomas Jefferson*, Manduria/Bari/Roma, Lacaita, 1993, p. 141].

[98] Louis Dumont, *Homo aequalis, II: L'Idéologie allemande* (Paris, Gallimard, 1991), p. 27.

[99] Citado em Florence Gauthier, *Triomphe et mort du droit naturel en Révolution* (Paris, PUF, 1992), p. 282.

lança o apelo aos "escravos das colônias", para que quebrem suas correntes, ou Mill e seus seguidores em terra inglesa ou francesa, que teorizam a "obediência absoluta" das "raças" consideradas "inferiores"[100]?

É um fato constantemente afastado pela ideologia dominante: no continente americano, o primeiro a abolir a escravidão é o Estado nascido da revolução dos escravos negros de Santo Domingo, e não o principal país do hemisfério "ocidental", celebrado por Monroe, ele mesmo um proprietário de escravos[101]; a Rússia revolucionária, justamente nesse período excomungada da Europa e do Ocidente, foi a primeira a afirmar o princípio do sufrágio universal, além de abolir qualquer discriminação de renda, raça e sexo[102]. Separado de sua gênese histórica real e transformado em monopólio exclusivo da cultura europeia e ocidental, o "individualismo" torna-se uma ideologia de guerra.

Toussaint L'Ouverture e Lênin movem-se à margem do mundo europeu e ocidental, mas assimilaram a sua cultura mais elevada, sem nunca perder o profundo vínculo que os une ao próprio povo e à própria terra. O primeiro, alheio e hostil à cultura vodu de muitos dos escravos de Santo Domingo, é um "cristão devoto"[103] que depois lê a *História das duas Índias*, de Raynal-Diderot, obra que, no contexto da cultura iluminista mais avançada, submete a uma dura crítica a exaltada autoconsciência e falsa consciência da Europa. O segundo, leitor de Hegel e Marx, nada tem a ver com os eslavófilos, como demonstra o fato de que nele a condenação do colonialismo e do imperialismo está intimamente ligada à celebração do "espírito europeu" e da "cultura europeia" que irrompem nas colônias, as quais, tomadas pelas "ideias de liberdade", começam a se rebelar contra seus senhores. (Mesmo após a Revolução de Outubro, o revolucionário russo sublinha a necessidade de valorizar os "melhores modelos da Europa ocidental" em âmbito político-estatal, embora para transformá-los e superá-los). A denúncia impiedosa da política de pilhagem, agressão e genocídio conduzida pela metrópole capitalista não leva de forma alguma à transfiguração de um mundo ainda não contaminado pela modernidade capitalista e europeia:

---

[100] John Stuart Mill, *On Liberty*, cit., p. 32.
[101] Ver Robin Blackburn, *The Overthrow of Colonial Slavery*, cit., p. 275 [ed. bras.: *A queda do escravismo colonial*, cit.].
[102] Sobre esse assunto, ver Domenico Losurdo, *Democrazia o bonapartismo: trionfo e decadenza del suffragio universale* (Turim, Bollati Boringhieri, 1993), p. 50-4 [ed. bras.: *Democracia ou bonapartismo: triunfo e decadência do sufrágio universal*, trad. Luiz Sérgio Henriques, Rio de Janeiro/São Paulo, Ed. UFRJ/Ed. Unesp, 2004, p. 56-60].
[103] Ver Robin Blackburn, *The Overthrow of Colonial Slavery*, cit., p. 256.

Isso significa, talvez, que o Ocidente materialista seja podre e que a luz brilhe apenas sobre o Oriente místico e religioso? Não. Ao contrário. Significa que o Oriente se pôs definitivamente a caminho do Ocidente, que centenas e centenas de milhões de outros homens participarão a partir de agora da luta por aqueles ideais pelos quais o Ocidente deixou de lutar. Podre é a burguesia ocidental...[104]

A crítica mais radical e incisiva da Europa e do Ocidente é aquela que sabe valorizar as categorias e os materiais elaborados por suas correntes de pensamento e por seus movimentos políticos mais avançados. O enfraquecimento ou desintegração de uma posição capaz de unir a crítica do Ocidente ao reconhecimento de seus pontos altos e do valor universal de sua herança explica o fato de que, hoje em dia, os movimentos de resistência à política hegemônica e imperial do Ocidente tendem a tomar cada vez mais a forma de uma guerra religiosa e civilizatória. Rompido o equilíbrio entre a crítica ao Ocidente e a herança de seus pontos mais altos, a guerra santa do Ocidente corresponde à guerra santa do Islã. Eis, então, o *clash of civilisations* [choque de civilizações], ou o choque entre *kin-countries*[105] [países-afins], isto é, entre linhagens diferentes e opostas. A unidade da "raça europeia" de que fala Tocqueville parece assim ter sido restabelecida. Na realidade, não faltam e, ao contrário, tornam-se cada vez mais evidentes, as tensões entre a velha e a nova Europa, entre o velho e o novo Ocidente, ou entre essas duas subcivilizações do Ocidente, que são a Europa e os Estados Unidos[106]. É nesse contexto que se deve situar a recente observação (ou advertência) de Kissinger, segundo a qual "a liderança mundial é inerente ao poder e aos valores americanos"[107].

---

[104] Ver Domenico Losurdo, "Civiltà, barbarie e storia mondiale: rileggendo Lenin", em Domenico Losurdo (org.), *Lenin e il Novecento* (Nápoles, Istituto Italiano per gli Studi filosofici), 1995.

[105] Samuel P. Huntington, "The Clash of Civilisations?", *Foreign Affairs*, verão 1993, p. 35-6.

[106] Ibidem, p. 34.

[107] Ver Henry Kissinger, *Diplomacy*, cit., p. 834.

3. MARXISMO OU POPULISMO?[1]

3.1. Marx e a globalização

Hoje em dia, a retórica do novo celebra os seus triunfos: "Depois de Gênova, nada mais pode ser como antes!". Passam-se poucas semanas desde as grandes manifestações e a brutal repressão policial e eis que, após os inéditos atentados terroristas nos Estados Unidos, triunfa uma nova cronologia: "Depois de Manhattan, nada mais pode ser como antes!". Um mês depois, o encontro entre China, Estados Unidos e Rússia na cúpula da Apec [Cooperação Econômica Ásia-Pacífico] é a oportunidade para uma nova reviravolta. Em Xangai – reportam o *Liberazione* e *Il Manifesto* – as grandes potências se uniram em uma coalizão compacta, uma Santa Aliança planetária sem precedentes na história. E, portanto, pode-se deduzir: "Depois de Xangai, nada mais pode ser como antes!". Os pontos de virada de época aproximam-se agora de um ritmo mensal. São os milagres da globalização, a partir dos quais – afirma certa esquerda – as mudanças ocorridas no capitalismo e no cenário mundial são tão radicais que a lição de Marx se torna completamente obsoleta.

Na realidade, a história do capitalismo é a história do processo de formação do mercado mundial. É assim que Marx a descreve e, ainda hoje, as páginas que ele dedicou à expansão do Ocidente na Ásia são esclarecedoras. Sob a onda de choque do "vapor e do livre comércio *made in England*", bem mais do que dos "militares britânicos", as tradicionais "comunidades familiares [...] baseadas

---

[1] Título original: "Dinanzi al processo di globalizzazione: marxismo o populismo?"; publicado pela primeira vez em *L'Ernesto. Rivista comunista*, n. 4, 2002 (jan./fev.), p. 78-85; republicado em *Aginform*, n. 24 (mar. 2002) e em Sergio Manes (org.), *Il mondo dopo Manhattan* (Nápoles, La Citta del Sole, 2002), p. 135-52.

na indústria doméstica" e "autossuficientes" caem irremediavelmente em crise: "miríades de laboriosas comunidades sociais, patriarcais e inofensivas" são "lançadas em um mar de luto, e seus membros são individualmente privados, simultaneamente, das formas tradicionais de civilização e dos meios hereditários de existência"[2]. Povos inteiros são atingidos por uma tragédia sem precedentes: é a "perda de seu mundo antigo, não compensada pela conquista de um mundo novo"[3]. É uma síntese fulminante do processo de globalização capitalista.

3.2. A primeira forma de populismo

Justamente por essas características da globalização, abre-se um grande espaço para o arrependimento nostálgico do mundo antigo e sua transfiguração: pelo menos no passado havia um "mundo" de laços comunitários e valores compartilhados, um mundo ainda não atingido pela crise e, portanto, dotado de significado. É onde espreita a tentação populista, que surge não apenas no mundo colonial ou semicolonial, mas no próprio coração da metrópole capitalista, à medida que a grande indústria submete as áreas agrícolas e arruína o artesanato e a indústria doméstica tradicional.

Tome-se uma personalidade como Sismondi. Sensível aos sofrimentos do povo, a fim de trazer alívio ele parece sugerir a imposição de um freio ao desenvolvimento da produção, a fim de evitar o surgimento da superprodução e da crise. A introdução de máquinas novas e mais potentes leva a um "aumento de produtividade", mas acaba por destruir o equilíbrio anterior, sem resultar em nenhuma vantagem real e duradoura: os "velhos teares serão perdidos"[4]. Nesse sentido, Sismondi – observa Marx – "torna-se *laudator temporis acti*"[5], um nostálgico elogiador dos bons tempos antigos. Em seu "romantismo econômico" – insiste Lênin – Sismondi revela-se aflito pela "destruição do paraíso pela estupidez e brutalidade patriarcal da população rural"[6].

---

[2] Karl Marx e Friedrich Engels, *India Cina Russia: le premesse per tre rivoluzioni* (org. Bruno Maffi, Milão, Il Saggiatore, 1975), p.76.

[3] Ibidem, p. 72.

[4] Jean-Charles-Léonard S. de Sismondi, *Nouveaux principes d'économie politique ou de la richesse dans ses rapports avec la population* (1819; 1827), [ed. it.: Piero Barucci (org.), *Nuovi principi di economia politica o della ricchezza nei suoi rapporti con la popolazione*, trad. Piero Roggi, Milão, Isedi, 1975, p. 208-9].

[5] Karl Marx e Friedrich Engels, *Werke*, v. 26.3 (Berlim, Dietz, 1955), p. 50.

[6] Vladímir Ilitch Lênin, *Opere complete*, v. 2 (Roma, Editori Riuniti, 1955), p. 218.

Ao expressar-se assim, fica claro que Lênin tem em mente a lição de Marx que advertia, com referência à Índia, contra a tendência de lamentar e idealizar uma "vida sem dignidade, estagnante, vegetativa", uma sociedade em que a miséria e a subjugação das grandes massas aparecem como "um destino natural imutável" e onde as "pequenas comunidades são contaminadas pela divisão em castas e pela escravidão"[7].

Se o marxismo e o leninismo desenvolveram-se no curso da luta contra o populismo, parece que hoje este desfruta de uma nova juventude. Eis como o *Liberazione* relata uma exposição sobre "O Tibete perdido": "Caçar, pescar, até matar um inseto ou escavar a 'mãe terra' tornaram-se ações que não deveriam ser cometidas, enquanto moinhos de oração surgiam ao longo dos cursos de água". Ao chegar ao Palazzo Magnani, em Reggio Emilia, para ver a esplêndida exposição fotográfica de Fosco Maraini sobre o "O Tibete perdido", estas são as palavras afixadas na parede que mais impressionam o visitante. Descrevem um "povo único [...] os tibetanos são pessoas extraordinárias, acostumadas a viver a mais de 4 mil metros acima do nível do mar, em um cenário natural incrível, onde as doenças quase não existem, porque vírus e bactérias não sobrevivem nessas alturas"[8].

É um exemplo clássico de populismo. Uma sociedade "contaminada pela divisão em castas e pela escravidão", que estabelece uma barreira intransponível entre servos e senhores, discriminando-os claramente desde o nascimento até a morte ou além dela (alimentando os urubus com os corpos dos primeiros e reservando a dignidade da cremação ou sepultamento apenas para aos segundos), conhece agora uma transfiguração mitológica.

No contexto desse ordenamento, a miséria, a desnutrição, a doença e a morte precoce eram sofridas, nas palavras de Marx, como "um destino natural imutável"; mas para o jornalista ou o poeta, sob o fascínio do populismo, é mais um motivo de entusiasmo o fato de que os "moinhos de oração" bloqueassem o caminho para as obras blasfemas empenhadas em violar e "escavar" a "mãe terra" e aumentar a produção agrícola. Como Lênin deixou claro, o populista acredita que "a luz brilha apenas do Oriente místico e religioso"[9]. De fato, em certos artigos de *Liberazione* e *Il Manifesto*, o Dalai Lama tende precisamente a ocupar o lugar de Lênin (e de Marx).

---

[7] Karl Marx e Friedrich Engels, *India Cina Russia*, cit., p. 77.
[8] Vittorio Bonanni, "Tibet perduto", em *Liberazione*, 16 jan. 2001, p. 17.
[9] Vladímir Ilitch Lênin, *Opere complete*, cit., v. 18, p. 154.

O populismo desempenha um papel importante na hostilidade com que esses jornais e círculos políticos veem a China. O que causa horror em primeiro lugar é a "obsessão pelo crescimento quantitativo"[10].

Sim, Marx e Engels sublinham que "o proletariado usará seu poder político" e o controle dos meios de produção, em primeiro lugar, "para aumentar, com a maior velocidade possível, a massa das forças produtivas". Em condições difíceis, dado o atraso histórico acumulado e o permanente semiembargo tecnológico imposto pelos Estados Unidos, a China tenta desenvolver "novas indústrias", que já não têm base nacional e cuja "introdução" – sublinha sempre Marx – é "uma questão de vida ou morte para todas as nações civilizadas"[11]. Mas tudo isso é motivo de escândalo somente para o populista, que olha com aborrecimento para o mundo profano da "quantidade": "Uma criança nascida em Xangai em 1995 tinha menos probabilidade de morrer no primeiro ano de vida, mais probabilidade de aprender a ler e escrever e podia contar com uma expectativa de vida dois anos maior (76 anos) que a de uma criança nascida em Nova York"[12]. Agora, o governo chinês implementou uma política de investimentos gigantescos para estender o prodigioso desenvolvimento alcançado pelas regiões costeiras também ao interior. Resultados importantes já podem ser vistos por todos: o Tibete "registrou um crescimento econômico três vezes mais rápido que o dos Estados Unidos nos anos de *boom* entre o fim do governo Reagan e o início do governo Bush"[13].

E se houve desenvolvimento socioeconômico, acesso à educação, advento da modernidade com sua carga emancipatória, prolongamento da expectativa de vida, tudo isso parece ser irrelevante para a melancolia populista e a nostalgia dos "velhos teares" ou, pior, dos "moinhos de oração".

Compreende-se o ressentimento reservado à figura de Deng Xiaoping. Ele teve o mérito de criticar a mudança populista que levou a Revolução Cultural a perseguir o ideal de "ascetismo universal e igualitarismo bruto"[14]. E em vez

---

[10] Rina Gagliardi, "Sognando un libretto rosso", em *Liberazione*, 5 out. 1999, Speciale, p. 2.

[11] Karl Marx e Friedrich Engels, *Werke,* cit., v. 4, p. 466.

[12] John Gray, *False Dawn: The Delusion of Global Capitalism* (Londres, Granta Books, 1998), p. 118 [ed. bras.: *Falso amanhecer: os equívocos do capitalismo global,* trad. Max Altman, Rio de Janeiro, Record, 1999].

[13] William H. Overholt, *The Rise of China: How Economic Reform is Creating a New Superpower* (1993) [ed. it.: *Il risveglio della Cina*, trad. Giuseppe Barile, Milão, Il Saggiatore, 1994, p. 69].

[14] Karl Marx e Friedrich Engels, *Werke,* cit., v. 4, p. 489.

disso "não pode haver comunismo com miséria ou socialismo com miséria"; é uma contradição em termos falar de "comunismo pobre"[15].

Socialismo e comunismo nada têm a ver com igualdade na miséria e na austeridade dos costumes: se mesmo durante todo um período persiste o problema de uma distribuição de algum modo justa da escassez, em primeiro lugar "o socialismo significa a eliminação da miséria"[16]. O principal problema é, portanto, o desenvolvimento mais rápido possível das forças produtivas. E justamente nisso o populista lamenta a perda, para dizê-lo com Marx, de uma mítica "plenitude original"[17], ou melhor, denuncia, para dizê-lo com Lênin, o triunfo dos valores negativos do "Ocidente materialista"[18].

3.3. Populismo e o "cinismo próprio de um cretino"

Além da transfiguração ingênua das relações sociais rurais e atrasadas, o populismo pode encontrar expressão em formas mais "sofisticadas". Veja Proudhon: a propriedade é um roubo. Uma única linha de demarcação divide a humanidade inteira entre proprietários e não proprietários, ladrões e roubados, ricos e abandonados. Esta é a única contradição realmente relevante. Proudhon rotula o movimento feminista que se inicia como "pornocracia". Da mesma forma, zomba das aspirações nacionais dos povos oprimidos como expressão do apego obscurantista a preconceitos ultrapassados. Na Polônia, a luta pela independência nacional conta com a participação de burgueses e até de nobres. O que não surpreende, tendo em vista que a nação toda sofre a opressão. Mas isso é motivo de escândalo para o populista inclinado a pensar que a única contradição real é aquela entre pobres e ricos, o "povo" humilde e incorrupto, de um lado, e os grandes e poderosos, de outro. Daí a atitude zombeteira de Proudhon em relação aos movimentos nacionais. Duro é o julgamento de Marx, que fala a esse respeito de "cinismo próprio de um cretino", seguindo os passos do imperialismo tsarista ou, em outros casos, do bonapartismo de Napoleão III[19].

---

[15] Deng Xiaoping, *Selected Works*, v. 3 (1982-1992) (Pequim, Foreign Languages Press, 1994), p. 174.

[16] Ibidem, p. 122.

[17] Karl Marx, *Grundrisse der Kritik der politischen Ökonomie (Rohentwurf)* 1857-1858 (Berlim, Dietz, 1953), p. 80-2 [ed. bras.: *Grundisse: manuscritos econômicos de 1857-1858*, trad. Mario Duayer e Nélio Schneider, São Paulo, Boitempo, 2011].

[18] Vladímir I. Lênin, *Opere complete*, cit., v. 18, p. 154.

[19] Karl Marx e Friedrich Engels, *Werke*, cit., v. 16, p. 31.

Somos levados a pensar no populista francês quando lemos Toni Negri zombando "dos últimos chauvinistas da nacionalidade": é assim que são rotulados os que se empenham em defender a independência e a soberania nacional contra a realidade de um império planetário, no âmbito do qual a única contradição seria aquela entre "o poder soberano que governa o mundo" e a "multidão" revolucionária. Testemunhamos, assim, um paradoxo. Hoje é fácil encontrar autores burgueses que reconhecem o fato de que um processo de "recolonização" está em andamento no mundo. Se o general Carlo Jean se expressa nesses termos, quem afirma explicitamente o caráter benéfico da recolonização é o teórico oficial da "sociedade aberta", Karl Popper. Até o *New York Times*, dando a palavra a Paul Johnson, poderia anunciar, há algum tempo: "O colonialismo finalmente voltou, já era hora"[20].

Portanto, não deveria haver dúvidas sobre a relevância permanente da questão nacional. E, se analisarmos bem, ela está se intensificando. Pensemos nas guerras que se seguiram ao colapso da União Soviética. Em 1991, a guerra contra o Iraque e a imposição de um protetorado a um país de importância geoeconômica e geopolítica decisiva foram formalmente autorizadas pela ONU. Em 1999, essa autorização foi considerada supérflua para a guerra contra a Iugoslávia; agora se teoriza o direito soberano da Otan de desencadear "guerras humanitárias", que não se limitam a impor um protetorado, mas procedem ao desmembramento do país atacado. Em 2001, ao declarar que o terrorismo está presente em mais de sessenta países, ao decidir quem são os terroristas e ao anunciar que está pronto para atacar quem apoia ou tolera o terrorismo, Washington arroga-se o direito de intervir em todos os cantos do mundo, sem levar em consideração nem a ONU, nem a Otan. Se tivermos em mente que os expoentes da administração estadunidense vazaram a possibilidade de uso de armas nucleares, então uma conclusão é necessária: os Estados Unidos tendem a fazer pesar uma ameaça econômica (embargo), militar e até nuclear sobre todos os países do mundo.

Uma máquina de guerra de eficiência implacável também no que diz respeito ao dispositivo político-ideológico foi montada: o governo estadunidense pode rotular como terrorista a resistência palestina, ou algumas de suas correntes, e assim Estados como a Síria, o Irã, o Iraque etc. são considerados foras da lei; ou pode consagrar como "combatentes pela liberdade" as forças secessionistas que tenta alimentar neste ou naquele país, e eis que então uma repressão

---

[20] Ver Domenico Losurdo, "Il Nuovo Ordine Internazionale nella storia delle ideologie della guerra", em *Giano: Ricerche per la pace*, Roma, n. 14-5, par. 3.

considerada excessiva por Washington configura um crime, que abre as portas para uma intervenção "humanitária" justa e severa.

Uma luta sangrenta está em andamento na Caxemira, disputada pela Índia e pelo Paquistão. A guerrilha pode ser rotulada como terrorismo, e então o Paquistão, que a apoia, torna-se um alvo legítimo; ou pode ser elevada à dignidade de uma luta de libertação, e então a Índia torna-se um alvo legítimo que, ao reprimi-la duramente, mancha-se de crimes contra a humanidade. Conscientes do risco que correm, os dois possíveis alvos envolvem-se em uma corrida para disputar os favores de Washington, o aspirante a soberano planetário. É preciso reiterar com veemência: a questão nacional nunca foi tão aguda.

Mas o peso crescente das multinacionais não reduz a soberania do Estado a uma concha vazia? Em 1917, Lênin observa: "O capital financeiro é uma força tão grande, pode-se dizer, tão decisiva em todas as relações econômicas e internacionais, que é capaz de subordinar, e de fato subordina, mesmo os Estados com plena independência política"[21]. Isso não significa, no entanto, que a luta contra a subjugação política tenha se tornado irrelevante. Os países que gozam de independência política tentam consolidá-la mediante a conquista da independência econômica e assim se colocam em oposição ao imperialismo que, em situações de crise, para manter a hegemonia, está pronto para liquidar essa independência política. Apenas a influência que o populismo e o neoproudhonismo exercem dentro do movimento antiglobalização podem explicar a tese do desaparecimento da questão nacional.

3.4. Purismo populista e fuga da complexidade

Sem prejuízo da centralidade da luta pela defesa e conquista da soberania estatal, como ela se manifesta hoje? Na década de 1960, Lin Biao, observando as lutas de libertação nacional no Terceiro Mundo, previa o cerco progressivo da cidadela capitalista por uma campanha pobre e revolucionária. Também nesta visão é evidente a presença do populismo. Tratava-se de uma generalização arbitrária de um equilíbrio histórico incorreto da revolução chinesa. O Partido Comunista havia alcançado a vitória não apenas estimulando e dirigindo as lutas dos camponeses pobres, mas sabendo colocar-se à frente da luta de

---

[21] Vladímir I. Lênin, *Opere complete*, cit., v. 22, p. 260 [ed. bras.: *Imperialismo, estágio superior do capitalismo: ensaio de divulgação ao público*, trad. Edições Avante! e Paula Almeida, São Paulo, Boitempo, 2021, p. 107].

toda a nação chinesa contra a ocupação militar japonesa e construindo uma ampla frente unida, da qual a burguesia nacional era parte integrante. Além disso, o movimento de resistência e libertação nacional não hesitou em usar as rivalidades entre as grandes potências imperialistas. Uma visão que no âmbito internacional observa somente a contradição entre países fracos e fortes, pobres e ricos, Terceiro Mundo e metrópoles capitalistas, deve ser considerada uma reedição, em novo formato, do populismo.

Enquanto isso, no contexto do Terceiro Mundo, destaca-se um país que emerge do subdesenvolvimento e que, governado por um Partido Comunista já com suas dimensões e a espetacular taxa de crescimento de sua economia, é percebido como uma ameaça pelos Estados Unidos. Mas vamos focar nossa atenção em Estados Unidos, Rússia, Japão, Alemanha, França etc. e na União Europeia como um todo. Trata-se de países capitalistas que, porém, não podem ser colocados no mesmo nível. Isso é imediatamente evidente para a Rússia. Em seu tempo, Iéltsin foi definido como um *Quisling*, ou seja, líder de um Estado apenas formalmente soberano e na realidade fantoche de uma potência imperial externa[22]. É provável que haja um elemento de exagero nessa definição. O fato é que a Rússia, cada vez mais pressionada pela expansão da Otan para o leste, deve enfrentar pressões separatistas e secessionistas, muitas vezes alimentadas de fora e que, não surpreendentemente, ocorrem ao longo das rotas estratégicas do petróleo.

Mas nem mesmo os países com as tradições capitalistas e imperialistas mais consolidadas podem ser colocados no mesmo nível. Contra a tendência de condenar indiscriminadamente o imperialismo estadunidense, japonês e europeu, vale a pena relembrar as palavras de Mao. Estamos em agosto de 1946: a eclosão da Guerra Fria estimula uma visão bipolar do mundo, que contrasta um campo socialista, ferreamente unificado, a um campo capitalista igualmente unificado. Mas aqui Mao desenvolve uma análise completamente diferente:

> Os Estados Unidos e a União Soviética estão separados por uma área muito grande que inclui numerosos países capitalistas, coloniais e semicoloniais na Europa, na Ásia e em África. Enquanto os reacionários dos EUA não subjugarem esses países, um ataque à União Soviética está fora de questão. [Os Estados Unidos] há muito controlam a América Central e do Sul, e procuram colocar todo o Império Britânico e a Europa ocidental também sob seu controle. Sob

---

[22] Giulietto Chiesa, *Russia addio: come si colonizza un impero* (Roma, Editori Riuniti, 1997), p. 8.

vários pretextos, os Estados Unidos tomam medidas unilaterais em grande escala e instalam bases militares em muitos países [...] Atualmente não [...] a União Soviética, mas os países onde essas bases militares são instaladas são os primeiros a sofrer agressões dos EUA[23].

Como se vê, Mao não hesita em usar a categoria "agressão" para definir a relação que o imperialismo estadunidense estabelece com as grandes potências capitalistas. Da mesma forma, Stálin convocará os partidos comunistas da Europa ocidental a "erguerem" a "bandeira da independência e da soberania nacional [...] lançada ao mar" pelos governantes burgueses[24], criticados em primeiro lugar não como imperialistas, mas como subalternos do imperialismo estadunidense.

Por trás de Mao e Stálin está a lição de Lênin. Este último, ao reiterar, em 1916, o caráter imperialista da Primeira Guerra Mundial, observa, porém, que foi concluída "com vitórias de estilo napoleônico e que, com a sujeição de toda uma série de Estados nacionais capazes de vida autônoma [...], seria então possível uma grande guerra nacional na Europa"[25]. Essa situação ocorre de fato com a Segunda Guerra Mundial: a vitória de tipo napoleônico alcançada inicialmente pelo Terceiro Reich coloca na ordem do dia as guerras de libertação nacional no próprio coração da Europa. É nessa base que a Resistência se desenvolve não apenas na Iugoslávia, na Albânia e na Tchecoslováquia, mas também na França e na Itália.

Para entender a situação internacional hodierna, é necessário reconhecer que em 1991 os Estados Unidos alcançaram uma vitória que se assemelha a uma vitória napoleônica. A derrota da União Soviética foi tão grave que o país saiu da Guerra Fria desmembrado: grande parte de seu território nacional não só se constituiu como Estados independentes, mas entrou no sistema de alianças liderado por Washington. Quanto à União Europeia e ao Japão, sua tecnologia militar está ficando cada vez mais atrasada em relação à desenvolvida pelos Estados Unidos e experimentada por meio de uma série de guerras "limitadas": o que os estrategistas do Pentágono orgulhosamente definem como RMA – *Revolution in Military Affairs* [Revolução nos assuntos militares].

---

[23] Mao Tsé-Tung, *Opere scelte*, v. 4 (Pechino, Edizioni in lingue estere, 1975), p. 95-6.
[24] Josef Stálin, "Discorso al XIX congresso del Partito Comunista dell'Unione Sovietica", em *Problemi della pace* (pref. Pietro Secchia, Roma, Edizioni di Cultura Sociale, 1953), p. 153-4.
[25] Vladímir I. Lênin, *Opere complete*, cit., v. 22, p. 308 [ed. bras.: *Imperialismo, estágio superior do capitalismo*, cit.].

Mas talvez haja um aspecto ainda mais importante. Imediatamente após a Segunda Guerra Mundial, os Estados Unidos introduziram no Japão uma Constituição que professa o antimilitarismo radical, renunciando ao tradicional "direito soberano da nação" à guerra, ao uso da força e à ameaça do uso da força. Agora cabe a Washington sugerir quando esse artigo pode e deve ser considerado desatualizado e superado. Considerações semelhantes se aplicam à Alemanha. A relação que os Estados Unidos mantêm com os seus "aliados" caracteriza-se por uma superioridade avassaladora não só no campo militar, mas também no campo ideológico e político-diplomático: em última análise, é a Casa Branca que detém as chaves para legitimar o uso da força por parte do Japão e da Alemanha, para decidir se se trata de uma expressão de sua nova realidade "democrática" ou se é algo relacionado à infeliz tradição condenada em Tóquio e Nuremberg. Com a vitória na Segunda Guerra Mundial e na Guerra Fria, os Estados Unidos ganharam o poder de "excomungar" seus inimigos antes mesmo de destruí-los.

Além da China e de Cuba, são os movimentos revolucionários envolvidos em lutas muito difíceis que se recusam a colocar em pé de igualdade Estados imperialistas ou com potencial imperialista. Isso não se aplica apenas à resistência palestina. Veja-se a recente posição de um líder colombiano das Forças Armadas Revolucionárias da Colômbia (Farc):

> A atitude europeia em relação ao plano "gringo" contra a Colômbia tem sido prudente [...] Mas a Europa pode desempenhar um papel ainda mais decisivo, não participando nem aberta nem secretamente das políticas decididas em Washington. A verdade é que a Europa pode e deve desempenhar um maior protagonismo na América Latina e no Caribe.[26]

Na Itália, os comunistas estão numa posição particularmente favorável para compreender a dupla natureza do país em que vivem e lutam. Se por um lado com D'Alema, antes mesmo que com Berlusconi, a Itália assumiu posturas mussolinianas e de grande potência imperial, por outro foi devastada pela estratégia de tensão e pelos massacres engendrados em Washington, e continua a sofrer com uma condição de soberania limitada (vide a história do Cermis). Isto é, se por um lado participa de forma subordinada de infames agressões

---

[26] Raúl Reyes, "Plan Colombia: un piano di guerra", intervista a Angela Nocioni e Marco Consolo, *Liberazione*, 26 ago. 2000, p. 202.

imperialistas, por outro, a própria Itália é alvo da "agressão" do imperialismo estadunidense. Embora com a devida cautela, considerações semelhantes se aplicam à União Europeia como um todo (pensemos na espionagem econômica e militar de Echelon).

Concluindo, como resulta da leitura da história do movimento comunista internacional, das posições tomadas pelos movimentos revolucionários e, acima de tudo, da análise concreta da situação concreta, colocar as grandes potências capitalistas num mesmo nível não é de forma alguma sinônimo de rigor revolucionário e comunista. Antes, cabe perguntar se nessa atitude purista não há um resíduo de populismo, que percebe como elemento perturbador toda análise que emerge do esquema da contradição única (aquela entre humildes e poderosos) e como elemento de contaminação qualquer relação que vá além do mundo dos humildes. Mesmo que a contradição humildes/poderosos assumisse uma forma estatal e se configurasse como contradição entre os países pobres do Terceiro Mundo e os países ricos e imperialistas, continuaria a afirmar-se como uma contradição única e permaneceria no contexto do populismo.

3.5. O caráter pervasivo do populismo

É uma tendência que se manifesta nos mais diversos âmbitos problemáticos. *O que fazer?* é um livro mais ou menos contemporâneo à polêmica já vista contra o romantismo econômico, contra o populismo. Não por acaso, em *O que fazer?* desempenha uma função essencial a refutação da tese segundo a qual a consciência revolucionária, uma visão superior do mundo, não contaminada pelos desvalores burgueses, estaria depositada entre as classes mais baixas, entre o povo enquanto tal. Em vez disso, para Lênin, a consciência revolucionária é uma construção que implica a contribuição decisiva dos "intelectuais burgueses" e a assunção de uma herança teórica que é em grande parte o legado dos intelectuais burgueses (pense-se em Hegel). Por outro lado, "por causa de sua posição social, os próprios fundadores do socialismo científico contemporâneo, Marx e Engels, eram intelectuais burgueses"[27]. E, por sua vez, Marx e Engels, ao mesmo tempo que sublinham a função contrarrevolucionária muitas vezes desempenhada pelo subproletariado, pelos "mendigos", também chamam a atenção para a contribuição que os desertores da burguesia (principalmente os intelectuais) dão à formação da consciência e do movimento revolucionário.

---

[27] Vladímir I. Lênin, *Opere complete*, cit., v. 5, p. 106.

Não há lugar aqui para o mito populista segundo o qual a consciência revolucionária, a perspectiva de uma sociedade mais justa, seria o dado natural e imediato do povo, dos humildes, dos oprimidos (isto é, da classe operária: o obreirismo é uma variante do populismo). O aborrecimento hodierno com a forma partidária e a tendência de dissolver o Partido Comunista no movimento do "povo de Seattle" são formas em que se manifesta o retorno do populismo.

Analisando o movimento populista estadunidense da segunda metade do século XIX, observou-se que ele também é caracterizado pela "concepção da história como uma conspiração"[28]. Como o povo é a personificação imediata dos mais altos valores humanos, o reino da justiça e da felicidade está perto: basta neutralizar os poderosos e os traidores. O peso que essa visão de mundo exerce ainda hoje sobre a esquerda ocidental raramente foi notado. Por volta de 1968, teve grande circulação um livro de Renzo Del Carria, que já no título, *Proletari senza rivoluzione* [Proletários sem revolução], fornecia a chave de leitura da história do nosso país [a Itália] do *Risorgimento* à Resistência. Por que a luta contra o fascismo não terminou com o advento do socialismo? Mas é claro: Stálin em Ialta e Togliatti em Salerno o impediram.

Respostas semelhantes foram dadas para a Semana Vermelha de 1914, para os tumultos de 1898 e para aqueles ainda anteriores. Essas respostas simplistas só podem ser explicadas pela influência do populismo: sempre animadas pelo amor à justiça, as massas acabavam regularmente sendo abandonadas ou traídas, no momento crucial, por seus dirigentes e burocratas.

Para perceber a influência exercida ainda hoje por essa ideologia, coloquemo-nos agora uma questão mais geral: por que o regime que surgiu a partir de Outubro primeiro decepcionou as esperanças de muitos que o haviam saudado com entusiasmo e depois terminou derrotado no confronto com o mundo capitalista?

"Quem matou a revolução?" – era o título de um suplemento do *Liberazione* há algum tempo. Era uma pergunta retórica, mas para aqueles que ainda tinham dúvidas, para dissipá-las havia na primeira página uma foto de Stálin, que parecia zombar da revolução que ele assassinou com determinação fria e consciente. Ao dar essa "explicação", Rina Gagliardi sabia que estava em sintonia com amplos setores da esquerda italiana e ocidental. De fato, o populismo alcançou tanto sucesso que se tornou lugar-comum.

---

[28] Richard Hofstaster, *The Age of Reform: From Bryan to F. D. Roosevelt* (1956) [ed. it.: *L'età delle riforme: da Bryan a F. D. Roosevelt*, trad. Paolo Maranini, Bolonha, Il Mulino, 1962, p. 53 e 60 seg.].

Como devem configurar-se as relações políticas, econômicas e sociais da "nova ordem" chamada a substituir o capitalismo? Por meio de quais processos podem ser alcançadas? Quais são as prioridades e como pode ser derrotada a formidável coalizão de forças empenhada em perpetuar ou restaurar o antigo regime? Seria necessário partir dessas questões para compreender as dúvidas, as escolhas, as oscilações, as segundas intenções, as contradições, os conflitos, os erros e os crimes de um grupo dirigente. Mas os populistas não sentem necessidade dessa análise e se aconchegam numa confortável certeza: o povo, as massas, sabem instintivamente qual é o reino da liberdade e da justiça e aspiram a ele com todas as forças; se não for realizado, é claro que ocorreu uma traição, a traição de um indivíduo sedento de poder – Stálin ou Deng – que não compartilha dos generosos ideais do mundo dos humildes.

O estudioso estadunidense citado anteriormente aponta que "a utopia populista está situada no passado, não no futuro"[29]. Essa é uma característica que vigora também no populismo hodierno, em movimentos e partidos que também fazem referência ao comunismo. É claro que o projeto revolucionário deveria, por definição, referir-se ao futuro; no entanto, quando analisam as revoluções ocorridas historicamente, os populistas identificam o momento mágico sempre e apenas no passado, numa etapa que desaparece imediatamente devido à intervenção de poderosos e arrogantes traidores, alheios ao povo e aos ideais que invariavelmente o anima.

Os populistas de esquerda às vezes se referem à Revolução Cultural. Em particular, eles adoram gritar uma palavra de ordem que, do ponto de vista marxista, é particularmente questionável: "Rebelar-se é justo". Como se a história não estivesse repleta de rebeliões reacionárias, a exemplo daquela de proprietários de escravos no Sul dos Estados Unidos, e como se essas rebeliões não fossem muitas vezes anunciadas por uma fraseologia libertária! Na verdade, estamos lidando com uma palavra de ordem que nos remete ao populismo. Ao renunciar a uma análise de classe, o populismo estabelece uma dicotomia entre povo/governantes ou humildes/poderosos, em cujo âmbito o poder representa sempre o momento negativo.

O "trotskismo" de hoje também foi reduzido a uma espécie de populismo. Só isso poderia explicar a busca desesperada por qualquer movimento de massas, mesmo que claramente reacionário, para renomeá-lo em chave revolucionária. Iéltsin, em seu tempo, foi celebrado como o protagonista de uma revolução

---

[29] Ibidem, p. 54.

antiburocrática por parte de certos círculos "trotskistas". Se vitoriosos, os protestos da Praça da Paz Celestial de 1989 teriam significado a ascensão ao poder de um Iéltsin chinês, mas mesmo nesse caso não faltariam trotskistas clamando pela revolução traída e reprimida! Uma revolução feita por estudantes que carregariam a efígie da Estátua da Liberdade em triunfo e que teria ocorrido ao mesmo tempo em que o Ocidente capitalista e imperialista triunfava na Europa oriental e que, em todo o mundo, os partidos comunistas corriam para mudar de nome. Só se pode acreditar nesses milagres com a condição de ser populista, ou seja, renunciar à análise secular das classes e à luta de classes para substituí-la pela crença mitológica no valor redentor do "povo" e das "massas".

Falei de "trotskistas" fazendo uso constante de aspas para distinguir a caricatura farsesca do original trágico ao qual ela afirma se referir. É claro que o perigo da virada populista está bem presente em Trótski, com sua obsessão em explicar a partir do papel pouco auspicioso dos burocratas bem alimentados as dificuldades e retrocessos de uma revolução feita por massas sempre dispostas ao sacrifício, como se a história jamais tivesse experimentado situações em que o burocrata do partido e do Estado é mais avançado que o "povo"!

E, no entanto, é enorme a diferença que separa Trótski de seus autointitulados seguidores de hoje. Em um momento histórico que parecia caracterizado pelo avanço irresistível da revolução, ele poderia muito bem esperar uma radicalização "antiburocrática" da revolução russa. Mas nunca teria sonhado em legitimar como revolucionários Iéltsin ou os líderes do Exército de Libertação do Kosovo (ELK) alimentados pela Otan! Por outro lado, Trótski não hesitou em reprimir uma revolta como a de Kronstadt, que também estourou gritando a palavra de ordem do retorno à democracia soviética originária, pisoteada pelo monopólio do poder usurpado e mantido pelos burocratas bolcheviques.

Se por um lado apresenta contatos com o populismo, por outro é Trótski, entre os dirigentes bolcheviques, aquele que desenvolveu a crítica mais vigorosa à visão do socialismo como socialização da miséria, aspecto essencial do hodierno populismo "comunista". A reconstrução de um ponto de vista marxista e comunista, com a neutralização das influências populistas, envolve, portanto, a superação das velhas polêmicas entre stalinismo e trotskismo, bem como entre titoísmo e antititoísmo ou entre maoísmo e antimaoísmo. É necessário saber acolher Trótski e Stálin junto de Lênin e Bukhárin em um panteão revolucionário ideal; Tito e suas vítimas leais ao Cominform e à União Soviética; Mao junto de Liu Shaoqi e Deng Xiaoping. Todos foram protagonistas de um grandioso processo de emancipação e, ao mesmo tempo, de uma grande tragédia histórica. Assim como, no que diz respeito à Revolução Francesa, em um panteão ideal há lugar tanto para Danton como para Robespierre e seus "raivosos"críticos de esquerda, todos protagonistas e vítimas de outro grandioso processo de emancipação e de outra grande tragédia histórica.

3.6. O mito populista e indiferente da "nova Ialta"

Nos desdobramentos da "guerra contra o terrorismo", e sobretudo no encontro entre Jiang Zemin, Bush e Putin, os populistas viram a confirmação de sua análise: uma vez que desaparecessem as contradições e os conflitos entre as grandes potências, assistiríamos ao advento de um mundo que vê os poderosos do planeta reunidos em uma unidade coletiva, de um lado, e os despossuídos, os excluídos, os humildes, de outro. Contra a "nova Ialta" ergue-se apenas o "povo de Seattle"!

Mas tentemos navegar nas notícias da grande imprensa. Referindo-se a Rússia, Grã-Bretanha e Alemanha, o *International Herald Tribune* já no título observa: "Os principais países da Europa utilizam a crise afegã para fortalecer seu papel global"[30]. O *Corriere della Sera* assim justifica e exorta a participação italiana na guerra: "um conflito armado desenha sempre novas hierarquias mundiais de poder e influência [...] Agora a Itália deve seguir, não porque ama a guerra, mas porque compreendeu o quanto pode custar não fazê-lo"[31]. Como se vê, mesmo no que diz respeito ao Ocidente, a participação convicta na expedição punitiva contra o Afeganistão não é de forma alguma o fim da rivalidade e da luta pela aquisição de esferas de influência.

Mas hoje a contradição mais aguda é obviamente outra. Abrimos novamente o *International Herald Tribune*. Eis outra matéria de página inteira: "A virada política de Pequim desafia a influência americana na Ásia"[32]. Aqueles que ainda não entenderam podem tirar proveito da leitura do *Die Zeit*: "Sob muitos aspectos, desde a guerra no Afeganistão, um conflito entre grandes potências como nos velhos tempos tornou-se ainda mais provável do que uma reaproximação genuína entre Pequim e Washington"[33].

---

[30] John Vinocur, "Europe's Leading Nations Use Afghan Crisis to Enhance World Role", *International Herald Tribune*, 12 out. 2001, p. 7.

[31] Franco Venturini, "Se l'Italia vuole avere una voce", *Corriere della Sera*, 15 out. 2001, p. 1 e 15.

[32] John Pomfret, "Beijing's Policy Shift Challenges Washington's Influence in Asia", *International Herald Tribune*, 19 out. 2001, p. 5.

[33] Georg Blume e Chikako Yamamoto, "Elenfantenflirt in Shanghai", in *Die Zeit*, 18 out. 2001, p. 11.

Como se vê, não há aqui nenhum traço do abraço sino-americano fabulado pelos populistas. De um lado, a China nota com alívio que, pelo menos por algum tempo, Washington dificilmente poderá seguir a recomendação do "especialista" William D. Shingleton, que convida a tirar lições da experiência do desmembramento da União Soviética para "enfrentar a futura fragmentação da China de maneira mais coerente"[34]. O grande país asiático aproveita então a crise para aliviar a pressão militar e político-diplomática exercida pelos Estados Unidos (em particular pela administração Bush) e consolidar a independência política, seja neutralizando a interferência dos Estados Unidos, seja relançando o desenvolvimento econômico a partir do colapso do semiembargo tecnológico. De outro lado, se mesmo neste momento Washington é obrigado a concentrar-se em outros alvos, não significa que tenha desistido do objetivo de contenção ou agressão contra a China: em *La Stampa* pode-se ler que Jiang Zemin deve considerar "que a batalha contra o Talibã é conduzida em nome de princípios que um dia poderão ser aplicados" contra a própria China (assim como contra a Rússia)[35]. Uma superpotência acelera sua corrida pela conquista do domínio ou da hegemonia planetária; um país do Terceiro Mundo acelera sua corrida para escapar do subdesenvolvimento e da situação de perigo militar que isso acarreta. Mas, para os populistas, os "poderosos" são todos iguais: o populismo é uma forma de indiferença.

Uma última consideração. Os devotos do mito populista e indiferente da "nova Ialta" esquecem que a Ialta de 1944 foi a véspera imediata de uma terrível guerra fria! O fato é que, juntamente com o esquecimento das regras de gramática e sintaxe do discurso político, o populismo também envolve a perda da memória histórica. Nessas condições, a luta pela paz e contra a política de guerra do imperialismo torna-se muito problemática e perde qualquer eficácia.

---

[34] Fabio Mini, "Xinjiang o Turkestan orientale?", *Limes. Rivista italiana di geopolitica*, n. 1, 1999, p. 92.
[35] Barbara Spinelli, "Vizi e virtù di un'alleanza", *La Stampa*, 25 nov. 2001, p. 1.

4. EXISTE UM IMPERIALISMO EUROPEU HOJE?
Imperialismo estadunidense, contradições interimperialistas e "o inimigo principal do povo"[1]

4.1. A REDESCOBERTA DE LÊNIN

Pode-se ainda falar de "imperialismo"? Há algum tempo, um livro de grande sucesso, assinado por dois autores que se referem ao movimento comunista, decretou seu fim. As fronteiras nacionais e estatais já teriam perdido o sentido e os conflitos entre as grandes potências e o mundo seriam unificados em um único império. A situação hodierna seria radicalmente diferente daquela analisada e enfrentada por Lênin. Ao escrever seu ensaio sobre o imperialismo, o grande revolucionário se refere à "principal obra inglesa sobre o imperialismo"[2] de Hobson, cuja primeira edição foi publicada em 1902. Ainda estava fresca a memória da expedição conjunta que, dois anos antes, reprimiu de forma sangrenta o Levante dos Boxers na China. Embora cravejado de massacres sobre os "bárbaros", o empreendimento foi celebrado por seus ideólogos e por uma ampla parte da opinião pública no Ocidente como a realização do "sonho de políticos idealistas, os Estados Unidos do mundo civilizado". A empresa não havia visto a união de todas as grandes potências da época?

---

[1] Primeira versão em alemão: "Gibt es heute einen europäischen Imperialismus?", *Marxistische Blätter*, n. 5, 2004, p. 79-86; versão italiana com o mesmo título em *L'Ernesto: Rivista Comunista*, out. 2004, p. 56-62 (republicada em Vários Autores, *Neocons. L'ideologia neoconservatrice e le sfide della storia*, Rimini, Il Cerchio, 2007, p. 13-25) [ed. fr.: Jacques Bidet (org.), *Guerre impériale, guerre sociale*, Paris, PUF, 2005, p. 31-43; ed. bras.: *Projeto História*, n. 30, jan.-jun. 2005, p. 15-28].

[2] Vladímir Ilicht Lênin, *Opere complete*, v. 22 (Roma, Editori Riuniti, 1955), p. 189 [ed. bras.: *Imperialismo, estágio superior do capitalismo: ensaio de divulgação ao público*, trad. Edições Avante! e Paula Almeida, São Paulo, Boitempo, 2021, p. 23].

Não é tão importante notar aqui que, em pouco tempo, o abraço internacional do capital teria cedido lugar à carnificina da Primeira Guerra Mundial. Em vez disso, é melhor focar no fato de que a categoria do imperialismo começa a se afirmar não em referência ao conflito entre as grandes potências (latente ou agudo, dependendo das circunstâncias e das relações entre as forças), mas para responder, em primeiro lugar, a uma necessidade diferente. Se Theodore Roosevelt, em 1904, celebra os empreendimentos coloniais como operações de "polícia internacional", levadas adiante pela "sociedade civilizada" como um todo, nessa mesma época quem fala em imperialismo são aqueles que denunciam a realidade da guerra, dos massacres, da opressão nacional e da exploração econômica a que estão submetidos os povos das colônias e semicolônias.

Assim se compreende, então, o que acontece hoje em dia. O cancelamento da categoria de imperialismo corresponde à renovada transfiguração das guerras coloniais como operações da polícia internacional. Na sua época, Michael Hardt (autor, com Negri, do afortunado *Império*), justificou a guerra contra a Iugoslávia ao mesmo tempo de forma tortuosa e grandiloquente:

> Devemos reconhecer que esta não é uma ação do imperialismo estadunidense. Efetivamente é uma operação internacional (ou, na verdade, supranacional). Seus objetivos não são guiados pelos limitados interesses nacionais dos Estados Unidos: ela visa efetivamente proteger os direitos humanos (ou, na verdade, a vida humana).[3]

Apesar de uma retórica de novidade, parece uma releitura de Theodore Roosevelt!

Essa derivação tem sua própria lógica. Partindo do pressuposto de um império, de um Estado mundial, que abraça toda a humanidade (e que obviamente tem a sua própria polícia), as "operações policiais internacionais" podem, no máximo, ser criticadas como excessivamente enérgicas ou insuficientemente imparciais; mas não podem ser contestadas em sua essência, como expressão de relações político-sociais fundadas na lei do mais forte, na violência intrínseca do imperialismo, que coloca uma terrível ameaça a todos os países inclinados a defender a própria independência. Falar de "superação" do imperialismo significa infligir um duro golpe ao movimento de luta pela paz.

---

[3] *Il manifesto*, 15 maio 1999.

Não por acaso essa categoria está sendo redescoberta hoje por intelectuais eminentes, de orientação burguesa, mas ainda angustiados pelos desdobramentos da situação internacional e pelo crescente peso de círculos explicitamente belicistas nos Estados Unidos. E não se trata de forma alguma de intelectuais abstratos. Mesmo políticos proeminentes, como o senador americano Ted Kennedy e o ex-chanceler alemão Helmut Schmidt não hesitam em falar, em relação ao governo Bush, de imperialismo ou até mesmo de tendências imperialistas[4].

Nesse sentido, poderíamos dizer que se assiste a uma redescoberta de Lênin, mesmo no campo burguês, por parte daqueles que se preocupam com o destino da paz, quando tentam responder a algumas questões prementes: por que a derrota do "campo socialista" abriu caminho não para um relaxamento, mas para um agravamento da situação internacional? Por que a guerra fria foi seguida não pela paz perpétua prometida pelos vencedores, mas por uma série de guerras "quentes", que parecem não ter fim?

4.2. Uma estranha lista

Se a categoria de imperialismo é inevitável, a quais países devemos aplicá-la? Segundo o *Contropiano*, a situação internacional hodierna seria caracterizada pela "competição" cada vez mais intensa "entre o nascente polo imperialista europeu e os demais polos (Estados Unidos, Japão, China)"[5]. Perante essa imagem, aliás, com essa lista, surgem imediatamente algumas questões. Mas por que não incluir a Rússia, que ainda possui um arsenal nuclear, inferior apenas ao da superpotência americana? Ou por que não incluir a Índia? É claro que seu produto interno bruto é inferior ao da China, mas a porcentagem destinada ao orçamento militar é significativamente maior, pelo menos a julgar pelos dados relatados no volume de atualização da *Enciclopédia Britânica* de 2002. De qualquer forma, a Índia é uma potência nuclear, alimenta "ambições sem limites" e conduz "uma política de poder cínico", "multiplicou as intervenções no Sri Lanka de 1987 a 1990" e desenvolveu um poder naval de guerra não insignificante que exibe sua força até o "Estreito de Malaca"[6]. Tudo isso

---

[4] Ver Domenico Losurdo, "La dottrina Bush e l'imperialismo planetario: isolare l'asse imperialista USA-Israele primo compito del movimento per la pace", *L'Ernesto*, nov.-dez. 2002.

[5] Ver *Contropiano*, fev. 2003.

[6] K. Jacobsen e S. H. Khan, "Le smisurate ambizioni dell'India", *Le Monde diplomatique/Il manifesto*, jul. 2002, p. 22.

é acompanhado pelo surgimento de uma ideologia que celebra a supremacia "hindu" e "ariana"[7]; é essa ideologia que leva o governo a fechar um olho ou ambos aos *pogroms* anti-islâmicos; e é com base na islamofobia e no antissemitismo antiárabe que a Índia estabelece laços cada vez mais estreitos com os Estados Unidos e Israel. O retorno do Partido do Congresso à liderança do país conseguirá mudar essas tendências e orientações?

Ou por que não incluir um país como o Brasil na lista dos "polos imperialistas"? Sua renda *per capita* é cerca de cinco vezes a da China, e não faltam rumores que atribuem ambições nucleares ao grande país latino-americano. É verdade que, se nos referirmos ao produto interno bruto, há certa distância separando o Brasil da China; mas essa distância certamente não é maior do que a que separa a China, digamos, não dos Estados Unidos, ou do Japão, ou da União Europeia como um todo, mas pelo menos da Alemanha, tomada isoladamente.

O artigo do *Contropiano* que aqui critico responde indiretamente às questões aqui formuladas, destacando a competição "entre as economias mais fortes e/ou os polos imperialistas". E, portanto: "polo imperialista" é sinônimo de poder econômico (medido em termos de Produto Interno Bruto - PIB). Nesse ponto, para fazer a lista dos polos imperialistas, basta reproduzir o *ranking* dos países com maior PIB. Só que, longe de ser objetiva, a lista acaba sendo completamente arbitrária: não está claro por que deveria incluir a China e terminar nela, em vez de parar antes ou avançar ainda mais.

A abordagem estatística coloca a história, a política e a ideologia fora do jogo. A única coisa que realmente importa é a empiria imediata do montante do PIB, com consequências paradoxais. Se o crescimento econômico da China fosse suspenso, ela deixaria de ser um país ou um "polo" imperialista; em vez disso, o Brasil de Lula se tornaria imperialista, se tivesse sucesso em sua tentativa de escapar do abraço neocolonialista da Alca e dar impulso ao desenvolvimento de uma economia nacional autônoma. Os países mais importantes do Terceiro Mundo são assim colocados diante de uma alternativa embaraçosa: continuar sendo ou voltar a ser uma semicolônia ou, ao contrário, tornar-se uma potência imperialista! Se querem evitar a acusação de imperialismo, devem resignar-se à derrota política ou ao fracasso no plano econômico!

---

[7] Rama Lakshmi, "Hindu rewriting of history texts splits India", *International Herald Tribune*, 15 out. 2002, p. 12.

4.3. O papel da China

Mas tentemos fazer a história, a política, a ideologia voltarem a intervir. Às vésperas da guerra do ópio, a China certamente estava no topo do *ranking* dos países com maior Produto Interno Bruto; mas isso não significa que fosse um país imperialista, como confirma a horrível opressão e humilhação que começou a sofrer logo depois. E hoje em dia? Deixemos de lado o fato de que, no grande país asiático, quem detém o monopólio do poder político é um partido comunista que em seus documentos oficiais ainda se refere a Marx, Lênin e Mao, bem como ao socialismo; um partido no qual até ontem não eram admitidos empresários e que ainda hoje, segundo os dados do *Il Sole-24 Ore* de 8 de novembro, é composto por uma grande maioria de trabalhadores, camponeses e aposentados. Sim, esqueçamos tudo isso, mesmo que mais cedo ou mais tarde seja necessário abrir um debate sobre uma questão inescapável para aqueles que se referem a Marx: um partido comunista que conquista o poder em um país em condições semicoloniais e terrível atraso econômico deve comprometer-se em primeiro lugar a redistribuir os escassos recursos disponíveis (sem nem sequer resolver adequadamente o problema da fome e da inanição), ou deve alavancar o desenvolvimento das forças produtivas (que é também o pré-requisito para a defesa da independência nacional)?

Aqui partimos da hipótese, porém, de que um processo de restauração capitalista foi empreendido e concluído na China. Devemos considerar imperialista um país que está fundamentalmente voltado para si mesmo e que vê todas as suas forças absorvidas pelo objetivo de quadruplicar seu PIB em vinte anos, assim como conseguiu fazer nos vinte anos anteriores? O imperialismo também tem uma dimensão ideológica, a exemplo dos Estados Unidos, que se autodefine como uma "nação eleita" e "única" e que reivindica seu direito de intervir e cumprir sua "grande missão" em todos os cantos do mundo. Diametralmente oposta é a ideologia reafirmada pelo recente Congresso do PCCh que, no plano internacional, reafirma os princípios da coexistência pacífica e da igualdade entre os diferentes países e, no plano interno, exige redobrar os esforços para manter a "estabilidade" e garantir o bem-estar geral de uma população que equivale a um quinto da humanidade! A atenção aos problemas da paz e do desenvolvimento representa um claro elemento de continuidade ideológica em relação ao passado: pensemos, por exemplo, nos anos da Conferência de Bandung. Levantar a hipótese de uma transformação indolor em um "polo imperialista" por parte de um país há muito tempo à frente dos movimentos de emancipação nacional significa dar prova – teria dito Trótski – de um "reformismo revoltado"!

Por outro lado, podemos considerar definitivamente encerrada a luta de libertação nacional que presidiu o nascimento da República Popular da China? Não se trata apenas de Taiwan. Pelo menos a partir do triunfo dos Estados Unidos na Guerra Fria, ressoam insistentes rumores que preveem ou aspiram para o grande país asiático um fim semelhante ao sofrido pela União Soviética ou pela Iugoslávia: "uma nova fragmentação da China é o resultado mais provável" – anunciava um livro de sucesso publicado em Nova York em 1991[8]. Quatro anos depois, é a revista *Limes* que chama a atenção, já em seu editorial, para a aspiração de importantes círculos estadunidenses e ocidentais de desmembrar a China em "muitas Taiwans". Nessa mesma edição da revista, um ex-general das tropas alpinas e agora professor de geopolítica escreve sobre os chineses: "Eles sabem muito bem que sua expansão econômica está despertando inveja e temor e que o mundo, dos Estados Unidos ao Japão e estados vizinhos, deseja a instabilidade interna e talvez até a fragmentação do gigante chinês"[9]. Quatro anos depois, em 1999, novamente na *Limes*, outro general se refere com simpatia aos estudos de um "especialista" estadunidense que convida a administração de seu país a "lidar de forma mais coerente com a futura fragmentação da China"[10]. E esses convites não são apenas exercícios acadêmicos. Também em 1999, ano do atentado à embaixada chinesa em Belgrado, um destacado membro da administração estadunidense declara que a China, apenas por sua "dimensão", já significava um problema ou uma potencial ameaça aos seus vizinhos[11]. Por outro lado, o escudo espacial particularmente caro a George W. Bush visa sobretudo colocar o grande país asiático, empenhado no desenvolvimento e na corrida para superar o atraso, diante de um dilema: renunciar a uma dissuasão nuclear crível (e, portanto, expor-se desarmado à chantagem de Washington), ou envolver-se em uma corrida de rearmamento

---

[8] Ver George Friedman e Meredith Lebard, *The Coming War with Japan* (Nova York, St. Martin Press, 1991) [ed. bras.: *EUA x Japão: guerra à vista*, trad. Vera Ribeiro, Rio de Janeiro, Nova Fronteira, 1993].

[9] Carlo Jean, "Le direttrici geostrategiche di Pechino", *Limes: Rivista italiana di geopolitica*, n. 1, 1995, p. 121.

[10] Fabio Mini, "Xinjiang o Turkestan orientale?", *Limes: Rivista italiana di geopolitica*, n. 1, 1999, p. 92.

[11] Michael Richardson, "Asia Looks to Zhu for Sign of Backing Off On Spratlys", *International Herald Tribune*, 22 nov. 1999, p. 5.

econômica e politicamente devastadora. É uma reedição do "grande jogo" que levou à derrota e ao desmembramento da União Soviética. E, portanto, mesmo partindo do pressuposto (arbitrário) da restauração do capitalismo na China, suas contradições com os Estados Unidos não poderiam ser definidas como competição entre "polos imperialistas". Seria preocupante se os comunistas reconhecessem e apoiassem uma luta pela libertação ou independência nacional apenas quando ela ocorre em condições desesperadoras ou muito difíceis!

4.4. A União Europeia não é um Estado

No que diz respeito às relações entre a superpotência americana e a União Europeia, faz-se muitas vezes referência à tendência de alteração do equilíbrio de poder no plano econômico entre esses dois "polos imperialistas". Mas uma comparação entre duas grandezas tão heterogêneas não faz sentido: a União Europeia não é um Estado! Que lado tomaria a Inglaterra na hipótese fantástica de um conflito entre os dois lados do Atlântico? E de que lado ficaria a Itália de Berlusconi? E o instável eixo franco-alemão de hoje, sobreviveria ao eventual retorno ao poder, na Alemanha, dos democratas-cristãos e, na França, de um partido socialista com fortes laços com Israel? Mais uma vez o economicismo revela-se enganador. Olhemos por um instante as modalidades pelas quais a corrida armamentista se desenvolve hoje: em 2003, os Estados Unidos gastarão sozinhos mais do que os 15-20 países que estão logo atrás juntos. Parece intransponível a vantagem com que pode contar a superpotência americana e que, no entanto, continua aumentando: apenas para o setor de Pesquisa e Desenvolvimento Militar, Washington aloca recursos financeiros superiores aos orçamentos militares gerais da Alemanha e da Grã-Bretanha juntos[12]. Enfim: "os EUA gastam em defesa quase o dobro de todos os outros membros da Aliança (antes do alargamento)"[13].

E agora releiamos Lênin: a guerra entre as potências imperialistas ocorre quando a balança de poder se altera a favor da potência emergente e em detrimento da potência até aquele momento hegemônica. A dialética que preside a eclosão da Primeira Guerra Mundial, com o declínio da Inglaterra e a simultânea ascensão da Alemanha, ilustra isso de maneira particularmente brilhante. Só que

---

[12] Stephen G. Brooks e William C. Wohlforth, "American Primacy in Perspective", *Foreign Affairs*, jul.-ago. 2002, p. 21-2.

[13] Franco Venturini, "Il rischio dell'Alleanza: diluita e sempre più 'americana'", *Corriere della Sera*, 23 nov. 2002 , p. 5.

a situação hodierna é completamente diferente: o equilíbrio de forças certamente muda, mas aumenta ainda mais a vantagem da superpotência americana. Às vésperas da Primeira Guerra Mundial, a Europa está dividida e dilacerada por dois alinhamentos diplomático-militares opostos que aproximam os países que posteriormente se enfrentarão nos campos de batalha; hoje vemos em ação uma única Aliança, que se alarga cada vez mais e que continua sendo hegemonizada pelos Estados Unidos. Nos anos que antecederam 1914, a Inglaterra repetidamente soou o alarme para o fortalecimento gradual do potencial militar da Alemanha; em nossos dias, ao contrário, os Estados Unidos açoitam seus aliados europeus porque destinam recursos insuficientes ao orçamento militar e, portanto, correm o risco de não poder participar, como subordinados, nas expedições punitivas em todos os cantos do mundo decididas soberanamente por Washington.

Referir-se ao antagonismo anglo-germânico e, portanto, à dialética que presidiu a eclosão da Primeira Guerra Mundial não nos ajuda em nada a compreender as relações internacionais hodiernas. No máximo, sem prejuízo da peculiaridade absoluta de cada situação concreta, é um capítulo diferente da história que deve ser lembrado. Em 1814, termina o duelo que havia colocado Londres e Paris em oposição durante quase um quarto de século e que havia até ultrapassado as fronteiras da Europa, tomando a forma de uma espécie de guerra mundial aos olhos de seus contemporâneos. O colapso do "imperialismo napoleônico"[14] – como disse Lênin em julho de 1916 – é seguido pela hegemonia indiscutível da Grã-Bretanha, que pode assim desenvolver sua expansão colonial e estender sua influência a todos os cantos do mundo. São os chamados "cem anos de paz".

É claro que, mesmo nesse período, não faltam tensões e conflitos entre as grandes potências, sem falar nos massacres nas colônias pelos quais elas são responsáveis. Permanece o fato de que um desafio mortal ao poder hegemônico será lançado apenas um século após o triunfo inglês de 1814. Como diz Lênin sobre o imperialismo: "Há meio século, a Alemanha era uma absoluta insignificância, comparando-se a sua força capitalista com a força da Inglaterra de então"[15].

Hoje, na realidade, a distância que separa o poder hegemônico dos possíveis desafiantes é muito maior. Damos a palavra ao historiador estadunidense Paul Kennedy:

---

[14] Vladímir I. Lênin, *Opere complete*, cit., v. 22, p. 308 [ed. bras.: *Imperialismo, estágio superior do capitalismo*, cit.].

[15] Ibidem, p. 294-5 [ed. bras.: ibidem, p. 145].

O Exército britânico era muito menor que os exércitos europeus, e mesmo a Marinha Real não superava em tamanho a combinação das duas marinhas das potências que ocupavam o segundo e terceiro lugares – neste momento, todas as outras marinhas do mundo juntas não poderiam minimamente ameaçar a supremacia militar americana.[16]

E não se pode esquecer que o poder naval, somado ao controle das áreas mais ricas em petróleo e gás natural, dá aos Estados Unidos a possibilidade de cortar as rotas de fornecimento energético de potenciais inimigos. Desse ponto de vista, o Japão está em uma condição de fraqueza ainda maior que a União Europeia.

Nessas condições, não faz sentido perscrutar o horizonte em busca de nuvens que anunciem uma futura tempestade militar e um futuro confronto entre os Estados Unidos e a União Europeia ou mesmo entre os Estados Unidos e o Japão. Quem pensa que, com o desaparecimento da União Soviética, ou seja, do país que emergiu da Revolução de Outubro e da luta contra a carnificina da Primeira Guerra Mundial, o mundo voltou à situação anterior a 1914, deveria mudar de ideia.

4.5. Um império planetário

Além da mudança representada pelo colapso do colonialismo tradicional e da existência de países e partidos de governo que continuam a referir-se ao socialismo, profundas transformações também ocorreram nas relações entre as grandes potências capitalistas. A guerra interimperialista de que falava Lênin é o instrumento para redefinir as esferas de influência a partir de novas relações de força, que são resultado da desigualdade de desenvolvimento. Hoje, porém, é cada vez mais clara a ambição dos Estados Unidos de construir um império planetário, a ser administrado de forma solitária e exclusiva. Estamos na presença de um novo fenômeno. É claro que, no momento em que acredita poder liquidar rapidamente a União Soviética e, na esteira dessa vitória, forçar a Grã-Bretanha a capitular, Hitler abraça a ideia de usar a Europa continental, assim subjugada e unificada, para lançar um desafio também aos Estados Unidos e conquistar a hegemonia mundial. Mas se trata de uma ilusão de curta duração

---

[16] Paul Kennedy, citado em Michael Hirsh, "In Europa", *Limes: Rivista italiana di geopolitica*, n. 3, 2002, p. 71.

e, sobretudo, de um projeto que, desde o início, não tem condições de execução. Hoje em dia, porém, os Estados Unidos já estão presentes em todos os lugares com seus navios de guerra e suas bases e, graças à enorme vantagem militar acumulada teorizam, com arrogância cada vez maior seu direito de intervir e ditar a lei em todos os cantos do mundo. Na cultura estadunidense, a referência ao Império Romano já se tornou lugar-comum: ele agora teria renascido em uma nova vida além-atlântica, sem as limitações geográficas e temporais do passado, a fim de consagrar o domínio perene da nação "única" e "escolhida por Deus"[17]. Para enfrentar essa ambição tresloucada, é preciso levá-la a sério: é enganoso colocar os Estados Unidos e as outras grandes potências capitalistas no mesmo plano. Então, Kautsky e Negri têm razão ao falar de "ultraimperialismo" e "Império", respectivamente? Na realidade, o discurso do império agora unificado e o discurso aparentemente oposto de um horizonte de embate entre os polos imperialistas partem de uma premissa comum: seria legítimo falar de imperialismo apenas quando a rivalidade entre as grandes potências capitalistas fosse tão aguda que levasse ou tendesse a levar ao confronto armado. Mas as coisas não estão nesses termos: durante a Guerra Fria, os Estados Unidos, sem dúvida, conseguiram hegemonizar todo o mundo capitalista. Isso não significa que o imperialismo tenha desaparecido: em 1956, Washington aproveitou a crise de Suez para expulsar do Oriente Médio a Inglaterra e a França, as quais, no entanto, são e se sentem tão fracas em relação ao seu "aliado" do outro lado do Atlântico, que acabam desistindo, sem muita resistência, de sua tradicional e importante área de influência. Após o fim da Guerra Fria, acentuou-se ainda mais o desequilíbrio de forças em favor da superpotência americana. Mas isso não leva de forma alguma ao desaparecimento do imperialismo.

Ao contrário, hoje a polêmica entre Lênin e Kautsky é muito instrutiva: o imperialismo não visa apenas à subjugação das áreas agrárias e periféricas; a busca da hegemonia pode aguçar a questão nacional mesmo no próprio coração da Europa, como observa Lênin em julho de 1916, quando, com os exércitos guilherminos às portas de Paris, a guerra parece ter que terminar com uma vitória "de tipo napoleônico"[18] da Alemanha. Hoje, os pretensos senhores do

---

[17] George W. Bush, citado em Richard Cohen, "No, Mr. Lieberman, America Isn't Really God's Country", *International Herald Tribune*, 8 set. 2000, p. 7 (no artigo se fala erroneamente de Lieberman, mas no dia seguinte é publicada a correção: a declaração criticada é, na realidade, de Bush; ibidem, 9 set. 2000, p. 6).

[18] Vladímir I. Lênin, *Opere complete*, cit., v. 22, p. 308.

mundo não se contentam em remodelar radicalmente a geografia política dos Bálcãs e do Oriente Médio. Além da China, particularmente visada por sua história e ideologia, a Rússia também está ameaçada de desmembramento.

Mesmo no caso de países de tradição capitalista mais consolidada, a relação deles com a superpotência americana só pode ser parcialmente descrita por meio da categoria de competição interimperialista. Pensemos particularmente na Itália: os Estados Unidos podem controlá-la com bases militares e tropas afastadas da jurisdição ordinária, com uma rede capilar de espionagem que faz uso de métodos tradicionais e da sofisticada tecnologia de Echelon, com os ataques terroristas e a estratégia de tensão que é desencadeada no momento certo, com sua forte presença econômica, com um estrato político que regurgita *Quislings* ou aspirantes a *Quislings*. Em 1948, na hipótese de uma vitória eleitoral da esquerda, a CIA havia preparado planos para proclamar a independência da Sicília e da Sardenha: a dialética objetiva do imperialismo tende a aguçar a questão nacional no próprio coração da metrópole capitalista. Por outro lado, por mais fracos que sejam alguns países europeus, suas hesitações e reservas não nos permitem colocá-los no mesmo plano dos mais determinados instigadores da guerra: é o eixo de agressão imperialista Estados Unidos-Israel que decidiu destruir não só o Iraque, mas também o Irã, a Síria, a Líbia, para não falar da Palestina.

4.6. As relações de poder no plano ideológico

Em âmbito internacional, as relações de poder no plano militar são claras. Mas seria míope ignorar a dimensão ideológica do problema. Para ampliar internamente a base social do consenso, para projetar-se mais facilmente para fora e conseguir agrupar uma quinta coluna nos países controlados ou a serem controlados, uma grande potência imperialista necessita de um mito genealógico, deve ser capaz de apresentar-se como a encarnação de uma missão superior à qual seria tolo e criminoso querer opor resistência.

No fim do século XIX, depois de comemorar os prodigiosos sucessos alcançados pela Alemanha nos âmbitos econômico, político e cultural, um chauvinista fervoroso e influente, a saber, Heinrich von Treitschke, previa e augurava que o século XX se tornaria um "século alemão". Hoje, desprovido de qualquer crédito em sua pátria, esse mito tem preferido migrar para os Estados Unidos, onde encontrou uma recepção calorosa e entusiástica: sabe-se que o "novo século americano" é a palavra de ordem suscitada pelos círculos neoconservadores, que desempenham um papel bastante importante na administração Bush e, de forma mais geral, na cultura política dos Estados Unidos.

Diferenciando-se claramente da Alemanha guilhermina, países como França, Inglaterra, Itália e Estados Unidos enfrentaram o massacre da Primeira Guerra Mundial agitando a bandeira do "intervencionismo democrático": a guerra era necessária para avançar a causa da democracia no plano mundial, para liquidar a autocracia e o autoritarismo nos impérios centrais e assim erradicar de uma vez por todas o flagelo da guerra. Comum no passado de todos os inimigos ocidentais da Alemanha, esse motivo ideológico tornou-se agora um monopólio dos Estados Unidos: o país que com Jefferson já aspirava criar "um império para a liberdade, como nunca foi visto desde a Criação até hoje", que se orgulha de ter libertado o mundo, primeiro do totalitarismo nazifascista, e depois do totalitarismo comunista, apresenta-se hoje, para usar as palavras de Bush, como a "nação escolhida por Deus" como "modelo para o mundo" e com a tarefa de impor a "democracia" e o "livre mercado" em todos os lugares.

Na história da Europa, o fascismo e o nazismo levaram ao advento de novos mitos genealógicos e novas ideologias de guerra. "O império está de volta às colinas fatais de Roma": com este *slogan* Mussolini enchia o peito e justificava a marcha expansionista e os crimes horrendos da Itália fascista. Mas hoje essa ideologia não tem mais prestígio em nosso país. Ao contrário, as forças mais reacionárias, empenhadas em desmantelar o Estado nacional e social, adoram gritar: Roma ladra! Desconhecido ou desprezado em sua terra natal, o mito caro a Mussolini atravessou o Atlântico, e agora aclamados cientistas políticos e ideólogos não hesitam em apresentar os Estados Unidos como uma espécie de renascido Império Romano de dimensões planetárias.

Enfim. O Terceiro Reich construiu sua ideologia em grande parte com base nas tradições racistas dos Estados Unidos: a Alemanha de Hitler adorava se apresentar como a campeã do renascimento branco e ocidental, como o país chamado a reafirmar a supremacia branca em escala planetária e sob a hegemonia alemã, contra a ameaça que os bolcheviques orientais e os povos coloniais e de cor, incitados por eles, infligiam sobre o Ocidente e a civilização como tal. Essa ideologia voltou ao seu lugar de origem, embora agora os Estados Unidos prefiram apresentá-la de forma mais polida: Hitler posava como defensor da supremacia ou da missão ocidental, branca ou ariana; hoje é mais apropriado limitar-se a falar da missão do Ocidente!

Para concluir. No plano ideológico, as relações de poder são ainda mais desequilibradas em favor dos Estados Unidos do que no âmbito militar. E assim, tanto no plano militar quanto no plano ideológico, a supremacia da única superpotência mundial tende a se tornar ainda mais avassaladora.

Apoiada por um formidável complexo multimídia, está em andamento em âmbito mundial uma campanha massiva, cujo objetivo é claro e alarmante: como hoje toda crítica coerente à política de Israel é descartada como uma expressão de antissemitismo, de maneira semelhante no futuro qualquer crítica que não seja meramente episódica à política estadunidense deverá ser rotulada como expressão de um antiamericanismo obscuro e antidemocrático! E, assim, além do âmbito político-militar, a aliança entre Estados Unidos e Israel se fortalece ainda mais também no plano ideológico e, pode-se acrescentar, até mesmo teológico: é um sacrilégio e uma blasfêmia tomar partido contra aquela que Bush, em linguagem do Antigo Testamento, define como a "nação escolhida por Deus"[19].

Estamos diante de uma campanha que não visa apenas os movimentos revolucionários: por recusar-se a apoiar a guerra preventiva de Bush, a França não só é excluída da lucrativa "reconstrução" do Iraque e atingida por outras represálias econômicas, mas também é sujeitada ao escárnio público no plano internacional como um viveiro de antiamericanismo e antissemitismo! Os Estados Unidos agora acrescentaram ao poder de aniquilação nuclear, graças também ao fortalecimento da aliança com Israel, o poder de excomunhão, ou seja, de aniquilação ideológica e moral. E não se perca de vista que a campanha antifrancesa (e antieuropeia) lançada do outro lado do Atlântico pode contar (com o apoio da própria Europa) com um alinhamento nada desprezível.

Há outro elemento a não se perder de vista. Hoje, nos principais países europeus (Inglaterra, França, Itália, Espanha) manifesta-se uma agitação separatista, que às vezes pode assumir a forma de luta armada; e mais uma vez são os Estados Unidos que decidem se esses movimentos devem ser incluídos na lista das organizações terroristas ou na dos movimentos de libertação nacional! Isto é, estando fora da União Europeia, Washington tem a possibilidade de desintegrar os Estados-nação que a constituem.

Mas, então, qual é o sentido de se evocar o espectro de um imperialismo europeu em ascensão, que se prepara para desafiar e derrubar a superpotência americana? Marchar na direção dessa ficção política é fazer uma leitura doutrinária e escolástica de Lênin, é querer impor a convicção de que todo grande

---

[19] Richard Cohen, "No, Mr. Liebeman, America Isn't Really God's Country", cit.

país capitalista pode sempre e apenas desempenhar uma função imperialista. Mas essa não é a opinião de Lênin.

Vimos surgir a hipótese, em 1916, no caso de uma "vitória napoleônica" do Exército de Guilherme II, de uma guerra de independência e libertação nacional liderada pela França, que ainda naquele momento possuía um grande império colonial. Quatro anos depois, ao apresentar a edição francesa e alemã de seu *Imperialismo*, Lênin é obrigado a tomar nota de uma situação radicalmente nova: a corrida pela hegemonia mundial, "a partilha desse espólio", efetua-se entre dois ou três predadores mundialmente poderosos, armados até os dentes (Estados Unidos, Inglaterra, Japão), que arrastam toda a Terra para a sua guerra pela partilha do *seu* espólio". Não se fala da França aqui. Mas é sobretudo outro silêncio que resulta significativo: submetida como está ao Tratado de Versalhes, "muito mais brutal e infame" que o Tratado de Brest-Litovsk, em 1920 a Alemanha não foi incluída nas fileiras das potências imperialistas[20]. Claro que, com a ascensão e a chegada do nazismo ao poder, a situação muda novamente e de forma ainda mais radical. O Terceiro Reich alcança a "vitória napoleônica" que havia escapado a Guilherme II: consequentemente, mesmo um país capitalista avançado e com grandes possessões coloniais como a França é, por sua vez, transformado em uma colônia ou semicolônia da Grande Alemanha e, portanto, é forçado a se envolver em uma guerra de libertação nacional, precisamente de acordo com a previsão ou análise de Lênin.

Sem se deixar aprisionar pelo academicismo, os comunistas devem sempre fazer uma análise concreta da situação concreta. Em nossos dias, a luta contra o imperialismo é essencialmente a luta contra o imperialismo estadunidense e contra o eixo Estados Unidos-Israel.

---

[20] Vladímir I. Lênin, *Opere complete*, cit., v. 22, p. 193 [ed. bras.: *Imperialismo, estágio superior do capitalismo*, cit., p. 27].

5. O IMPÉRIO AMERICANO E A EUROPA[1]

5.1. A DOENÇA MORTAL DO ANTIAMERICANISMO

Infelizmente, para impedir a reflexão autocrítica sobre o fundamentalismo ocidental e, acima de tudo, o de seu país líder, teve início uma campanha que deu início à última guerra contra o Iraque. Nessa ocasião, procurou-se silenciar o movimento de protesto e as críticas e reservas expressas por alguns governos europeus rotulando essa atitude de hostilidade ou desconfiança como expressão de antiamericanismo. E isso, mais do que uma atitude política equivocada, tem sido retratado como o sintoma mais ou menos agudo de uma doença: o desajuste em relação à modernidade e a surdez às razões da democracia.

O antiamericanismo – afirma-se – une correntes de esquerda e direita e caracteriza as piores páginas da história europeia; portanto – conclui-se – ceder a uma atitude crítica casual em relação aos Estados Unidos não augura nada de bom. E, mais uma vez, emerge o dogmatismo da ideologia dominante, que escapa a duas questões que também deveriam ser elementares e obrigatórias: manifesta-se com mais força o antiamericanismo na Europa ou antieuropeísmo nos Estados Unidos? E por que a primeira atitude deveria ser mais deplorável que a segunda? E, no entanto, sem perder tempo com esses problemas, dos dois lados do Atlântico livros, ensaios e intervenções jornalísticas denunciam a propagação do antiamericanismo, investigam seus sintomas, reconstroem sua gênese e sempre chegam à conclusão de que se trata de uma doença desastrosa, que assola tanto a direita quanto a esquerda.

---

[1] Trechos e parágrafos extraídos de *Il linguaggio dell'Impero: lessico dell'ideologia americana* (Roma/Bari, Laterza, 2007) [ed. bras.: *A linguagem do império: léxico da ideologia estadunidense*, São Paulo, Boitempo, 2010, retraduzido aqui].

5.2. O Iluminismo e a divisão entre os Estados Unidos e a Europa

Diante dessa ideologia, aliás, dessa teologia missionária, a Europa sempre se sentiu desconfortável. A ironia de Clemenceau sobre os quatorze pontos de Wilson é bem conhecida: o bom Deus teve a modéstia de se limitar a dez mandamentos! Em 1919, em uma carta, John Maynard Keynes chamou Wilson de "o maior impostor da Terra"[2].

Freud se expressa em termos talvez ainda mais ríspidos sobre tendência do estadista estadunidense de se considerar investido de uma missão divina: estamos na presença de "uma insinceridade muito marcada, ambígua e inclinada a negar a verdade"; por outro lado, Guilherme II já acreditava ser "um homem favorecido pela Providência"[3]. Mas aqui Freud está errado, e errado duas vezes.

Ele erra ao personalizar um problema geral. Em 1912, Wilson chegou à presidência derrotando o partido progressista, que para sua convenção havia escolhido como música de fundo a canção "Venham, soldados de Cristo!"; e o candidato do partido progressista, Theodore Roosevelt, concluiu seu discurso de aceitação proclamando: "Estamos no Armagedom e lutamos pelo Senhor"[4]. Isto é, em termos de fervor teológico e autoconsciência missionária, é difícil dizer qual dos dois candidatos se destacou mais!

Acima de tudo, ao comparar Wilson a Guilherme II, Freud corre o risco de justapor duas tradições ideológicas muito diferentes. É verdade que mesmo o imperador alemão não despreza embelezar suas ambições expansionistas com motivos religiosos: dirigindo-se às tropas que partem para a China, ele invoca a "bênção de Deus" sobre um empreendimento chamado a esmagar com sangue a Revolta dos Boxers e a difundir o "cristianismo"[5]; ele está inclinado a considerar os alemães o "povo escolhido de Deus"[6]. Esta última razão foi amplamente adotada por Hitler, que mesmo antes da conquista do poder declarou que se sentia chamado a realizar "a obra do Senhor" e queria obedecer

---

[2] Robert Skidelsky, *John Maynard Keyne: speranze tradite 1883-1920* (Turim, Bollati Boringhieri, 1989), p. 444.

[3] Sigmund Freud, "Introduzione allo studio psicologico su Thomas Woodrow Wilson" (1930; publicado pela primeira vez em 1971), *Opere* (org. Cesari Luigi Musatti, Turim, Bollati Boringhieri, 1995), p. 35-6.

[4] Winthrop Still Hudson, *Religion in America* (1965) (3. ed., Nova York, Scribner, 1981), p. 317.

[5] John C. G. Röhl, *Wilhelm I: Der Aufbau der Persönlichen Monarchie, 1888-1900* (Munique, Beck, 2001), p. 1.157.

[6] Idem, *Wilhelm II: Die Jugend des Kaisers 1859-1888* (Munique, Beck, 1993), p. 412.

à vontade do "Todo-Poderoso"[7]. Mais tarde, o *Führer* conclui as proclamações que se seguem à agressão contra a União Soviética repetindo uma invocação: "Que o Senhor Deus nos ajude nesta luta". Ainda mais eloquente é a conclusão da proclamação de 19 de dezembro de 1941: "O Senhor Deus não negará a vitória aos seus bravos soldados"[8]. Por outro lado, os alemães são "o povo de Deus"[9] e daí entendemos o lema *Gott mit uns* [Deus conosco]...

Tudo isso é verdade. E, no entanto, o peso desses motivos ideológicos não deve ser superestimado. Na Alemanha (pátria de Marx e Nietzsche), o processo de secularização está muito avançado.

A invocação da "bênção de Deus" por parte de Guilherme II não é levada a sério nem mesmo nos círculos chauvinistas: pelo menos aos olhos de seus expoentes mais perspicazes (Maximilian Harden), o retorno aos "dias das Cruzadas" e a pretensão de "conquistar o mundo para o Evangelho" parecem ridículos; "assim, os videntes e os especuladores astutos vagueiam ao redor do Senhor"[10]. Sim, antes mesmo de ascender ao trono, o futuro imperador celebra os alemães como "o povo escolhido de Deus", mas a primeira a zombar dele é sua mãe, filha da rainha Vitória, inclinada, se tanto, a reivindicar o primado da Inglaterra[11].

Esse é um ponto sobre o qual convém refletir melhor. Na Europa, os mitos genealógicos imperiais neutralizaram-se até certo ponto; as famílias reais estavam todas relacionadas entre si de modo que, no âmbito de cada uma delas, confrontavam-se ideias diferentes e conflitantes de missão e mitos genealógicos imperiais. O que desacreditou ainda mais essas ideias e essas genealogias foi a experiência catastrófica de duas guerras mundiais; por outro lado, apesar de sua derrota final, a agitação comunista de décadas, travada em nome da luta contra o imperialismo e do princípio da igualdade das nações, deixou alguns vestígios na consciência europeia. O resultado de tudo isso é claro: na Europa, qualquer ideia de missão imperial e de eleição divina suscitada por este ou aquele país carece de credibilidade; não há mais espaço para a ideologia religiosa imperial que ocupa um papel tão central nos Estados Unidos.

---

[7] Adolf Hitler, *Mein Kampf* (1925-7) (Munique, Zentralverlag der NSDAP, 1939), p. 70 e 439.
[8] Idem, *Reden und Proklamationen 1932-1945* (1962-63) (org. M. Domarus, Munique, Suddeutscher Verlag, 1965), p. 1.732 e 1.815.
[9] Hermann. Rauschning, *Gespräche mit Hitler* (1939) (2. ed., Nova York, Europa Verlag, 1940), p. 227.
[10] John C. G. Röhl, *Wilhelm II: Der Aufbau der Persönlichen Monarchie, 1888-1900*, cit., p. 1.157.
[11] Idem, *Wilhelm II: Die Jugend des Kaisers 1859-1888*, cit., p. 412.

No que diz respeito à Alemanha, em particular, a história que vai do Segundo ao Terceiro Reich apresenta uma oscilação entre a nostalgia de um paganismo bélico centrado no culto de Wotan e a aspiração de transformar o cristianismo em uma religião nacional, chamada a legitimar a missão imperial do povo alemão. Essa segunda tentativa encontra sua expressão mais completa no movimento dos *Deutsche Christen*, os "cristãos alemães". Pouco crível por causa do processo de secularização que, além da sociedade como um todo, havia atacado a mesma teologia protestante (pense em Karl Barth e Dietrich Bonhoeffer), e também por causa das simpatias pagãs dos líderes do Terceiro Reich, essa tentativa só poderia ser mal-sucedida. A história dos Estados Unidos, ao contrário, é profundamente atravessada pela tendência de transformação da tradição judaico-cristã, como tal, em uma espécie de religião nacional que consagra o *excepcionalismo* do povo estadunidense e a missão redentora que lhe foi confiada.

Podemos agora compreender os limites da abordagem de Freud e Keynes: obviamente, nas administrações estadunidenses que gradualmente se sucedem não faltam hipócritas, calculistas e cínicos, mas não há razão para duvidar da sinceridade de Wilson, ontem, e de Bush filho, hoje. Quando se vangloriam de sua familiaridade com o bom Deus, estão em plena sintonia com a tradição político-religiosa que têm por trás de si e com o sentimento generalizado de seus concidadãos. Mas esse é um elemento de força, não de fraqueza. A tranquila certeza de representar uma causa santa e divina facilita não apenas a mobilização em tempos de crise, mas também a remoção ou abrandamento das páginas mais obscuras da história do país. Sim, durante a Guerra Fria, Washington promoveu sangrentos golpes de Estado na América Latina e impôs ferozes ditaduras militares, enquanto na Indonésia, em 1965, promoveu o massacre de várias centenas de milhares de comunistas ou pró-comunistas; mas, por mais desagradáveis que sejam, esses detalhes não são capazes de obscurecer a santidade da causa encarnada pelo "Império do Bem".

Weber está mais perto da verdade quando, durante a Primeira Guerra Mundial, denuncia o "*cant*" estadunidense[12]. O "*cant*" mencionado por Weber (e ainda antes por Nietzsche, em relação à Inglaterra[13]) ou a falsa consciência a

---

[12] Max Weber, "Zwischen zwei Gesetzen" (1916), em Johannes Winckelmann (org.), *Gesammelte politische Schriften* (3. ed., Tubingen, Mohr (Siebeck), 1971), p. 144.

[13] Ver Domenico Losurdo, *Nietzsche, il ribelle aristocratico: biografia intellettuale e bilancio critico* (Turim, Bollati Boringhieri, 2002), cap. 22, tópico 3 [ed. bras.: *Nietzsche, o rebelde aristocrata: biografia intelectual e balanço crítico*, trad. Jaime A. Clasen, Rio de Janeiro, Revan, 2009].

que se refere Engels, não é a mentira nem propriamente a hipocrisia consciente; é a hipocrisia de quem consegue mentir até para si mesmo ou, se quisermos, é a sinceridade que resulta de uma dupla mentira: uma dirigida ao mundo exterior, outra a si mesmo. Tanto em Keynes quanto em Freud, a força e a fraqueza do Iluminismo se manifestam ao mesmo tempo.

Amplamente imunizada pela ideologia imperial-religiosa, que se espalha além do Atlântico, a Europa, no entanto, revela-se incapaz de compreender adequadamente esse entrelaçamento entre fervor moral e religioso, por um lado, e uma busca lúcida e inescrupulosa de hegemonia política, econômica e militar em âmbito mundial, por outro. Mas é esse entrelaçamento, esse fundamentalismo peculiar, que permite aos Estados Unidos, graças à sua consagração divina, considerar irrelevante a ordem internacional vigente, as leis puramente humanas. É nesse quadro que se deve situar a deslegitimação da ONU, a eliminação substancial da Convenção de Genebra, as advertências dirigidas aos seus próprios "aliados".

5.3. Antiamericanismo e antissemitismo? Ford e Hitler

Desprezando as homenagens prestadas ao "americanismo" (ou a certos aspectos dele) pelos principais expoentes do fascismo e do nazismo da época, a ideologia dominante prossegue destemida em sua tentativa de silenciar qualquer crítica a Washington como expressão não apenas de antiamericanismo, mas também de antissemitismo. "Antiamericanismo é o novo antissemitismo" – é o título dado pelo *La Stampa* a uma correspondência de Nova York, que reporta uma conferência do "filósofo e jornalista francês Bernard-Henry Levy no Conselho de Relações Exteriores, um dos salões da política externa americana"[14]. Para confirmar o entrelaçamento entre essas duas doenças, ou melhor, entre esses dois sintomas de uma única doença, faz-se um apressado balanço histórico: não surpreendentemente, a loucura criminosa, que finalmente resultou na solução final, teria se manifestado apenas de um lado do Atlântico, aquele que hoje frequentemente e de boa vontade fecha os olhos ao antissemitismo dos inimigos de Israel, enquanto um olhar cada vez mais desconfiado e hostil é reservado à superpotência, agora solitária, o único aliado confiável do Estado judaico.

Leiamos Elie Wiesel:

---

[14] Bernard-Henri Lévy em entrevista a Maurizio Molinari, "L'antiamericanismo è il nuovo antissemitismo", *La Stampa*, 28 jan. 2006, p. 11.

O problema é a Europa. Foi no passado e ainda o é hoje. É um continente onde se acumulou o ódio aos judeus, enraizado ao longo dos séculos, com origens e matrizes diversas, e onde urge, por isso, combatê-lo, denunciá-lo, nunca baixar a guarda.[15]

Ainda mais longe vai uma personalidade de liderança do mundo político israelense, Nathan Sharansky, que não apenas absolve os Estados Unidos, mas também pede para combater a "onda antissemita-antiamericana" que assola a Europa[16]. Sim, sobre o tema do antissemitismo passado e presente e a luta contra essa infâmia, tornou-se comum contrastar positivamente o Novo Mundo ao Velho Mundo.

Mas essa oposição tem fundamento histórico? Os que a agitam fariam bem em reler Herzl que, para demonstrar ou confirmar a onipresença do antissemitismo, citava repetidamente o exemplo da república norte-americana[17]. Talvez ele tivesse em mente um fato paradoxal. A primeira grave crise do processo de emancipação dos judeus, ocorrida no Ocidente no século XIX, manifesta-se justamente na república norte-americana. Grant, o general que chefia o Exército da União, toma medidas drásticas contra um grupo étnico que acredita ser o responsável por violar o bloqueio econômico imposto ao Sul: assistimos assim à primeira deportação de judeus (do Tennessee). É verdade que a medida logo é revogada[18]; o fato é que o mito chamado hoje a fornecer uma importante contribuição para a transfiguração da superpotência mundial solitária não resiste à investigação histórica.

Ainda mais se tivermos em mente a influência que os Estados Unidos exerceram sobre a Alemanha, também em termos de antissemitismo. Imediatamente após outubro de 1917, Henry Ford, o magnata da indústria automobilística, prometeu denunciar a revolução bolchevique como o primeiro e principal resultado da conspiração judaica e, para isso, fundou uma revista de grande circulação, a *Dearborn Independent*: os artigos publicados nela são reunidos em

---

[15] Elie Wiesel em entrevista a Maurizio Molinari, "L'Europa è la frontiera dell'intolleranza", *La Stampa*, 26 jan. 2004, p. 7.

[16] Nathan Sharansky em entrevista a Fiamma Nirenstein, "Il pregiudizio antisemita allontana la pace in Medio Oriente", *La Stampa*, 19 jan. 2004, p. 12.

[17] Theodor Herzl, *Zionistische Schriften* (org. L. Kellner, Berlim/Charlottenburg, Judischer Verlag, 1933) e *Altneuland* (10. ed., Viena, Lowit, 1920), v. 1, p. 47 e v. 2, p. 237.

[18] Howard M. Sachar, *A History of the Jews in America* (Nova York, Vintage Books, 1993), p. 80.

novembro de 1920 em um volume, *O judeu internacional*, que imediatamente se torna um ponto de referência para o antissemitismo internacional, tanto que pode ser considerado o livro que, mais do que qualquer outro, contribuiu para a fama do famigerado *Os protocolos dos sábios de Sião*. Claro, depois de algum tempo, Ford foi forçado a suspender sua campanha, mas nesse meio tempo sua obra foi traduzida na Alemanha e teve grande êxito. Mais tarde, proeminentes hierarcas nazistas, como von Schirach e até Himmler, dirão que foram inspirados por ele ou que tomaram dele seus movimentos. O segundo, em particular, conta ter entendido "o perigo do judaísmo" apenas a partir da leitura do livro de Ford: "para os nacional-socialistas foi uma revelação". Segue a leitura de *Os protocolos dos sábios de Sião*: "Esses dois livros nos mostraram o caminho a seguir para libertar a humanidade afligida pelo maior inimigo de todos os tempos, o judeu internacional"; como é claro, Himmler faz uso de uma fórmula que ecoa o título do livro de Henry Ford. Poderia tratar-se de testemunhos parcialmente interessados e instrumentais. É fato, porém, que nas conversas de Hitler com Dietrich Eckart, a personalidade que mais o influenciou, o antissemita Henry Ford, está entre os autores mais frequente e positivamente citados. Por outro lado, segundo Himmler, o livro de Ford, juntamente com os *Protocolos*, teria desempenhado um papel "decisivo" (*ausschlaggebend*) tanto na sua formação como na do *Führer*[19].

A superficialidade do contraste esquemático entre a Europa e os Estados Unidos fica evidente, como se a trágica história do antissemitismo não tivesse envolvido a ambos. Em 1933, Spengler sente a necessidade de fazer este esclarecimento: a judeofobia que ele professava abertamente não deveria ser confundida com o racismo "materialista", caro aos "antissemitas na Europa e na América"[20]. O antissemitismo biológico que sopra impetuosamente até além do Atlântico é considerado excessivo até mesmo por um autor também engajado em uma acusação contra a cultura e a história judaicas ao longo de sua evolução. É também por essa razão que Spengler parece tímido e inconsistente aos olhos dos nazistas. Seus entusiasmos se voltam para outro lugar: *O judeu*

---

[19] Ver o testemunho de Felix Kersten, o massagista finlandês de Himmler, no Centre de Documentation Juive Contemporaine de Paris ("Das Buch von Henry Ford", 22 dez., 1940, n. 210-31); sobre esse assunto, ver Léon Poliakov, *Storia dell'antisemitismo* (1961-77), v. 4 (Florença, La Nuova Italia, 1974-90), p. 29; 3; e Domenico Losurdo, *La comunità, la morte, l'Occidente: Heidegger e l'"ideologia della guerra"* (Turim, Bollati Boringhieri, 1991), p. 113-6.

[20] Oswald Spengler, *Jahre der Entscheidung* (Munique, Beck, 1933), p. 157.

internacional continua a ser publicado com grande honra no Terceiro Reich, com prefácios que sublinham o mérito histórico decisivo do autor e industrial estadunidense (ao lançar luz sobre a "questão judaica") e destacam uma espécie de linha de continuidade de Henry Ford a Adolf Hitler[21]!

Infelizmente, a visão estereotipada dos Estados Unidos como um lugar intocado pelo contágio universal também se firmou na historiografia: um historiador estadunidense de sucesso define o antissemitismo e até mesmo o "antissemitismo exterminacionista" como uma "característica comum do povo alemão"[22]: Henry Ford não figura nem mesmo no índice onomástico de seu livro! Tampouco aparecem ali os nomes dos antissemitas estadunidenses mais excitados que, antes de Hitler, exigiam o "extermínio" (*extermination*) dos judeus, a fim de realizar a necessária "desinfecção" (*disinfection*) da sociedade[23]. Não se deve perder de vista a forte contribuição que os ideólogos do outro lado do Atlântico deram para a elaboração de um motivo (a leitura da Revolução de Outubro como resultado de uma conspiração judaico-bolchevique), que então desempenha um papel de liderança na "solução final": "a revolução russa é de origem racial, não política" – proclama Henry Ford, agitando *Os protocolos dos sábios de Sião*[24]. Sim – reafirma outra voz do coro que está se formando na república norte-americana –, e está em ação "o imperialismo judaico, com seu objetivo final de estabelecer a dominação judaica em escala mundial". Um destino duro – outras vozes ainda mais ameaçadoras trovejam – aguarda os responsáveis por este projeto infame: estão se aproximando "massacres de judeus [...] considerados impossíveis até agora" e, portanto, "de uma escala sem precedentes nos tempos modernos"[25].

---

[21] Ver Domenico Losurdo, *La comunità, la morte, l'Occidente: Heidegger e l'"ideologia della guerra"*, cit., p. 113-5.

[22] Daniel Jonah Goldhagen, *Hitler's Willing Excurtioners: Ordinary Germans and the Holocaust* (Londres, Little, Brown and Company, 1996), p. 49 seg. e 455-6 [ed. bras.: *Os carrascos voluntários de Hitler: o povo alemão e o Holocausto*, trad. Luís Sérgio Roizman, 2. ed., 2. reimpr., São Paulo, Companhia das Letras, 2002].

[23] Robert Singerman, "The Jew as Racial Alien: The Genetic Component of American Anti-Semitism", em David A. Gerber (org.), *Anti-semitism in American History* (Urbana/Chicago, University of Illinois Press, 1987), p. 112.

[24] Henry Ford, *The International Jew* (1920) (ed. al.: *Der international Jude*, trad. Paul Lehmann, Hammer, Leipzig, 1933), p. 145 [ed. bras.: *O judeu internacional*, Porto Alegre, Livraria do Globo, 1933].

[25] Joseph W. Bendersky, *The "Jewish Threat": Anti-Semitic Politics of the U.S. Army* (Nova York, Basic Books, 2000), p. 58, 54 e 96.

O motivo ideológico que pretende ligar indissoluvelmente antiamericanismo e antissemitismo é tão frágil que pode ser facilmente derrubado. Basta pensar na celebração do "genuíno americanismo de Henry Ford" pela Ku Klux Klan[26]. Ao menos no caso dessa organização, que não por acaso tem relações com os círculos mais reacionários da Alemanha e com o próprio movimento nazista, o antissemitismo anda de mãos dadas com uma exaltada profissão de fé no americanismo. Além disso, não se deve esquecer que o furor antissemita não impede Hitler de prestar uma homenagem explícita ao "americanismo" (supra, cap. 3, § 4).

Mesmo que queiramos atribuir algum fundamento à lenda em circulação hoje, o contraste maniqueísta entre os dois continentes é altamente questionável no plano ético. Se o racismo antijudaico resultou na "solução final", certamente não é uma ninharia o racismo que na América selou a deportação, dizimação ou aniquilação dos indígenas ou a escravização e opressão dos negros mesmo após a abolição formal da instituição da escravidão, em pleno século XX. Mesmo após o colapso do Terceiro Reich, um comportamento racista sinistro continuou a se manifestar, pelo qual Clinton se sentiu obrigado a se desculpar com a comunidade afro-americana: "Na década de 1960, mais de 400 homens negros do Alabama foram usados como cobaias humanas pelo governo. Doentes de sífilis deixaram de ser tratados porque as autoridades queriam estudar os efeitos da doença numa 'amostra da população'"[27]. Tampouco os ameríndios e os afro-americanos são as únicas vítimas do racismo que assolou o outro lado do Atlântico. Pensemos nas humilhações, perseguições e linchamentos sofridos também pelos "amarelos", principalmente os chineses.

Contrastar o exemplo positivo dos Estados Unidos com o negativo da Europa em termos de antissemitismo é uma operação a serviço não só da manipulação histórica, mas também de uma forma sutil de racismo.

5.4. A América como o autêntico Ocidente e a condenação da Europa como o Oriente

A inclinação em fazer coincidir a exclusão do autêntico Ocidente com a exclusão da raça branca manifesta-se ainda mais evidentemente na América. Em

---

[26] Nancy K. MacLean, *Behind the Mask of Chivalry: The Making of the Second Ku Klux Klan* (Nova York/Oxford, Oxford University Press, 1994), p. 90.

[27] "Usammo i neri come cavie umane: una vergogna americana", *Corriere della Sera*, 10 abr. 1997, p. 8.

meados do século XVIII, Franklin não tem dúvidas de que o "principal núcleo do povo branco", do "povo branco puro" são apenas os ingleses estabelecidos nas duas margens do Atlântico, enquanto grande parte da Europa continental é "de cor vagamente escura"[28].

Desde a Revolução Americana, a condenação do despotismo e da corrupção política e moral tende a excluir a Europa como um todo do lugar sagrado da civilização e do Ocidente mais autêntico. E a Europa é considerada, de alguma forma, parte integrante do Oriente quando o presidente estadunidense Monroe formula a famosa doutrina que levou o seu nome e que contesta o direito das potências europeias de intervir na América, ou "neste continente", neste "hemisfério", no hemisfério ocidental. Em 1794, de olho na Revolução Francesa, um autor da *Founding Era* escreve que "uma demolição total da velha ordem" social só pode fazer sentido no "continente oriental", na Europa corrupta e degenerada[29].

Desse lugar de intriga e violência, Washington convida os seus concidadãos a manterem-se afastados: "enquanto na Europa as guerras e a agitação parecem perturbar quase todas as nações, a paz e a tranquilidade prevalecem entre nós, com exceção de algumas áreas das nossas fronteiras ocidentais, onde os indígenas têm causado problemas: estamos tomando as medidas cabíveis para educá-los ou puni-los"[30]. O Velho Mundo tende a ser relegado aos bárbaros em conjunto com os indígenas. Essa justaposição continua a ser sentida por muito tempo na tradição política estadunidense. Em 1802, ao comemorar o aniversário da independência dos Estados Unidos, um autor da *Founding Era* credita a Washington e a Adams o mérito de terem "celebrado tratados vantajosos com as nações da Europa e com as tribos que habitam os territórios selvagens do Oeste"[31]. Dez anos depois, ao declarar guerra, Madison acusa a Inglaterra de atingir a população civil indiscriminadamente com sua frota,

---

[28] Domenico Losurdo, *Controstoria del liberalismo* (Roma/Bari, Laterza, 2005), p. 243 [ed. bras.: *Contra-história do liberalismo*, trad. Giovanni Semeraro, Aparecida, Ideias & Letras, 2006].

[29] James Kent, "An Introductory Lecture to a Course of Law Lectures" (1794), em Charles S. Hyneman e Donald S. Lutz (orgs.), *American Political Writing during the Founding Era 1760-1815* (Indianápolis, Liberty Press, 1983), p. 948.

[30] George Washington, carta ao marquês de Lafayette de 28 jul. 1791, em *A Collection* (org. William B. Allen, Indianápolis, Liberty Classics, 1988), p. 555.

[31] Zephaniah Swift Moore, "An Oration on the Anniversary of the Independence of the United States of America" (1802), cit., p. 1.209.

sem poupar mulheres ou crianças, seguindo um comportamento semelhante ao dos "selvagens" peles-vermelhas[32].

Um século depois, com a eclosão da Primeira Guerra Mundial, uma dura sentença de condenação atinge o Velho Mundo como um todo e os contendores, que – observa um editorial do *Times* de 2 de agosto de 1914 – "recaíram na condição de tribos selvagens". Posteriormente, à medida que a intervenção estadunidense se delineia ao lado da Entente, a denúncia se concentra de modo unívoco sobre os alemães, rotulados pela imprensa e por uma ampla parcela da opinião pública como os "bárbaros" que desafiam a "civilização", como os "hunos", ou como selvagens que se colocam abaixo até mesmo "dos peles--vermelhas da América e das tribos negras da África"[33].

Uma dialética semelhante se desenvolve por ocasião da Segunda Guerra Mundial. Novamente em 15 de abril de 1939, Franklin Delano Roosevelt acusa os países europeus como um todo de não terem conseguido encontrar métodos melhores para resolver suas disputas do que aqueles usados "pelos hunos e pelos vândalos há mil e quinhentos anos"; felizmente, graças a uma "instituição tipicamente americana" como a união que abrange todos os países da "família americana", "as repúblicas do mundo ocidental" (*Western world*), ou melhor, do continente americano, podem "promover a sua civilização comum sob um sistema de paz" e proteger o "mundo ocidental" da tragédia que afeta "o Velho Mundo"[34]. Após a intervenção na guerra, o presidente dos Estados Unidos concentra o fogo exclusivamente na Alemanha.

Longe de se referir a humores e contingências políticas imediatas ou de curto prazo, a pretensão de representar o autêntico Ocidente é a expressão de uma filosofia da história enraizada na tradição política estadunidense. A atravessá-la em profundidade está o mito da *translatio imperii* da Europa e do Oriente pelo Atlântico. Os versos de George Berkeley (compostos em 1726) são considerados proféticos: "Para o Ocidente o curso do Império volta-se; / os primeiros quatro atos já passaram, / um quinto encerrará o drama e o dia; / a criatura mais nobre do tempo é a última". O respeitável senador Charles Sumner refere-se a esses versos novamente em 1874, em uma obra escrita com vistas ao primeiro

---

[32] Citado em Henry S. Commager (org.), *Documents of American History*, v. 1 (7. ed., Nova York, Appleton-Century-Crofts, 1963), p. 208-9.

[33] Citado em Ralph Henry Gabriel, *The Course of American Democratic Thought* (3. ed., Nova York/Westport/Londres, Greenwood Press, 1986), p. 388 e 399.

[34] Citado em Henry S. Commager (org.), *Documents of American History*, cit., v. 2, p. 414.

centenário da revolução estadunidense, na qual, depois de ter procurado "profecias" semelhantes já no Antigo Testamento e em Platão, cita com satisfação vários autores estadunidenses que usaram esse tema. "Todas as coisas do céu, como o sol glorioso, movem-se para o Ocidente"; e isso vale também para o império que havia encontrado seu centro em Roma e que "já se apressa rumo a um novo mundo": assim se expressa, algumas décadas depois do bispo e filósofo inglês, o pintor estadunidense Benjamin West. Mas é importante sobretudo a opinião de uma figura ilustre da história estadunidense (o segundo presidente dos Estados Unidos), com quem Sumner mais uma vez se identifica plenamente:

> John Adams, já velho, em busca de lembranças de sua juventude, lembrou em suas cartas que nada "era mais antigo do que a constatação de que as artes, as ciências e o império haviam se deslocado do Oriente para o Ocidente e que comumente, no curso de uma conversa, acrescentava-se que sua próxima parada seria a América, além do Atlântico". Com a ajuda de um vizinho octogenário, lembrou-se de dois versos que ouviu repetir "por mais de sessenta anos": "Os povos do Oriente decaem, sua glória termina, / e o império nasce onde o sol se põe".[35]

O motivo da *translatio imperii* para o Ocidente combina-se com o da nova Israel no Antigo Testamento, da cidade nas alturas dos eleitos de Deus, da "raça eleita" (*chosen race*)[36], ou da "nação eleita" (*chosen nation*) por Deus com a finalidade de "liderar a restauração do mundo", para retomar a linguagem usada no século XX por um respeitável senador estadunidense (Beveridge) e hoje mais querido do que nunca dos presidentes que se sucedem na Casa Branca[37]. Nesse contexto, o poder inédito conquistado pelos Estados Unidos, lugar onde o Ocidente se manifesta em sua autenticidade, nada mais é do que a evidência do plano providencial. E o uso das armas para defender ou consolidar esse primado é por definição santificado por Deus: os europeus que não entendem isso demonstram que se movem à margem ou mesmo fora do autêntico Ocidente.

---

[35] Citado em Piero Bairati, *I profeti dell'impero americano: dal periodo coloniale ai nostri giorni* (Turim, Einaudi, 1975), p. 108-13.

[36] Igualmente, em 1787, o "poeta teológico" Timothy Dwight, em Albert Katz Weinberg, *Manifest Destiny: A Study of Nationalistic Expansionism in American History* (1935) (Chicago, Quadrangle Books, 1963), p. 40.

[37] Citado em Albert Katz Weinberg, *Manifest Destiny*, cit., p. 459.

5.5. O nazismo como herdeiro do exaltado *páthos* do Ocidente

A tendência da tradição política estadunidense de relegar os europeus a bárbaros desperta a indignação de Schmitt: "Estranhamente, a fórmula do hemisfério ocidental foi dirigida precisamente contra a Europa, o antigo Ocidente. Não foi dirigida contra a velha Ásia ou a África, mas contra o velho oeste. O novo oeste afirmava ser o verdadeiro oeste, o verdadeiro Ocidente, a verdadeira Europa". E assim, a "velha Europa" acaba tendo o mesmo destino da Ásia e da África, que sempre foram excluídas da civilização[38]. A corrida para representar o centro do Ocidente (isto é, da velha e da nova Europa) é a expressão ideológica da competição pela hegemonia.

A Alemanha nazista certamente não poderia estar ausente dessa corrida e dessa competição. Imediatamente após sua ascensão ao poder, Hitler atribui ao povo alemão a "responsabilidade profundamente sentida pela vida da comunidade das nações europeias"[39]. É nesse sentido que Rosenberg elogia os "valores criativos" e "toda a cultura do Ocidente", ou melhor, os "valores germânicos ocidentais" e a "alma nórdico-ocidental"[40]. É um tema que se torna cada vez mais enfático após a invasão da União Soviética. Imediatamente após o início da Operação Barbarossa, Hitler apresenta-se, em sua proclamação de 22 de junho de 1941, como "representante, consciente da própria responsabilidade, da cultura e da civilização europeias"[41]. Repetidamente, nas conversas à mesa, ele insiste no fato de que o "declínio do Ocidente" deve ser afastado, "o perigo comunista vindo do Oriente" deve ser evitado, eventualmente recorrendo, após a conquista e a colonização dos novos territórios, a um "muro gigantesco [...] contra as massas da Ásia Central"[42]. No rescaldo de Stalingrado, Goebbels adverte a "humanidade ocidental" contra o perigo

---

[38] Carl Schmitt, *Der Nomos der Erde im Völkerrecht des Jus Publicum Europaeum*, Colônia, 1950 [ed. it.: *Il nomos della terra nel diritto internazionale dello "Jus Publicum Europaeum"*, trad. E. Castrucci, Milão, Adelphi, 1991, p. 348; ed. bras.: *O nomos da Terra no direito das gentes do jus publicum europaeum*, trad. Alexandre Franco de Sá et al., Rio de Janeiro, Contraponto/Editora PUC-Rio, 2014].

[39] Adolf Hitler, discurso de 21 mar. 1933, em *Reden und Proklamationen 1932-1945* (1962-63) (org. M. Domarus, Munique, Suddeutscher Verlag, 1965), p. 226.

[40] Alfred Rosenberg, *Der Mythus des 20. Jahrhunderts* (1930) (Munique, Hoheneichen, 1937), p. 81-2 e 434.

[41] Adolf Hitler, *Reden und Proklamationen 1932-1945*, cit., p. 1.730.

[42] Idem, *Tischgespräche* (org. H. Picker (1951), Frankfurt am Main/Berlim, Ullstein, 1989), p. 69, 237 e 449.

representado pelo "bolchevismo oriental" e agita a bandeira da "missão europeia", da "missão histórica" do Ocidente. "O destino futuro da Europa, aliás, do Ocidente civilizado como um todo" está em jogo. Nem por um momento deve-se perder de vista a questão decisiva: "o Ocidente está em perigo", "a humanidade ocidental está em perigo"[43].

Após a derrota da Alemanha, Heidegger justifica sua adesão ao regime declarando que agiu olhando para a "situação histórica do Ocidente", por um senso de "responsabilidade ocidental", na esperança de que o próprio Hitler estivesse à altura da sua "responsabilidade ocidental". Não é com base em um exaltado *páthos* do Ocidente que se pode realmente opor-se ao nazismo. Quando autores tão diferentes entre si, como Strauss e Hayek, procedem à sua apaixonada celebração do "homem ocidental" a partir da Grécia antiga, ignoram retomar motivos e expressões caras a Heidegger nos anos 1930 e bem presentes em Goebbels e na cultura e na ideologia do Terceiro Reich, no âmbito do qual a polêmica contra o oeste, inimigo da Alemanha, se junta a uma celebração ilimitada do Ocidente, da qual a própria Alemanha se coloca como baluarte e intérprete autêntica[44].

Aos olhos dos nazistas, mais do que nunca, a exclusão do Ocidente coincide com a exclusão da raça branca. A França, que não hesita em recorrer às populações coloniais para recrutar seus soldados, passa agora por um processo de "enegrecimento" (*Vernegerung*); aliás, já estamos assistindo ao "emergir de um Estado africano em solo europeu"[45]. A relação com os britânicos e os norte-americanos é mais complexa: sem dúvida são ocidentais, graças também à sua origem germânica, contudo, quando se deixam influenciar e contaminar pelos judeus, isto é, por um povo ele mesmo oriental e asiático, e tomam partido contra a Alemanha, se autoexcluem do Ocidente e da raça branca.

Se, como sabemos, aos olhos de Hitler "sangue judeu" corre nas veias de F. D. Roosevelt, "judeu marroquino", e do ministro britânico da Guerra, ainda mais eloquentes são as notas do diário de Goebbels: as elites inglesas, "por causa

---

[43] Joseph Goebbels, *Reden 1932-1945*, v. 2, (org. Helmut Heiber, Bindlach, Gondrom, 1991), p. 163, 175-9 e 183.

[44] Domenico Losurdo, *La comunità, la morte, l'Occidente*, cit. cap. 3, tópico 8 (no que diz respeito a Heidegger); Friedrich A. von Hayek, *La società libera* (1960) (Florença, Vallecchi, 1969), p. 21; Leo Strauss, *Progress or return?* (1952) [ed. it.: *Gerusalemme e Atene*, org. Roberto Esposito, Turim, Einaudi, 1998, p. 323].

[45] Adolf Hitler, *Mein Kampf* (1925-7), cit., p. 730 [ed. bras.: *Minha Luta*, cit.].

dos casamentos judaicos, estão tão fortemente infectadas pelo judaísmo que, na prática, não são mais capazes de pensar de maneira inglesa (e ocidental)". Ou seja: os britânicos são "o povo ariano que, mais do que todos, assumiu características judaicas", isto é, as características de uma linhagem substancialmente estranha ao Ocidente e à raça branca e apenas "aparentemente civilizada"[46].

5.6. Os avisos de excomunhão do aspirante a império planetário

1. Em outubro de 1914, numa época em que a neutralidade da Itália lhe permitia pensar e se expressar com uma atitude soberana de superioridade em relação ao denso e variado leque de ideólogos da gigantesca carnificina então em curso, Benedetto Croce observava sarcasticamente: "Acredito que, terminada a guerra, julgar-se-á que o solo da Europa não só estremeceu por muitos meses ou anos sob o peso da guerra, mas também sob o peso do absurdo"[47].

E hoje, que equilíbrio ideológico podemos tirar da "guerra contra o terrorismo"? Não se deve perder de vista os elementos de novidade. Não que faltem "absurdos", longe disso. Mas o quadro geopolítico e ideológico é significativamente diferente. Durante a Primeira Guerra Mundial, se a Entente se mantinha na liderança da autêntica civilização, a Alemanha respondia atribuindo aos seus inimigos apenas uma "civilização" vulgar, tudo em nome do culto da quantidade, do conforto, de uma "segurança" filisteia e incapaz de apreender os valores autênticos da existência. Os intelectuais alemães celebravam a excelência da cultura e, às vezes, da "raça" germânica, enquanto, no lado oposto, um coro não menos compacto, empenhado em cantar louvores à superioridade da cultura e da "raça" latina e anglo-saxônica, respondia. Os Estados Unidos de Wilson se sentiam investidos da missão de espalhar a democracia pelo mundo? Max Weber não teve dificuldade em ironizar essa afirmação feita por um país em que a Ku Klux Klan, o regime de supremacia branca e os linchamentos de negros continuavam a crescer. Resumindo: em 1914-1918, no plano ideológico,

---

[46] Domenico Losurdo, *Il revisionismo storico. Problemi e miti*, Roma/Bari, Laterza, 1996, cap. 1, tópico 2 (no que diz respeito a Hitler) [ed. bras.: *Guerra e revolução: o mundo um século após outubro de 1917*, trad. Ana Maria Chiarini e Diego Silveira Coelho Ferreira, São Paulo, Boitempo, 2017]; Joseph Goebbels, *Tagebücher*, (org. Ralf George Reuth, Munique/Zurique, Beck, 1991, p. 1.764 e 1.934; Joseph Goebbels, *Reden 1932-1945*, v. 2, (org. H. Heiber, Bindlach, Gondrom, 1991), p. 181.

[47] Benedetto Croce, "Giudizî passionali e nostro dovere", entrevista (out. 1914), em *L'Italia dal 1914 al 1918: pagine sulla guerra* (1927) (3. ed., Bari, Laterza, 1950), p. 12.

o embate assemelhava-se a uma briga de bar, com acusações de incivilidade e antidemocracia lançadas tranquilamente de parte a parte.

Não é assim hoje em dia. Com a vitória triunfal alcançada pelos Estados Unidos durante a Guerra Fria, houve uma mudança radical no quadro internacional. Não estamos mais diante de uma disputa pela hegemonia entre Estados ou alianças militares com forças mais ou menos equivalentes; ao contrário, uma superpotência solitária declara explicitamente que não tolera rivais, que quer fortalecer ainda mais sua primazia militar até o ponto de torná-la intransponível. Essa mudança no equilíbrio de forças no plano militar corresponde a uma mudança igualmente, ou talvez ainda mais radical, no equilíbrio de forças no plano ideológico. Washington agora se apresenta, não sem sucesso, como o tutor da humanidade.

Já presente na época da fundação dos Estados Unidos, essa tendência tornou-se um motivo obsessivamente recorrente a partir da Segunda Guerra Mundial. Imediatamente após sua eclosão, F. D. Roosevelt condena os bombardeios aéreos, que atingem a população civil, como expressão de "barbárie desumana", contrários aos sentimentos de "todo homem e mulher civilizado" e à "consciência da humanidade"[48]. Isso não o impede, nos anos seguintes, de promover a destruição sistemática das cidades japonesas e de participar da destruição não menos sistemática das cidades alemãs. Seu sucessor, Truman, que procede tranquilamente à aniquilação nuclear de Hiroshima e Nagasaki, irá ainda mais longe nessa mesma linha. Fato é que, até agora, nenhum presidente estadunidense sentiu a necessidade de se distanciar desses atos de "barbárie desumana".

No fim da guerra, os Estados Unidos introduziram no Japão uma Constituição que professa um radical antimilitarismo: com base no art. 9º, o país derrotado renuncia solenemente ao tradicional "direito soberano da nação" à guerra, ao uso da força e do exército. Mas já com a eclosão da Guerra Fria, com o olhar voltado para Moscou e hoje, mais do que nunca, no contexto da política de "contenção" da China, os Estados Unidos pressionam o Japão a desempenhar um papel militar mais ativo e a declarar-se pronto, a partir de agora, a enviar tropas ao exterior em caso de crise, atropelando e liquidando a Constituição, ainda que tenha sido inspirada ou imposta por Washington. O mesmo gesto soberano decide quando está de acordo com a causa da paz e dos direitos humanos embainhar ou desembainhar a espada.

---

[48] John W. Dower, *War Without Mercy: Race and Power in the Pacific War* (Nova York, Pantheon Books, 1986), p. 39.

2. É um poder soberano que, além da esfera política em sentido estrito, investe na cultura, na história, na religião. Na década de 1950, os Estados Unidos se comprometeram a conter e estrangular a República Popular da China, submetida a um embargo econômico mortal e impedida de participar da ONU, onde o representante de Taiwan, ilha sob o protetorado de Washington, representa de modo exclusivo um quarto ou um quinto da população mundial. Essa política desperta perplexidade até mesmo na Inglaterra: Churchill sugere maior flexibilidade a Eisenhower.

E eis que o estadista inglês, então campeão da luta contra a política de apaziguamento no confronto com a Alemanha nazista, aprende uma lição justamente nesse campo. É absolutamente necessário evitar uma nova "Munique"; o apaziguamento em relação a um inimigo não é mais tolerável, é preciso, ao contrário, enfrentá-lo imediatamente de forma decisiva e corajosa – Eisenhower adverte Churchill:

> Se ainda posso me referir à história, ao não agirmos conjunta e prontamente, não conseguimos bloquear Hirohito, Mussolini e Hitler. Isso significou o início de longos anos de obscura tragédia e desesperado perigo. Nossas nações aprenderam alguma coisa com esta lição?[49]

Pouco depois, por ocasião da crise de Suez, Eden, que sucedeu a Churchill no cargo de primeiro-ministro, também recorreu ao jogo de analogias históricas: "Nasser é um paranoico e tem a mesma estrutura mental de Hitler", ou seja, é "uma espécie de Mussolini islâmico"[50]: qualquer rendição ou compromisso em relação aos direitos reivindicados pela Inglaterra sobre o canal de Suez significaria uma reedição da fatal política de apaziguamento que, a seu tempo, encorajara os ditadores nazifascistas na corrida pelo poder mundial. Longe de deixar-se impressionar por tais analogias, em 1956 Eisenhower prontamente aproveitou a oportunidade da intervenção anglo-franco-israelense contra o Egito para colocar seus aliados ocidentais em uma situação difícil:

---

[49] Sobre a correspondência entre os dois estadistas, ver Peter G. Boyle (org.), *The Churchill--Eisenhower Correspondence 1953-1955* (Chapel Hill/Londres, The University of Carolina Press, 1990), p. 193, 197 e 138.

[50] Steven Z. Freiberger, *Dawn over Suez: The Rise of American Power in the Middle East, 1953--1957* (Chicago, Ivan R. Dee, 1992), p. 165 e 263.

Washington esteve brutalmente presente em Londres, que dependia financeiramente dos Estados Unidos, vendendo libras a baixo preço. Esse ataque estava se desenvolvendo tão rapidamente que, escreve Eden em suas memórias, "poderia nos colocar em uma situação desastrosa". Em vão, tento falar com Eisenhower por telefone. Era a noite das eleições e tudo o que ele recebeu foi uma comunicação de seu embaixador em Washington, segundo a qual, parecia que, se a libra continuasse a cair, o Reino Unido correria o risco de falência.[51]

A história termina com o lançamento, em 9 de março de 1957, da doutrina Eisenhower: "a área geral do Oriente Médio" torna-se agora "vital" para os "interesses nacionais" estadunidenses; é a passagem do controle de uma área de importância estratégica decisiva da Grã-Bretanha para os Estados Unidos. Eden não havia entendido que o poder da excomunhão não estava em suas mãos, mas nas mãos do soberano que ocupa a Casa Branca. Só ele tem autoridade para comparar este ou aquele chefe de Estado ou de governo a Hitler e condenar como culpados de *appeasement* [apaziguamento] os aliados que não se unem prontamente à cruzada contra os inimigos do império. E assim, na década de 1980, Reagan eleva à dignidade dos combatentes contra um novo hitlerismo os "contras" que, na Nicarágua, combatem o governo sandinista com atos terroristas de todos os tipos. Depois de reencarnar como ninguém menos que o líder de um minúsculo e impotente Estado da América Central, Daniel Ortega (culpado de uma reforma agrária radical indesejada por Washington), sucessivamente o *Führer* nazista assume uma a uma as aparências de Milosevic, de Bin Laden, de Saddam Hussein. A história e a lógica não desempenham nenhum papel nesses sucessivos apelos à excomunhão. Estamos de fato lidando com a teologia, como demonstra em particular uma vivência extraordinária de encarnação e transubstanciação: depois de ser celebrado como um combatente da liberdade em luta contra as tropas soviéticas que invervieram no Afeganistão, contra o Império do Mal e contra o novo Hitler que residia em Moscou, Bin Laden muda radicalmente de natureza e termina fazendo ele próprio o papel de Hitler e de Satanás.

3. Obviamente, a teologia está entrelaçada à geopolítica. Embora use, sempre que possível, o Conselho de Segurança das Nações Unidas para promover ou legitimar a condenação ao estrangulamento econômico e à ocupação militar de

---

[51] Andre Fontaine, *Storia della guerra fredda*, v. 2 (1965-67) (Milão, Il Saggiatore, 1968), p. 291.

tempos em tempos infligidas a este ou àquele país, por outro lado Washington recusa-se a subordinar suas guerras e iniciativas bélicas à aprovação da ONU (e da própria Otan).

E isso não é tudo. Mesmo que sejam aliados, os países que não cumprem as medidas de embargo aprovadas unilateralmente pelo Congresso estadunidense correm o risco de fortes represálias comerciais. A pretensão da superpotência solitária de exercer a jurisdição universal aparece cada vez mais claramente. Como se confirma por mais um detalhe. A Casa Branca não se cansa de proclamar que, diante da disposição de atacar os responsáveis por crimes contra a humanidade, as fronteiras e a soberania dos Estados tornam-se irrelevantes; promove, então, a criação de tribunais *ad hoc* para julgar os líderes dos países derrotados (como no caso da Iugoslávia). No entanto, quando surge na Europa a aspiração de criar uma espécie de Tribunal Penal Internacional, Washington faz um importante alerta: em hipótese alguma podem ser submetidos, assim como os líderes estadunidenses, nem mesmo o último dos soldados ou *contractors* [prestadores de serviços] estadunidenses. A soberania do Estado está superada em todos os países, exceto naquele que é chamado a exercer a soberania universal. A ideologia da guerra que hoje se desenrola é a linguagem do império que, apesar de contratempos e derrotas, mas com tenacidade renovada e contando com um aparato militar cada vez mais poderoso ou monstruoso, procura estender o seu poder a todos os cantos do mundo. Trata-se de um império que, ao contrário do que afirma um livro muito afortunado, não é de modo algum desprovido de centro e de soberano[52]. Essa tese acaba, sem querer, ecoando a linguagem do próprio império, que desde seu surgimento se diz movido não por mesquinhos cálculos nacionais, mas por um providencial "destino manifesto" e que hoje, mais do que nunca, gosta de se apresentar como a encarnação da universalidade e de um verdadeiro plano divino.

De fato, a tradição do imperialismo é tão fortemente sentida que hoje vemos Washington herdando e unificando as diferentes ideologias que historicamente no Ocidente legitimaram e alimentaram as reivindicações de dominação e hegemonia. No fim do século XIX, depois de celebrar os prodigiosos sucessos alcançados pela Alemanha em âmbito econômico, político e cultural, um chauvinista fervoroso e influente, a saber, Heinrich von Treitschke, previa e

---

[52] Michael Hardt e Antonio Negri, *Impero* (2000) (Milão, Rizzoli, 2002) [ed. bras.: *Império*, trad. Berilo Vargas, 7. ed., Rio de Janeiro, Record, 2005].

esperava que o século XX se tornasse um "século alemão"⁵³. Hoje, desprovido de qualquer crédito em casa, esse mito tem preferido migrar para os Estados Unidos, onde encontrou uma recepção calorosa e entusiástica: sabe-se que o "novo século americano" é a palavra de ordem agitada pelos círculos neoconservadores, que desempenham um papel muito importante na administração Bush e, de forma mais geral, na cultura política estadunidense.

Durante a Primeira Guerra Mundial, países como França, Inglaterra, Itália e Estados Unidos enfrentaram o massacre agitando a bandeira do "intervencionismo democrático": a guerra era necessária para fazer avançar a causa da democracia em âmbito mundial, para liquidar a autocracia e o autoritarismo nos impérios centrais e assim erradicar de uma vez por todas o flagelo da guerra. Trata-se de uma razão ideológica não totalmente estranha à Alemanha guilhermina que, pelo menos até a revolução de fevereiro de 1917, pretendia exportar a democracia para a Rússia tsarista. Difundida no início do século XX, essa motivação ideológica tornou-se agora um monopólio dos Estados Unidos e ganhou uma ênfase sem precedentes: a democracia mais antiga do mundo, a nação escolhida por Deus, "deve continuar a liderar o mundo" no caminho da liberdade, no contexto de uma "missão" que, nas palavras de Clinton já conhecidas por nós, é "atemporal". Na realidade, essa visão, segundo a qual há um único povo a quem compete o privilégio eterno de liderar, enquanto todos os outros povos devem resignar-se a ser eternamente guiados, é a própria negação da ideia de igualdade e democracia nas relações internacionais. Uma consideração semelhante pode ser feita em relação à visão segundo a qual, por um lado, há um povo escolhido por Deus para a eternidade e, por outro, povos excluídos para sempre dessa particular familiaridade com o Todo-Poderoso. E, no entanto, a ideologia não lida com essas sutilezas. Fica entendido que hoje só os Estados Unidos se atribuem a missão eterna e divina de impor em todos os lugares, mesmo pela força das armas, a "democracia" e o "livre mercado".

O mito do império, que traz a ordem, a estabilidade e a paz, acompanha a história do colonialismo e do imperialismo como uma sombra. No auge de seu poder, a Grã-Bretanha da rainha Vitória não deixava de se comparar ao Império Romano. Obviamente, essa é uma razão particularmente cara a Mussolini que, depois de ter barbaramente submetido a Etiópia a ferro e fogo,

---

[53] Domenico Losurdo, *Nietzsche, il ribelle aristocratico: biografia intellettuale e bilancio critico* (Turim, Bollati Boringhieri, 2002), p. 284 [ed. bras.: *Nietzsche, o rebelde aristocrata: biografia intelectual e balanço crítico*, trad. Jaime A. Clasen, Rio de Janeiro, Revan, 2009].

em seu discurso de 9 de maio de 1936, saúda o "reaparecimento do Império nas mortíferas colinas de Roma" e celebra o renascimento do Império Romano como um "império de paz" e um "império de civilização e humanidade". Esse é um tema bem presente também em Hitler, ainda que ele, com o olhar voltado para a conquista do Leste europeu, prefira referir-se primeiramente a Carlos Magno e ao Sacro Império Romano da nação germânica. Caída em desgraça na Europa, essa mitologia está mais do que nunca em casa do outro lado do Atlântico, onde não faltam reabilitações explícitas do imperialismo como tal. De qualquer forma, nos círculos dominantes, o culto ao império é tão forte que envolve também o ataque à categoria de "equilíbrio", já inaceitável pelo fato de que de alguma forma implica a ideia de igualdade ou respeito mútuo, mesmo que apenas entre as grandes potências. Para acabar com essa velharia de uma vez por todas é convocada uma espécie de renascido Império Romano de dimensões planetárias e, claro, garantidor da paz, da civilização e da humanidade.

Enfim, a história da tradição colonial é toda atravessada pelo apelo enfático à defesa da Europa e do Ocidente e à expansão da área da civilização contra a ameaça ou obstinação dos bárbaros. Ao herdar e radicalizar a tradição colonial, o fascismo e o nazismo não poderiam deixar de assumir essa motivação ideológica, que ressoa em particular nas declarações dos dirigentes e dos ideólogos do Terceiro Reich, imediatamente na fronteira com a barbárie oriental e asiática a ser derrotada e subjugada. Nem é preciso dizer que hoje são os Estados Unidos da América os líderes do Ocidente, e sobretudo do Ocidente mais autêntico e purificado das incrustações e das inconsistências filoislâmicas.

4. Além das dimensões planetárias que pretende assumir, a verdadeira novidade do Império Americano é outra. Todos os anos, o Departamento de Estado publica um relatório sobre o respeito aos direitos humanos no mundo e em todos os países do planeta, com exceção dos Estados Unidos, que constitui claramente o juiz incontestável, enquanto todos os outros estão em posição de ser acusados, pelo menos potencialmente. Quem pensa nos Estados Unidos como uma superpotência exclusivamente militar entendeu muito pouco da situação hodierna. A tendência a monopolizar as armas mais sofisticadas e mortíferas – o escudo estelar dos Estados Unidos visa inutilizar as armas nucleares de outros países – corresponde à pretensão de Washington de se estabelecer como juiz universal, um juiz que, além do mais, dita as regras do discurso e estabelece de forma inapelável as normas, as acusações morais, os pecados, contra os quais devemos nos precaver se quisermos evitar ser acusados,

de forma mais ou menos grave e direta ou indireta, de terrorismo, fundamentalismo, antiamericanismo, antissemitismo (e antissionismo), pró-islamismo e ódio ao Ocidente. Com efeitos potencialmente devastadores, esses avisos de excomunhão atingem principalmente os países assimilados por Washington como canalhas fora da lei, mas mantêm os mesmos aliados relutantes sob a mira de armas; estes últimos, sem questionar a autoridade moral de seus acusadores, limitam-se principalmente a balbuciar defesas ou justificativas constrangidas. Em suma, se a Primeira Guerra Mundial se configurava no plano ideológico como uma briga de bar, a "guerra contra o terrorismo" nos faz assistir a uma espécie de sessão do Santo Ofício que, ao mesmo tempo em que fixa os hereges (inimigos) no banco dos réus, certamente não perde de vista os incrédulos, os agnósticos e os moderados (os aliados indisciplinados ou mesmo hesitantes). Não contente com seu monstruoso aparato militar, Washington também se apresenta como suprema autoridade moral e religiosa: sempre acostumado a sancionar suas "doutrinas" (a linguagem teológica não é nova), agora mais do que nunca proíbe as cruzadas, às vezes no sentido literal do termo, e pretende subordinar a própria Igreja católica. As categorias centrais da hodierna ideologia da guerra são, ao mesmo tempo, os apelos de excomunhão do aspirante a império planetário.

6. O INIMIGO PRINCIPAL ESTÁ EM SEU PRÓPRIO CONTINENTE?[1]

É claro que a União Europeia é dominada internamente pela burguesia e que somente um milagre poderia permitir que outra classe exercesse esse domínio. Mas eu não acredito em milagres. A burguesia domina a Europa há cerca de dois séculos e, em minha opinião, continuará a ser dominante por muito tempo. A diversidade de períodos históricos deve, portanto, ser levada em conta.

Assim, por exemplo, durante a Primeira Guerra Mundial, os comunistas lançavam a seguinte palavra de ordem: "O inimigo principal está em seu próprio país!". Com esta palavra de ordem, ocorreu a metamorfose da guerra imperialista em revolução na Rússia e, em certo sentido, também na Alemanha e na Áustria. No entanto, com a Segunda Guerra Mundial, a Internacional Comunista lança outro alerta: há um inimigo principal em escala internacional e esse inimigo é formado pela Alemanha nazista e as potências do Eixo. Esse aviso também estava correto. E, por outro lado, houve grandes revoluções também no final dessa guerra: a Grande Guerra Patriótica da União Soviética, de fato, promoveu, entre outras coisas, a vitória na China, na Tchecoslováquia e, de certa forma, também na França.

Não podemos julgar o movimento comunista com base em um procedimento analógico. Quando isso aconteceu, os resultados foram sempre catastróficos. O que quero dizer? A situação que vivemos não é a que precedeu a Primeira ou a

---

[1] Tradução do alemão de uma intervenção que Losurdo proferiu em Berlim durante uma mesa-redonda intitulada "Der Hauptfeind steht im eigenen Kontinent. União Europäische – das nette Imperium von nebenan", realizada juntamente a Arnold Scholzel, Lothar Bisky, Stefano Loukas e Michael Kronawitter, durante o XIV Internationale Rosa-Luxemburg-Konferenz 2009. A intervenção foi extraída de *Junge Welt*, 8 maio 2009, p. 23-4. Agradecemos calorosamente a Brigitte Jelkmann por sua ajuda na busca do texto.

Segunda Guerra Mundial. Hoje existe uma aliança militar planetária ativa, a Otan, que está sob o controle dos Estados Unidos. E não é a Alemanha que tem bases militares nos Estados Unidos, são os Estados Unidos que têm bases militares na Alemanha, na Itália, no Japão etc. A Otan e a União Europeia são projetos imperialistas, mas há diferenças. O embargo contra Cuba, por exemplo, foi decretado pelos Estados Unidos, que querem enfraquecer a ilha. O mesmo pode ser dito sobre a América Latina e a China. Ou ainda sobre Gaza: claramente a União Europeia desempenha um papel ignóbil, mas a tragédia que a está consumindo não pode ser concebida sem o imperialismo estadunidense e o colonialismo israelense.

Acredito que deveríamos lançar uma palavra de ordem em escala internacional: deveríamos lutar em todos os países e em todas as regiões para que os Estados Unidos fossem denunciados e estigmatizados como senhores da guerra e invasores. Acho que isso também constituiria uma ajuda que uma esquerda capaz de pensar em termos internacionais poderia oferecer ao povo de Gaza.

Aqui há representantes de partidos importantes. Falo apenas em meu próprio nome, como historiador e filósofo: quando a Comunidade Econômica Europeia foi formada, em 1957, a burguesia tentava se libertar de uma acusação pesada. Ela, que no curso de duas guerras mundiais havia causado catástrofes na Europa e em todo o mundo, declarava que queria superar o chauvinismo. Em vez do chauvinismo nacional, no entanto, introduziu o chauvinismo ocidental. Mas essa ideologia, segundo a qual o Ocidente deve ser o juiz do mundo inteiro, nada mais é do que a herdeira da mitologia ariana.

Minha ideia parte da constatação de que na Europa existem duas tradições opostas. Quando a Europa "descobriu" a América e deu início ao horrível genocídio, sua ideologia se expressava nestes termos: nós, europeus, espalhamos a civilização contra os canibais. Mas um ilustre filósofo do século XVI objetava: nós, europeus, somos os verdadeiros canibais.

Da mesma forma, no movimento iluminista havia aqueles – como Denis Diderot e o grande europeu Karl Marx, ao se referir a esse movimento – que argumentavam que a hipocrisia da Europa podia ser claramente observada nas colônias que possuía. Por essas razões, não tenho nenhuma estima pelo niilismo europeu.

Os defensores da União Europeia são, sem dúvida, chauvinistas que levaram a Europa a uma nova catástrofe e que continuarão repetindo essa catástrofe se não forem detidos. No entanto, considero-me um modesto sucessor de uma cultura europeia que, com Montaigne, os iluministas franceses, Marx e Lênin, revelou os horríveis crimes cometidos pela Europa e pelo Ocidente. Acredito que devemos assumir essa nobre tradição europeia, ou, nas palavras de Lênin e Gramsci, acredito que devemos assumir essa herança. Isso significa, portanto, lutar contra o imperialismo e nunca esquecer que o inimigo principal em escala internacional é o imperialismo estadunidense.

7. O QUE SIGNIFICA SER ANTI-IMPERIALISTA HOJE?[1]

Estou feliz por estar aqui para falar sobre capitalismo e imperialismo. E gostaria de começar com uma consideração trivial: o perigo de uma grande guerra foi atualizado. O próprio papa Francisco declarou que a Terceira Guerra Mundial já teve início. Por outro lado, desde o triunfo do Ocidente na Guerra Fria, assistimos a uma sucessão de guerras "quentes", uma após a outra: Panamá, Iraque, Iugoslávia, Líbia, Síria e, claro, a expansão colonial na Palestina – na verdade, a guerra incessante contra o povo palestino.

Quais são as características dessas guerras? Em primeiro lugar: são desencadeadas sem a aprovação do Conselho de Segurança da ONU, portanto, em total violação do direito internacional. Em segundo lugar: o alvo de tais guerras são sempre os países que têm atrás de si uma revolução antifeudal ou anticolonial mais ou menos bem-sucedida, enquanto são poupados países como a Arábia Saudita que, além de não terem passado por nenhuma revolução antifeudal ou anticolonial, são também os países que hoje financiam e apoiam o Estado Islâmico. Podemos chegar a uma primeira conclusão: a barbárie praticada pelo Estado Islâmico é a um só tempo e em última instância a barbárie praticada pelo colonialismo e imperialismo ocidentais.

Não por acaso mencionei a guerra contra a Síria: já em 2003, os neoconservadores dos Estados Unidos planejavam e apoiavam uma mudança de governo, o chamado *regime change*, no território sírio. Quem quiser também pode expressar uma opinião fortemente negativa sobre Bashar al-Assad, mas o

---

[1] Tradução do alemão de transcrição da conferência realizada por Losurdo em Berlim, em 9 de janeiro de 2016, no âmbito da iniciativa *Anti-imperialismus heute* [Anti-imperialismo hoje] organizada pelo Europaische Linke (Partido da Esquerda Europeia), então presidido por Pierre Laurent, secretário nacional do Partido Comunista Francês.

fato é que, uma década antes, uma guerra havia sido planejada a milhares de quilômetros de distância, conferindo desde o início aos acontecimentos sírios ainda não os traços de uma guerra civil, mas os de uma verdadeira agressão imperialista. De modo geral, o imperialismo ocidental, sob o comando dos Estados Unidos, tenta questionar a revolução anticolonial do século XX em escala planetária. As guerras neocoloniais que começaram em 1989 anunciam conflitos de dimensões ainda maiores.

O primeiro alvo é a China: o país que surgiu da maior revolução anticolonial da história e que ainda hoje lidera a nova etapa da revolução anticolonial. Hoje, os países que se livraram do jugo político do colonialismo estão tentando se libertar também da dependência econômica e tecnológica, para evitar que a independência política permaneça apenas uma independência formal.

A esse respeito, devo fazer uma observação: não podemos continuar a ter uma visão unilateral da luta anticolonial. Lênin explicou muito bem a questão ao distinguir entre o colonialismo clássico, que consiste na anexação política de um país, e o neocolonialismo, que consiste na anexação econômica de um país. E não podemos lutar unicamente contra a anexação política, devemos lutar também contra a anexação econômica de determinado país.

Às vésperas da vitória da Revolução Chinesa, Mao Tsé-Tung afirmava: enquanto a China continuar dependente da farinha estadunidense, a própria independência política do país estará em risco. O que significa que a batalha pela independência econômica e tecnológica desses Estados emergentes também constitui uma luta anticolonial.

Um conhecido historiador britânico, Ferguson, afirmou que, no início das reformas na China, muitos estadunidenses nutriam a esperança de transformar o gigante asiático em uma semicolônia dos Estados Unidos.

Hoje essa esperança está evidentemente desaparecida e aqueles que pretendem questionar a revolução anticolonial do século XX devem necessariamente incluir a China entre os alvos a serem atingidos.

O segundo alvo é a Rússia. Trata-se de um país com uma história complicada: muitas vezes foi uma potência imperialista, mas uma potência imperialista que não raramente, após uma derrota, corria o risco de se tornar uma colônia. Essa era a situação após a Primeira Guerra Mundial. Pouco depois, Hitler expressou explicitamente a intenção de criar as Índias alemãs na Europa oriental, ou melhor, transformar justamente a Rússia em uma colônia. Muitos historiadores são agora da opinião de que a guerra conduzida por Hitler no Oriente foi a maior guerra colonial da história humana. Enfim, após a derrota na

Guerra Fria, a Rússia corre o risco de se tornar uma semicolônia do Ocidente. A privatização massiva significou a apropriação da riqueza social não só por parte da plutocracia e oligarquia russas, mas também pelo monopólio ocidental que sob Iéltsin conseguiu apoderar-se da enorme riqueza do país, controlando as fontes de energia. Putin acabou com isso. Portanto, é fácil entender o desprezo que o Ocidente nutre em relação a Putin.

Até agora falei sobre o imperialismo ocidental como um todo, mas é claro que também devemos levar em conta as contradições que atravessam esse campo imperialista. Em primeiro lugar, há algo a ser sublinhado: os Estados Unidos são a única potência em que as ambições e os comportamentos imperialistas são explicitamente glorificados. Como se sabe, Bush Jr. afirmou presunçosamente que os Estados Unidos são a nação escolhida por Deus, que recebeu de Deus a tarefa de liderar o mundo. Não muito diferente é o discurso de Obama, que recentemente proclamou, ou melhor, confirmou o dogma segundo o qual os Estados Unidos seriam a *indispensable nation*, a única nação indispensável do mundo. "A nação escolhida", "a nação indispensável". Somos levados a pensar na definição de "imperialismo" que Lênin nos deu: "O imperialismo é a pretensão de algumas nações eleitas ou modernas de atribuir a si mesmas aquela soberania estatal e nacional sistematicamente negada a todas as outras". Mas em relação aos Estados Unidos devemos acrescentar outra consideração, citando desta vez não um clássico do marxismo-leninismo, mas um jornalista conservador italiano que, no entanto, foi embaixador italiano na União Soviética: "a ambição dos Estados Unidos", afirma Sergio Romano, "é a de adquirir a capacidade de lançar o primeiro ataque nuclear impune contra o inimigo". Isso significa que os Estados Unidos constituem o país que tem poder absoluto de vida ou de morte sobre o resto do planeta. A esse respeito, é claro que a Europa é imperialista (e devemos dizê-lo claramente), mas não devemos esquecer o outro lado do problema: na Europa ainda existem numerosas bases imperialistas estadunidenses. Na Itália, por exemplo, mas o mesmo vale para a Alemanha, existem bases militares estadunidenses para onde são levadas bombas atômicas que dependem exclusivamente do poder decisório de Washington. Isso quer dizer que Washington tem a oportunidade de empurrar a Itália para uma guerra nuclear com resultados catastróficos. A esse respeito, uma lição valiosa pode vir da dialética hegeliana da qual aprendemos que algo também pode se transformar em seu oposto.

A Itália fascista estava naturalmente ligada ao Terceiro Reich. O próprio Mussolini queria trazer o Império Romano de volta à vida, mas qual foi a conclusão? A Itália acabou se tornando uma colônia do Terceiro Reich e, para alcançar a independência nacional, teve que dar início a uma luta de libertação nacional contra o Terceiro Reich (a Resistência *partigiana*), liderada pelo Partido Comunista, também em nome do direito da nação italiana que havia sido destruída pelo fascismo. *Mutatis mutandis* [Mudando o que precisa ser mudado], hoje precisamos construir uma frente tão ampla quanto possível contra a guerra e pela luta contra o imperialismo. E acredito que lutar contra a guerra significa lutar, na Itália, na Alemanha e em outros países, contra as bases estadunidenses e as bases da Otan. Trata-se de uma questão de vital importância para todos os povos, que nos obriga, como dizia, a nos comprometermos a construir a frente mais ampla possível contra a guerra e contra o imperialismo. Deve-se acrescentar algo sobre Alemanha, Itália e França, por fim. Sem dúvida, nenhum desses Estados é, como se diz, uma "República de Bananas". Sem dúvida, todos eles desempenharam um papel particularmente ativo nas guerras imperialistas do passado e também do presente. No entanto, há outro aspecto que precisa ser levado em conta: podemos falar de uma dupla natureza desses países. Por um lado, são imperialistas, mas por outro, na maioria das vezes, são ocupados militarmente pelos Estados Unidos. É um fato: quando o presidente estadunidense decide fazer uma guerra contra a Rússia, a Itália, por exemplo, corre o risco de ser destruída. E é contra essa situação que devemos lutar. Um exemplo simples: em 2003, tanto Schröder, na Alemanha, quanto Villepin, na França, eram contrários à guerra contra o Iraque. E isso devemos ver como um fato positivo. Naturalmente devemos acrescentar que a oposição deles era muito tímida e parcial. No entanto, Villepin era melhor que Sarkozy e Hollande. Embora de fato Sarkozy e Hollande procurassem políticas de potência imperialista, Villepin de alguma forma tentou se distanciar. E a esse respeito também pode-se dizer que Schröder foi melhor que Angela Merkel. Por exemplo: Sergio Romano, que mencionei anteriormente e que, como disse, não era comunista nem de esquerda, se manifesta abertamente contra a manutenção de bases da Otan na Itália.

Não acho que devemos acusá-lo de ser como Obama. Acho que devemos dizer a ele que esse é um bom começo. É claro que devemos acrescentar que, para ser coerente, deveria também lutar contra a Otan e o imperialismo. No entanto, podemos saudar favoravelmente o fato de que ele está começando a questionar a presença das bases da Otan na Itália. E há muitos outros exemplos desse tipo que poderíamos relatar. Os Estados Unidos de Obama, por exemplo, ficaram indignados com o fato de Grã-Bretanha, França e Alemanha terem concordado com investimentos bancários da China. Esse foi um pequeno passo em direção à independência, um passo ainda muito pequeno, não suficiente, mas certamente não insignificante. E devemos esperar que a batalha pela independência da Europa em relação aos Estados Unidos continue, naturalmente sem que, por isso, seja preciso calar sobre o papel imperialista que a União Europeia desempenhou na Ucrânia ou no Oriente Médio.

8. O IDEAL DE "PAZ PERPÉTUA" ENTRE A EUROPA E OS ESTADOS UNIDOS[1]

8.1. Washington, o comércio e as "feras selvagens"

No fim do século XVIII, além da revolução política, o Antigo Regime foi desafiado pela revolução econômica: a aristocracia feudal ainda tendia a ceder lugar à burguesia comercial (e industrial). O declínio de uma classe que tirava sua riqueza da propriedade da terra e do controle de determinado território e a ascensão de uma classe social caracterizada por maior mobilidade e certo vínculo cosmopolita com outros povos e outros países, tudo isso não teria acabado por fazer desmoronar o terreno em que o fenômeno da guerra fincava as suas raízes? Já sabemos a resposta de Kant. O comércio e o espírito comercial eram ambivalentes: por um lado, colocavam os povos engajados na troca de bens em uma relação recíproca de conhecimento e cooperação; por outro, estimulavam a ganância e a aspiração à pilhagem e à dominação, como demonstravam o expansionismo colonial e o tráfico de escravos.

Em outros casos, porém, a resposta era menos problemática: o advento da sociedade comercial teria aberto o caminho para a fraternidade e a pacificação dos povos. Na França do Iluminismo, Jean-François Melon podia escrever que "numa nação, o espírito de conquista e o espírito de comércio são mutuamente excludentes"[2].

Era uma visão que talvez encontrasse sua primeira forma completa na América, onde o peso do Antigo Regime era obviamente menor do que

---

[1] Trechos e parágrafos extraídos de *Un mondo senza guerre: l'idea di pace dalle promesse del passato alle tragedie del presente* (Roma, Carocci, 2016).

[2] Jean-François Melon, *Essai politique sur le commerce* (1734) (2. ed. ampliada, s. l., s. n., 1736), p. 79.

na Europa. Em 15 de agosto de 1786, George Washington assim escrevia ao marquês de La Fayette (destinado a se tornar um dos protagonistas da primeira fase da Revolução Francesa):

> Embora eu não pretenda ter informações detalhadas sobre assuntos comerciais nem uma previsão dos desenvolvimentos futuros, não obstante como membro de um império recém-nascido (*infant empire*), como filantropo por natureza e – se me permite a expressão – como cidadão da grande república da humanidade como um todo, não posso deixar de, às vezes, voltar minha atenção para esse assunto. Isso significa que não posso deixar de refletir com prazer sobre a provável influência que o comércio pode ter no futuro nos costumes humanos e na sociedade em geral. Nessas ocasiões, penso que a humanidade poderia formar laços fraternos como numa grande família. Abandono-me a uma ideia terna e talvez entusiástica: assim como o mundo se tornou evidentemente menos bárbaro do que no passado, também o seu aperfeiçoamento poderia desenvolver-se ainda mais; as nações estão se tornando mais humanas em suas políticas, as razões da ambição e as causas da hostilidade estão diminuindo a cada dia; por fim, não é muito remoto o período em que os benefícios do comércio liberal e livre substituirão, em geral, a devastação e os horrores da guerra.[3]

Sim – reitera uma carta posterior, da primavera de 1788, dirigida a outro interlocutor francês –, graças aos "benefícios filantrópicos do comércio", "os estragos da guerra e a fúria da conquista" desaparecerão e a profecia bíblica será finalmente cumprida: "espadas poderão ser transformadas em arados"[4].

Uma questão, porém, surge imediatamente: a perspectiva enfática de paz perpétua aqui delineada também abrange o mundo colonial? Na realidade, Melon gostaria de estender a escravidão das colônias à metrópole[5]. Quanto a Washington, uma carta enviada a Sieyès faz pensar: "Os indígenas causam alguns danos insignificantes, mas não existe nada similar a uma guerra geral ou aberta": não se fala aqui de paz verdadeira, muito menos de paz duradoura.

---

[3] George Washington, *A Collection* (org. William B. Allen, Indianápolis, Liberty Classics, 1988), p. 326.

[4] Ibidem, p. 394.

[5] Ver Domenico Losurdo, *Nietzsche, il ribelle aristocratico: biografia intellettuale e bilancio critico* (Turim, Bollati Boringhieri, 2002), cap. 12, tópico 3 [ed. bras.: *Nietzsche, o rebelde aristocrata: biografia intelectual e balanço crítico*, trad. Jaime A. Clasen, Rio de Janeiro, Revan, 2009].

E é difícil ou impossível imaginar tal perspectiva se partirmos do pressuposto de que ela assemelha os "selvagens" peles-vermelhas a "feras selvagens da floresta", contra as quais a luta só pode ser sem quartel: a marcha expansionista dos colonos americanos brancos forçará "tanto o selvagem como o lobo a recuarem".

Essa comparação desumanizante está contida em uma carta de Washington datada de 7 de setembro de 1783[6], poucos dias depois do tratado de paz que abria caminho para a fundação dos Estados Unidos. Durante a guerra de independência contra a Grã-Bretanha, de acordo com pelo menos um historiador legalista que se refugiou no Canadá após a vitória dos colonos rebeldes americanos, estes conduziam uma política de "extermínio das seis nações" peles-vermelhas nativas americanas, aliadas do governo de Londres: "Em uma ordem que, acreditamos, não tem precedentes nos anais de uma nação civilizada, o Congresso ordena a destruição completa desse povo como nação [...], incluindo mulheres e crianças"[7]. É uma política que certamente não pode ser questionada por George Washington, que desumaniza os indígenas e que, na carta a Sieyès, celebra o país do qual se prepara para se tornar o primeiro presidente como um "império recém-nascido" e claramente destinado a um grande futuro, mostrando-se pessoalmente interessado no avanço da fronteira e na continuação e fortalecimento da expansão colonial no Oeste, tendo investido grande capital nessa empreitada. Concluindo, a paz perpétua promovida pelo comércio não exclui a guerra, e a guerra mais implacável, contra os ameríndios; nem sequer exclui a escravização dos negros e, portanto, a guerra contra eles (segundo o grande ensinamento de Rousseau). É verdade que Washington tem certa relutância e constrangimento em relação à escravidão; mas se trata de sentimentos que permanecem, no entanto, de natureza privada, sem questionar a conservação e mesmo a centralidade dessa instituição no âmbito da recém-fundada república norte-americana.

Devido à substancial ausência de uma fase propriamente feudal, a sociedade estadunidense vê emergir, antes que na Europa, o ideal de uma paz perpétua promovida pelo desenvolvimento do comércio e dos laços comerciais. Mas há o outro lado da moeda: se no Velho Mundo acusa-se a aristocracia

---

[6] Citado em Nelcya Delanoë e Joëlle Rostkowski, *Les Indiens dans l'histoire américaine* (Nancy, Presses Universitaires, 1991), p. 50-52.

[7] Ver Domenico Losurdo, *Il revisionismo storico: problemi e miti* (Bari/Roma, Laterza, 2015), cap. 5, tópico 13 [ed. bras.: *Guerra e revolução: o mundo um século após outubro de 1917*, trad. Ana Maria Chiarini e Diego Silveira Coelho Ferreira, São Paulo, Boitempo, 2017].

fundiária feudal, cuja única atividade é a guerra e a preparação para a guerra, do outro lado do Atlântico a celebração da virtude civilizadora e pacificadora do comércio, ou seja, do "comércio liberal e livre" (para usar as palavras de Washington) tem como alvo os indígenas. Tenha-se em mente a história por trás dessa atitude. Aos olhos de Locke, como se dedicavam exclusivamente à caça e eram incapazes de trabalhar a terra, os nativos não tinham título de propriedade real e eram, de qualquer forma, alheios à comunidade civil[8]; agora (em Washington), para fundamentar a exclusão dos indígenas da comunidade da civilização e da paz, usam sua estranheza à atividade comercial (assim como à atividade produtiva). Se antes eram expropriados, deportados (e dizimados) em nome do trabalho, agora os nativos sofrem esse mesmo destino em nome do comércio e da paz.

8.2. Triunfo das "comunidades pacíficas" e desaparecimento das raças "guerreiras"

Já na cultura europeia, esses motivos acabaram por assumir uma conotação racial: o declínio do espírito militar era ao mesmo tempo o recuo ou o desaparecimento das etnias que esse espírito encarnava irremediavelmente: a paz e a civilização avançavam "varrendo as etnias inferiores dos homens", possuídas pelo "antigo instinto predatório". Assim como em cada sociedade individualmente, também no plano internacional se manifestava a lei cósmica, que envolvia a eliminação dos desajustados: "Todo o esforço da natureza é por livrar-se deles, limpando o mundo de sua presença e deixando espaço para os melhores"[9].

E, no entanto, é do outro lado do Atlântico que a interpretação racial do avanço irresistível da sociedade industrial pacífica se manifestava com particular clareza e continuidade (e sem as flutuações e contradições que veremos em Spencer). O "império recém-nascido" evocado e invocado por George Washington logo começaria a dar seus primeiros, rápidos passos. Enquanto realizavam a expropriação, deportação e dizimação dos nativos, impulsionados – assim acreditavam – por um "destino manifesto" ainda mais irresistível porque sancionado pela providência, os Estados Unidos passavam

---

[8] Domenico Losurdo, *Contrastoria del liberalismo* (Roma/Bari, Laterza, 2005), cap. 1, tópico 6 [ed. bras.: *Contra-história do liberalismo*, trad. Giovanni Semeraro, Aparecida, Ideias & Letras, 2006].

[9] Herbert Spencer, *Social Statics* (1851) (Nova York, Appleton, 1873), p. 454 e 414.

a estender seu controle sobre todo o "hemisfério ocidental", que consideravam reservado e destinado a eles, de acordo com a doutrina Monroe. A marcha expansionista acentuava-se com o fim da Guerra Civil, que varria a mancha da escravidão dos negros – que ainda assim continuavam a sofrer a opressão do regime de supremacia branca – e credenciava a reivindicação da república norte-americana de estar destinada a edificar um império garantidor da liberdade e da paz.

Sim, o expansionismo colonial e neocolonial não tinha dificuldade em homenagear o ideal da paz perpétua; ela podia finalmente ser alcançada graças ao desenvolvimento da sociedade industrial e comercial, que tornava supérfluo, improdutivo e contraproducente o recurso à ferramenta da conquista e da guerra, cara às tribos selvagens e bárbaras. Ao consagrar o triunfo dos povos agora conquistados e adquiridos à causa da paz e a derrota dos que não haviam se levantado ou eram incapazes de elevar-se a essa altura, o avanço dos colonos, ainda que com a sua brutalidade por vezes genocida, representava ao mesmo tempo o avanço da paz.

No fim do século XIX, um dos defensores mais belicosos do "destino manifesto", John Fiske, assim argumentava:

> A sociedade política, em suas formas mais primitivas, é composta por pequenos grupos autogovernados que estão sempre em guerra entre si [...] É claro que a paz perpétua em âmbito mundial só pode ser garantida com a gradual concentração das forças militares nas mãos das comunidades mais pacíficas [...] A maior façanha dos romanos foi enfrentar a ameaça da barbárie, subjugá-la, domá-la e disciplinar sua força bruta com a lei e a ordem.[10]

A expansão dos colonos e homens amantes da paz felizmente coincidia com o "avanço rápido e indomável da raça inglesa na América". Era um avanço que não parava no continente americano: "a obra civilizadora da raça inglesa, iniciada com a colonização da América do Norte, está destinada a continuar" até abranger "toda a superfície da terra".

A transferência gradual da força física das mãos do lado guerreiro da raça humana para as mãos do lado pacífico, dos caçadores de dólares, se quisermos colocar

---

[10] Citado em Piero Bairati, *I profeti dell'impero americano: dal periodo coloniale ai nostri giorni* (Turim, Einaudi, 1975), p. 224 e 226.

dessa forma, estava em andamento, mas lembrem-se de que ela foi roubada dos caçadores de escalpos.[11]

Só então a causa da paz perpétua repousaria sobre bases sólidas. Uma perspectiva excitante estava se delineando. Aliás, era o cumprimento de uma promessa messiânica:

> Prevemos, portanto, que a concentração gradual de força nas mãos das comunidades mais pacíficas resultará na proibição da guerra em todo o mundo. Enquanto esse processo segue seu curso, após longos séculos de experiência política, não há qualquer razão objetiva para que toda a humanidade não venha a se constituir em uma única federação política mundial [...] Acredito que um dia tal Estado existirá na Terra, mas somente quando pudermos falar dos Estados Unidos como de um organismo que se estende de um polo a outro ou celebrar com [Alfred] Tennyson "o parlamento do homem e a federação da humanidade". Só então o mundo poderá definir-se como cristão [...] Nossa investigação começou com um quadro devastado por horrenda carnificina e desolação; mas termina com a imagem de um mundo de comunidades livres e felizes, abençoadas pela festa sabática de uma paz perpétua.[12]

No início do século XX, essa visão foi reafirmada por um defensor explícito do "imperialismo", Albert J. Beveridge, que conclamava a "liga divina do povo anglófono" (*English-people's league of God*) a realizar "a paz permanente deste mundo esgotado pela guerra" e assim esclarecia sua filosofia da história:

> [Ulysses S.] Grant teve a virtude profética de prever, como parte do plano inescrutável do Todo-Poderoso, o desaparecimento das civilizações inferiores e das raças decadentes diante do avanço das civilizações superiores formadas pelos tipos mais nobres e viris de homens [...]. Nesta ocasião histórica, permitam-me citar estas palavras de Grant: "Não compartilho das apreensões de muitos que veem o perigo de que os governos sejam enfraquecidos e destruídos pela extensão de seu território. O comércio, a educação e o rápido desenvolvimento do pensamento desmentem essa perspectiva. Acredito, aliás, que nosso

---

[11] Citado em ibidem, p. 235 e 238.
[12] Citado em ibidem, p. 240.

Grande Criador esteja preparando o tempo em que seu mundo se tornará uma única nação, com uma única língua, na qual exércitos e marinhas não serão mais necessários".[13]

Continuamos a prestar homenagem ao ideal da paz perpétua, que, no entanto, já não é consequência do triunfo da sociedade comercial e industrial. Aliás, é fácil reconhecer uma verdade negada ou reprimida até então: "Os conflitos do futuro serão conflitos por comércio, ou seja, lutas por mercados e guerras comerciais pela existência"[14]. A tarefa de erradicar a guerra está agora confiada ao triunfo do Império Americano.

Os Estados Unidos apresentaram o espetáculo talvez único do entrelaçamento do imperialismo e do messianismo na celebração de uma paz perpétua, que envolvia expropriação, deportação e dizimação da "parte guerreira" da humanidade (Fiske), ou seja, das "raças decadentes" (Beveridge).

8.3. "Ordem cosmopolita" e "paz perpétua e universal"

Oito anos após a primeira Guerra do Golfo, a Otan desencadeou uma prolongada e devastadora campanha de bombardeio aéreo contra a Iugoslávia, campanha que – observou um historiador britânico, também famoso como defensor incondicional da causa do Ocidente – em certo momento "foi estendida a objetivos civis"[15]. E tudo isso sem a autorização do Conselho de Segurança da ONU. No entanto, as ilusões despertadas pela Nova Ordem Mundial continuavam a fazer-se sentir. Bobbio não tinha dúvidas e também legitimou a primeira Guerra do Golfo em nome da ONU, "que até prova em contrário foi montada justamente para evitar guerras"! Mesmo Jurgen Habermas não se conteve, convencido de que, apesar da evidente violação do direito internacional, estava-se avançando no caminho indicado por Kant.

Na realidade, a guerra permitiu aos Estados Unidos erguer a gigantesca base militar de Camp Bondsteel em Kosovo (subtraído da Iugoslávia) e controlar firmemente os Bálcãs, em cuja importância geopolítica "na luta pela supremacia

---

[13] Albert J. Beveridge, *The Meaning of the Times and Others Speeches* (1908) (Nova York/Freeport, Books for Libraries Press, 1968), p. 44 e 42-3.
[14] Ibidem, p. 54.
[15] Niall Ferguson, *The Cash Nexus: Money and Power in the Modern World* (Londres, The Penguin Press, 2001), p. 413.

europeia" Brzezinski havia insistido pouco antes[16]. Além disso, graças a essa guerra – podia-se ler num jornal acima de qualquer suspeita (*International Herald Tribune*) –, a Otan havia demonstrado que gozava de uma superioridade militar avassaladora e de estar determinada a afirmá-la em todos os cantos do mundo em defesa de seus "interesses vitais". De resto, lendo as páginas que Habermas dedicou a essa guerra, quase se tinha a sensação de que ele estava tratando de um acontecimento diferente, que havia escapado à atenção geral.

Segundo o filósofo, que pouco antes (já no título do livro que publicou) havia saudado o advento de uma "constelação pós-nacional"[17], os bombardeios da Otan contra a Iugoslávia, ainda que de forma cansativa e problemática – realmente faltava a autorização do Conselho de Segurança da ONU, certamente "bloqueado" por países como Rússia e China – sinalizavam a "precária transição da clássica política de poder para uma ordem cosmopolita", que dava seus primeiros passos reagindo vigorosamente à "bestialidade" dos sérvios e fazendo valer contra eles as razões "da humanidade".

Enquanto celebrava os responsáveis pela guerra como arquitetos da "ordem cosmopolita", o filósofo enfurecia-se com as vítimas:

> Estados como Líbia, Iraque ou Sérvia equilibram a instabilidade de suas relações internas com regimes autoritários e políticas de identidade, enquanto do lado de fora se comportam de forma expansionista, são suscetíveis às questões fronteiriças e insistem de maneira neurótica na sua soberania.[18]

Como corporificação do chauvinismo e do expansionismo, esses países foram apontados pelo Ocidente, e em seguida atacados ou ameaçados para depois serem destruídos como Estados nacionais. O papel de liderança desempenhado pela Alemanha no desmembramento da Iugoslávia é bem conhecido. Ao identificar-se plenamente com seu país (assim como com a Otan), celebrado com seus aliados como a encarnação das razões "humanitárias" em luta contra a "bestialidade", o filósofo alemão não se perguntava se não

---

[16] Zbigniew K. Brzezinski, *The Grand Chessboard* (1997), [ed. it.: *La grande scacchiera*, trad. Mario Baccianini, Milão, Longanesi, 1998, p. 168].

[17] Jurgen Habermas, *Aus Katastrophen lernen?* (1998) [ed. it.: Leonardo Ceppa (org.), *La costellazione postnazionale: mercato globale, nazioni e democrazia*, Milão, Feltrinelli, 1999].

[18] Idem, "Bestialität und Humanität: Ein Krieg an der Grenze zwischen Recht und Moral", *Die Zeit*, 29 abr. 1999, p. 7.

era ele que, em primeiro lugar, dava provas de chauvinismo: o momento da autorreflexão estava completamente ausente, mesmo devendo ser inevitável em um discurso filosófico.

Para legitimar definitivamente a guerra da Otan, Habermas assemelhou o "grande nacionalismo sérvio" ao de "Ernst Moritz Arndt"[19]. E, portanto, segundo esse raciocínio, sinônimo de chauvinista não era Napoleão, o protagonista de intermináveis guerras de conquista, mas seu oponente! Repetir o julgamento lisonjeiro expresso por Lênin sobre a resistência e a revolta antinapoleônica da Prússia, da qual Arndt foi um dos grandes animadores, não impressionaria de forma alguma Habermas, que, em vez disso, poderia prestar mais atenção ao balanço da resistência e da revolta antinapoleônica elaborado por Constant[20]:

> Alguns anos se passaram [desde a batalha de Jena, que viu o triunfo de Napoleão], e a Prússia se recuperou; foi posta nas fileiras das principais nações; adquiriu direitos de reconhecimento das gerações futuras, respeito e entusiasmo de todos os amigos da humanidade.

Mesmo um defensor do liberalismo e admirador da Inglaterra liberal deveria admitir que era Arndt e seus companheiros de luta que representavam a causa da liberdade (e da paz), não o imperador francês. Sem querer, Habermas comparava a *pax americana* (e ocidental), celebrada por ele em 1999, com a *pax napoleonica* (historicamente sinônimo de um expansionismo insaciável).

Se o ilustre filósofo saudava a afirmação da "constelação pós-nacional" e da "ordem cosmopolita" (na época invocada por Kant, teórico da paz perpétua), pouco depois dois autores considerados de extrema esquerda (Michael Hardt e Antonio Negri) publicavam um livro (*Império*) que, como veremos em breve, foi ainda mais longe. Mas sigamos a ordem. Em 1999, o primeiro dos dois autores aplaudia sem hesitação a campanha aérea desencadeada pela Otan contra a Iugoslávia sem autorização do Conselho de Segurança da ONU:

> Devemos reconhecer que esta não é uma ação do imperialismo estadunidense. Efetivamente é uma operação internacional (ou, na verdade, supranacional).

---

[19] Idem.
[20] Benjamin Constant, *De l'esprit de conquête et de l'usurpation dans leurs rapports avec la civilisation européenne* (1814) [ed it.: *Dello spirito di conquista e dell'usurpazione nei loro rapporti con la civiltà europea*, trad. Augusto Donaudy, Milão, Rizzoli, 1961].

Seus objetivos não são guiados pelos limitados interesses nacionais dos Estados Unidos: ela visa efetivamente proteger os direitos humanos (ou, na verdade, a vida humana).[21]

O que Habermas havia definido como "ordem cosmopolita", uma ordem "supranacional", já estava em ação. Desaparecidos ou em vias de desaparecer estavam os "interesses nacionais" e, na realidade, as próprias nações; as operações policiais "supranacionais" haviam finalmente substituído a guerra, um flagelo agora consignado à história. Sim – *Império* reiterava enfaticamente no ano seguinte –, graças à globalização que se estabelecera em todos os níveis, estava se estabelecendo a "paz perpétua e universal"[22]; aliás, já havia se estabelecido!

Como um evento tão extraordinário e promissor, despercebido pela maioria, havia entrado na história? O que tinha acontecido? Um mito recorrente simplesmente havia reaparecido! Vimo-lo surgir pela primeira vez na esteira do processo de formação do mercado mundial que fazia os mais diversos povos entrarem numa relação de conhecimento e cooperação mútuos, anulando – assim nos iludíamos – as distâncias geográficas e os preconceitos devidos à ignorância.

Depois o encontramos em Angell às vésperas da Primeira Guerra Mundial, que estourou apesar da "interdependência econômica", que deveria ter sido uma garantia segura de paz.

A "grande ilusão", que no início do século XX deu título ao livro do jornalista e político britânico, acaba reaparecendo na transição do século XX para o XXI. Lendo *Império*, publicado pela primeira vez em 2000 e imediatamente coroado por um extraordinário sucesso internacional, às vezes tem-se a impressão de estar diante de uma nova versão do livro de Angell.

O ponto de partida continua sendo a globalização, que hoje, além do âmbito econômico-financeiro, teria ocorrido também no âmbito político:

> O mais natural é que o mundo pareça politicamente unificado, que o mercado seja global, e esse poder se organize nessas universalidades [...] O Império dita suas leis e mantém a paz com as leis e o direito pós-modernos.[23]

---

[21] Michael Hardt, "La nuda vita sotto l'Impero", *Il manifesto*, 15 maio 1999, p. 8.
[22] Michael Hardt e Antonio Negri, *Empire* (2000) [ed. it.: *Impero*, trad. Alessandro Pandolfi, Milão, Rizzoli, 2002, p. 16; ed. bras.: *Império*, trad. Berilo Vargas, 7. ed., Rio de Janeiro, Record, 2005].
[23] Ibidem, p. 330.

E, portanto, é preciso tomar nota da unificação do mundo, é preciso tomar nota da realidade do império. Trata-se de "um regime que de fato se estende a todo o planeta" e que "não tem nada a ver com 'imperialismo'". Em um mundo politicamente unificado, que alcançou a "paz perpétua e universal", que sentido teria recorrer à categoria a partir da qual Lênin costumava explicar a eclosão da Primeira Guerra Mundial? Não, "é preciso lembrar que, na base do desenvolvimento e da expansão do império, está a ideia de paz"; "seu conceito é consagrado à paz"[24]. E isso não é tudo: "o Império só pode ser representado como uma república universal", uma "república democrática"[25]. A "república universal" e democrática, perseguida tenazmente primeiro por Cloots e Fichte e depois pelos bolcheviques como resultado de uma revolução de dimensões planetárias, está agora em curso. A utopia tradicional transformou-se em utopia realizada; não faz mais sentido buscar em um futuro remoto e problemático o que já caracteriza o presente. Neste ponto, juntamente com as fronteiras estaduais e nacionais, por definição, os confrontos e testes de força militar entre diferentes estados e países desapareceram, as guerras desapareceram:

> A era dos grandes conflitos acabou: o poder soberano não terá mais de enfrentar ninguém e não haverá mais ninguém de fora, mas expandirá suas fronteiras para incluir o mundo em seu domínio. A história das guerras imperialistas, interimperialistas e anti-imperialistas acabou. A história foi concluída com o triunfo da paz. Na realidade, entramos na era dos conflitos internos e menores.[26]

É verdade que o sangue continua a correr profusamente, mas, num exame mais atento, a guerra deu lugar à "operação policial – de Los Angeles a Granada, de Mogadíscio a Sarajevo"[27]. Como demonstração da superação do imperialismo, valemo-nos de uma categoria (operação policial internacional) que certamente também pode ser encontrada em Angell, mas que deve sua fama principalmente a Theodore Roosevelt, um dos mais apaixonados e brutais defensores que o imperialismo já teve!

A invasão norte-americana de Granada em outubro de 1983 também está incluída na categoria de "operação policial". Não foi especificado qual crime

---

[24] Ibidem, p.161 e 16.
[25] Ibidem, p 160-1.
[26] Ibidem, p. 179-80.
[27] Ibidem, p. 180.

a pequena ilha teria cometido e que teria exigido a intervenção da polícia internacional. Sabe-se, no entanto, que a operação *Urgent Fury* [Fúria Urgente] (objeto de ampla condenação também por países de comprovada lealdade atlântica) foi decidida pelos Estados Unidos de Ronald Reagan para evitar o surgimento no Caribe de uma nova Cuba (ainda que de pequeno porte), para reafirmar a doutrina Monroe e permitir que os Estados Unidos finalmente se livrassem da "síndrome do Vietnã". Portanto, uma intervenção militar é transfigurada por Hardt e Negri em operação policial internacional que permitiu a um presidente dos Estados Unidos particularmente belicoso (ou beligerante) dar nova legitimidade a uma das guerras coloniais mais sangrentas da história contemporânea. Não se trata de um simples acidente, mas da consequência um tanto inevitável do recurso à utopia realizada: as guerras coloniais se transfiguram em empreendimentos de uma ordem internacional que já incorpora a ideia e a realidade da paz. É a dialética já vista em Angell.

Como em *Grande illusione*, também em *Império* o embelezamento do colonialismo se dá com um olhar voltado não só ao presente, mas também ao passado. *Império* fala de "colonialismo" e "imperialismo" apenas em relação à história da Europa (e especialmente da Europa continental), com a exclusão explícita dos Estados Unidos. Aqui, então, está a celebração total de Wilson e de sua "ideologia pacifista internacionalista", muito distante da "ideologia imperialista de marca europeia"[28]! Dessa forma, torna-se milagrosamente um líder da paz um presidente que, além de ter promovido a participação de seu país na Primeira Guerra Mundial como uma "guerra santa, a mais sagrada de todas as guerras"[29], é o protagonista de uma longa série de guerras coloniais, ou melhor, de intervenções militares na América Latina em nome da doutrina Monroe. É a história dos Estados Unidos como um todo tomando conhecimento de uma transfiguração ofuscante:

> O que era a democracia americana senão uma democracia fundada no êxodo, em valores afirmativos e não dialéticos, no pluralismo e na liberdade? Esses mesmos valores – com a ideia da nova fronteira – não alimentavam continuamente o movimento expansivo de sua fundação democrática, para além das abstrações de nação, etnia e religião? [...] Quando Hannah Arendt escrevia que a Revolução Americana era superior à francesa, uma vez que a Revolução Americana deveria ser entendida como uma busca sem fim pela liberdade política, enquanto a Revo-

---

[28] Ibidem, p. 166-7.
[29] Ver Domenico Losurdo, *Il revisionismo storico*, cit., cap. 3, tópico 2.

lução Francesa havia sido uma luta limitada em torno da escassez e da desigualdade, ela exaltava um ideal de liberdade que os europeus haviam perdido, mas reterritorializavam nos Estados Unidos.[30]

Como sabemos, Angell contrasta apologeticamente a "colonização" pacífica do Novo Mundo pelos anglo-saxões com a ruinosa conquista imposta por Espanha e Portugal. De fato, Hardt e Negri seguem esse caminho, com uma atitude ainda mais insustentável à luz da trágica lição de história transmitida pelo Terceiro Reich. Sim, *Império* acaba apagando e retirando dois dos capítulos mais infames da longa história do colonialismo (a escravização dos negros e a expropriação, deportação e dizimação dos ameríndios), os dois capítulos que não por acaso inspiraram o nazismo: aos olhos de Hitler, os "indígenas" da Europa oriental eram, por um lado, os peles-vermelhas a serem expropriados, deportados e dizimados, por outro lado, os sobreviventes eram os negros destinados a trabalhar como escravos a serviço da autointitulada raça dos senhores.

8.4. O "internacionalismo liberal" como um "novo internacionalismo"

O papel aqui atribuído ao "xerife internacional" está em evidente contradição com a ordem que veio à luz no fim da Segunda Guerra Mundial, que afirma o princípio da igualdade entre as nações e seu igual direito à soberania nacional, reservando exclusivamente ao Conselho de Segurança da ONU o direito de promover intervenções em defesa da paz e da legalidade internacional. Os neoconservadores estadunidenses estão bem cientes dessa contradição e propõem explicitamente resolvê-la em favor do "xerife internacional" e das relações de poder vigentes nos anos imediatamente posteriores ao fim da Guerra Fria: ao lidar com ditadores perigosos, é preciso saber "deixar de lado os vínculos institucionais e legais", sem hesitar em "colidir com as tradições do direito internacional e com o Conselho de Segurança da ONU". É bom acabar com as hesitações e as dúvidas: "a história e a ética" não podem deixar de "prevalecer sobre os princípios tradicionais do direito internacional"[31].

---

[30] Michael Hardt e Antonio Negri, cit., p. 352-3.
[31] Robert Kagan, *American Power and the Crisis of Legitimacy* (2004), [ed. it.: *Il diritto di fare la guerra. Il potere americano e la crisi di legittimità*, trad. Sergio Giuliese, Milão, Mondadori, 2004, p. 41 e 25].

Se "história" se refere à avassaladora superioridade militar adquirida pelos Estados Unidos no fim da Guerra Fria, "ética" se refere a valores considerados universais. A justaposição dos dois termos ("história" e "ética") é singular, aliás é um oxímoro. Tendo a noção do problema, quando se preocupam em dar a si mesmos uma imagem refinada, os neoconservadores evitam fazer referência explícita ao primeiro termo (relações de poder) para insistir no segundo: "a busca do bem moral e da justiça" tem prioridade absoluta e não conhece fronteiras; não se deve deixar impedir pela "aplicação demasiado rígida dos princípios do direito internacional"[32].

Contra a "abordagem legalista", contra a visão "formal e legalista" do direito internacional, é necessário afirmar o "internacionalismo liberal", ou seja, aquilo que o próprio primeiro-ministro britânico (Tony Blair), por ocasião da guerra contra a Iugoslávia, definiu como "novo internacionalismo"[33]. O protagonista e, de fato, a encarnação do "novo internacionalismo" só pode ser a "América liberal e revolucionária", a América que "sempre foi uma força revolucionária" e sempre se recusou a colocar limites a sua missão libertadora:

> Por natureza, tradição e ideologia, eles [os Estados Unidos] sempre estiveram inclinados a promover os princípios liberais, desprezando as sutilezas do sistema vestfaliano [...] Desde a geração dos pais fundadores, os americanos consideram as tiranias estrangeiras transitórias, destinadas a desmoronar diante das forças republicanas libertadas pela própria Revolução Americana.[34]

É um motivo recorrente da cruzada neoconservadora: em vez de se deixar brecar pelo respeito fetichista às fronteiras estatais e nacionais próprias do sistema vestfaliano, pelos tradicionais "vínculos institucionais e legais", os Estados Unidos são chamados a "agir de forma a beneficiar toda a humanidade". Deve-se ter em mente que "não há uma linha clara de demarcação entre política interna e externa"[35]. O questionamento ou o cancelamento da linha de demarcação entre política interna e externa é uma revolução (ou uma contrarrevolução), que na verdade envolve a liquidação do direito internacional vigente. Mas tudo isso não deveria ser motivo de surpresa: "durante a maior parte dos últimos três

---

[32] Ibidem, p. 33 e 25.
[33] Ibidem, p. 47, 34 e 37.
[34] Ibidem, p. 41, 38-9.
[35] Ibidem, p. 41, 58 e 56.

séculos, os americanos se consideraram a vanguarda de uma revolução liberal mundial"[36]. Precisamente por isso, os Estados Unidos nunca aderiram realmente ao princípio vestfaliano de respeito à soberania nacional. Por exemplo:

> Os americanos nunca tiveram a intenção de aceitar a legitimidade da União Soviética e procuraram constantemente provocar seu colapso por dentro e por fora, até mesmo colocando em risco a estabilidade mundial. Um "império do mal" não pode ter qualquer legitimidade ou direito inviolável como nação soberana.[37]

Como justificativa e, aliás, celebração dessa atitude, o neoconservadorismo desenvolve uma filosofia da história com base na qual o liberalismo e o "internacionalismo liberal" (primeiro inglês e depois estadunidense) sempre teriam considerado o princípio do respeito pela soberania do Estado como uma intolerável camisa de força:

> Como Edmund Burke escreveu após os horrores da Revolução Francesa, "não pode haver ideia mais deletéria do que aquela em que o mal, a violência e a opressão passam a prevalecer em um país, em que a mais abominável, criminosa e exterminadora das rebeliões pode enfurecê-lo, ou em que a mais atroz e sangrenta das tiranias pode dominá-lo, e em que nenhum poder próximo pode tomar conhecimento de tudo isso, ou ajudar as miseráveis vítimas". Os britânicos deveriam ser os últimos a defender o princípio da não intervenção, continua Burke, já que a Inglaterra deve "suas Leis e suas Liberdades... exatamente ao princípio oposto". [E assim,] como a Inglaterra de Burke, a América deve sua existência, suas "Leis e Liberdades", ao princípio da interferência.[38]

Todos terão de se adaptar ou se curvar a esse "internacionalismo" radical e intransigente, incluindo aliados relutantes, que hesitam em colocar a Organização das Nações Unidas completamente fora de ação: "Os europeus não poderão ignorar para sempre a perspectiva americana de um mundo mais humano, embora neste momento pareçam mais preocupados em consolidar a ordem jurídica internacional"[39].

---

[36] Ibidem, p. 55.
[37] Ibidem, p. 39.
[38] Ibidem, p. 34-5 e 38.
[39] Ibidem, p. 60.

Quanto aos Estados Unidos, certamente não podem renunciar à tradição que os acompanha, muito menos fazê-lo na situação extraordinariamente favorável surgida no fim da Guerra Fria e que lhes permite pôr em prática com relativa facilidade o internacionalismo sempre buscado: não é permitido livrar-se das "responsabilidades que o destino colocou sobre nossos ombros". É necessário, portanto, pôr mãos à obra: "um dos principais objetivos da política externa estadunidense deveria ser provocar uma mudança de regime nas nações hostis: em Bagdá e Belgrado, em Pyongyang e Pequim" e em outros lugares. Não são poucos os países na mira do xerife chamado a garantir a ordem e a paz internacionais. Claro, convém adaptar-se às circunstâncias:

> Nem todas as mudanças de regime podem ou devem ser alcançadas por meio de intervenção militar. As táticas para buscar uma estratégia de mudança de regime devem variar de acordo com as circunstâncias. Em alguns casos, a melhor política pode ser o apoio de grupos rebeldes, seguindo as linhas da Doutrina Reagan aplicadas na Nicarágua e em outros lugares. Em alguns casos, pode significar o apoio a grupos dissidentes com operações oficiais ou clandestinas, e/ou sanções econômicas e isolamento diplomático. Essas táticas podem ou não ter sucesso imediato e devem ser ajustadas conforme as circunstâncias mudam. Mas o objetivo da política externa dos EUA deve ser claro. Quando se trata de lidar com regimes tirânicos, especialmente aqueles que têm o poder de prejudicar a nós ou nossos aliados, os Estados Unidos não devem buscar a convivência, mas a transformação.[40]

8.5. A "REVOLUÇÃO NEOCONSERVADORA" NOS PASSOS DE TRÓTSKI E CLOOTS?

A revolução neoconservadora tem uma ambição planetária e não se sente obrigada a respeitar nem o direito internacional em vigor nem a soberania estatal de cada país: de que obrigação poder-se-ia falar uma vez enunciado o princípio segundo o qual "não existe uma linha de demarcação clara entre política interna e externa"? Como sabemos, Trótski não se expressava de modo muito diferente quando assumiu o cargo de comissário do povo para Relações Exteriores: "Farei

---

[40] Robert Kagan e William Kristol, "Il pericolo odierno", em Jim Lobe e Adele Oliveri (orgs.), *I nuovi rivoluzionari: il pensiero dei neoconservatori americani* (Milão, Feltrinelli, 2003), p. 55 e 58.

algumas proclamações revolucionárias aos povos do mundo, depois fecharei o estabelecimento". Por seu internacionalismo exaltado, que olha com desdém para as fronteiras estatais e nacionais e ridiculariza explicitamente o "sistema vestfaliano", a revolução neoconservadora tem sido muitas vezes comparada àquela imaginada e propagada por Trótski na sua época. Aliás, às vezes apontou-se que por trás de alguns dos líderes do neoconservadorismo estadunidense há uma militância trotskista, cujo ideal de exportar a revolução socialista perseguida na juventude seria substituído, na maturidade ou maturidade tardia, pelo ideal de exportar a revolução liberal e democrática; tudo sempre sob a bandeira de um internacionalismo que não tem intenção nenhuma de se curvar respeitosamente diante de fronteiras artificiais e, de toda forma, irrelevantes.

Para que faça sentido, a comparação entre as diferentes formas de internacionalismo exaltado deveria levar em consideração também aquilo que surgiu na onda do entusiasmo suscitado pela virada de 1789: pensemos na tese de Cloots, segundo a qual a revolução ou a humanidade libertada graças à revolução "não conhece nenhum estrangeiro"; ou pensemos na tentação sentida pelo primeiro Fichte de unir a espécie humana em "um só corpo" graças também à exportação da revolução. Os três casos comparados aqui são, no entanto, diferentes um do outro. Cloots e Fichte teorizam a irrelevância das fronteiras estatais e nacionais quando a França ainda não é a potência que domina a Europa continental de maneira incontestável. Quando isso ocorre (após o triunfo de Napoleão), o primeiro já está morto e o segundo, sem renunciar aos ideais que professava e até mesmo em nome da paz perpétua, convoca uma revolta contra Napoleão e a *pax imperial* napoleônica. Quanto a Trótski, seus adversários o censuram por um internacionalismo abstrato que, ignorando o equilíbrio de poder em âmbito mundial, põe em risco a sobrevivência do país resultante da Revolução de Outubro, que ele também afirma querer defender; por outro lado, Trótski se engaja em uma luta política implacável contra a União Soviética de Stálin também porque o acusa de ter traído o internacionalismo. Em outras palavras, o internacionalismo professado por Cloots, Fichte e Trótski não se identifica permanentemente com um país específico e muito menos com um país que exerce uma hegemonia planetária. Aos olhos da revolução neoconservadora, no entanto, a causa do internacionalismo identifica-se sempre e sem exceção com a causa dos Estados Unidos e do poder indiscutível do "xerife internacional".

Voltemos mais uma vez ao julgamento de Engels sobre a Revolução Francesa: a paz perpétua inicialmente prometida se transforma com Napoleão em intermináveis guerras de conquista; é uma transformação que amadurece ao final de um processo complexo, contraditório e combatido por aqueles mesmos (por exemplo, o primeiro Fichte) que inicialmente acolheram a exportação da revolução. Pelo contrário, a revolução neoconservadora estadunidense é caracterizada desde o início pelo napoleonismo. A paz que declara querer prosseguir é inequivocamente uma espécie de *pax napoleonica,* fundada na dominação e nas guerras incessantes que se impõem para defendê-la e consolidá-la.

Portanto, é com Napoleão, e aliás com Napoleão já imperador, que se pode comparar o xerife internacional chamado pelos neoconservadores a ser o garante supremo da paz e da ordem internacional. Mesmo com as atuais operações de mudança de regime, recomendadas pelos neoconservadores de forma descarada e em violação ao desprezado sistema vestfaliano, pode-se encontrar analogias na Europa no início do século XIX. Leiamos a carta datada de 15 de novembro de 1807 enviada por Napoleão a seu irmão Gerolamo, a quem ele designou como rei do recém-criado reino da Vestfália, um Estado formalmente independente, mas na verdade vassalo do Império Francês:

> Caro irmão, aqui você encontrará a Constituição de seu Reino [...] O seu Reino deve gozar de uma liberdade, de uma igualdade, de um bem-estar desconhecidos de todos os outros povos da Alemanha. De uma forma ou de outra, tal governo liberal deverá produzir as mais salutares transformações para a política da Confederação do Reno e para o poder do seu reino [...] Os povos da Alemanha, da França, da Itália e da Espanha desejam igualdade e ideias esclarecidas. Eu, que há muitos anos tenho os assuntos da Europa em minhas mãos, tive muitas vezes a oportunidade de me convencer de que os murmúrios dos privilegiados estão em contradição com a opinião do povo. Seja um rei constitucional! Você deve sê-lo por sabedoria política, se isso já não fosse imposto pela razão e pelo espírito iluminado do seu século. Assim, alcançará grande poder na opinião pública e uma superioridade natural sobre seus vizinhos, que são todos príncipes absolutos.[41]

Não são poucas as chamadas revoluções coloridas ou golpes de Estado (sob a bandeira da mudança de regime), promovidas pelos neoconservadores, incitando uma ideologia que sugere a luta contra os governos "absolutistas" e a defesa dos princípios "liberais" também invocados por Napoleão, que

---

[41] Citado em Eckart Kleßmann, *Deutschland unter Napoleon in Augenzeugenberichten* (Munique, DTV, 1976), p. 277-8.

levaram ao poder ou a posições de poder pessoas que foram treinadas nos Estados Unidos, que mantiveram relações estreitas com os círculos dominantes estadunidenses e que falam inglês perfeitamente. E novamente somos levados a pensar na prática do imperador francês de confiar o governo dos países conquistados de tempos em tempos a familiares ou a generais de sua confiança.

Poucos meses depois da carta que acabamos de ler, em 16 de julho de 1808, Napoleão envia outra a seu irmão Gerolamo, que é abruptamente chamado à ordem: o reino de Vestfália deve fornecer uma contribuição mais substancial para o financiamento das guerras e do aparato militar do império[42]. Escusado será dizer que os governantes que chegaram ao poder graças aos golpes de Estado da revolução neoconservadora contribuíram para as guerras do império fornecendo recursos materiais e/ou sendo usados como "bucha de canhão".

Não só o internacionalismo ou o universalismo da revolução neoconservadora têm desde o início um caráter imperial, mas andam de mãos dadas com um nacionalismo exaltado e declarado:

> A história da América é uma história de expansão territorial e influência que é tudo menos inconsciente. A ambição de desempenhar um papel de liderança no cenário mundial está profundamente enraizada no caráter americano. Desde a independência, senão antes, os americanos, mesmo discordando em muitas coisas, compartilhavam a fé no grandioso destino de sua nação.[43]

E ainda:

> Os Estados Unidos sempre foram extremamente zelosos de sua própria soberania, mas durante a Guerra Fria, e ao longo de sua história, estavam muito menos preocupados em respeitar a inviolabilidade da soberania de outras nações.[44]

A absoluta primazia moral e política dos Estados Unidos é proclamada não apenas em oposição ao Terceiro Mundo e a países de certa forma estranhos ao

---

[42] Citado em ibidem, p. 304-306.
[43] Robert Kagan, *Of Paradise and Power* (2003) [ed. it.: *Paradiso e potere: America ed Europa nel nuovo ordine mondiale*, trad. Carla Lazzari, Milão, Mondadori, 2003, p. 97; ed. bras.: *Do paraíso e do poder: os Estados Unidos e a Europa na nova ordem mundial*, trad. Jussara Simões, Rio de Janeiro, Rocco, 2003].
[44] Idem, *American Power and the Crisis of Legitimacy*, cit., [ed. it.: *Il diritto di fare la guerra*, cit., p. 38].

Ocidente, mas também a países ocidentais culpados de às vezes assumir posições indesejadas por Washington: para os neoconservadores, não faz sentido confiar o destino da paz e da ordem internacional à ONU e, portanto, a "países como Síria, Camarões, Angola, Rússia, China e França"[45].

Claro, os neoconservadores asseguram que, ao contrário de todos os outros, por algum tipo de milagre inexplicável, o nacionalismo estadunidense seria intrinsecamente universalista: de fato, "ao contrário do europeu, não se baseia em sangue e pátria, é uma ideologia universalista para manter os cidadãos unidos", que, não por acaso, como sabemos, desde o início se considera "a vanguarda de uma revolução liberal mundial". Na realidade, o raciocínio poderia ser facilmente invertido: por muito, muito tempo, os negros, mesmo os teoricamente livres, não foram considerados cidadãos dos Estados Unidos; uma consideração semelhante poderia ser feita sobre os ameríndios. E, portanto, na república norte-americana, por um longo período, o "sangue" desempenhou um papel essencial e até decisivo.

Mesmo que queiramos abstrair os povos de origem colonial, o fato de os conservadores deterem a suposta primazia dos Estados Unidos é fundamentado em termos fortemente naturalistas.

Vale a pena reler duas das declarações de Kagan vistas anteriormente: "Por natureza, tradição e ideologia, eles [os Estados Unidos] sempre estiveram inclinados a promover os princípios liberais" e a "revolução liberal mundial". E ainda: "A ambição de desempenhar um papel de liderança no cenário mundial está profundamente enraizada no caráter americano". É preciso resignar-se à eterna liderança estadunidense: seria difícil e perigoso desafiar a "natureza" e o "caráter americano". No entanto, uma pergunta permanece sem resposta: como essa "natureza" liberal pôde levar à expropriação, deportação e dizimação de nativos, à escravização de negros e a um regime de supremacia branca que ainda não havia desaparecido completamente mesmo nos dias de Martin Luther King? Como demonstração do caráter universalista do nacionalismo estadunidense, referimo-nos a Theodore Roosevelt[46], o campeão do imperialismo e do racismo!

---

[45] Richard Perle, "United They Fall" (2003), em Jim Lobe e Adele Oliveri, *I nuovi revoluzionari*, cit., p. 102.

[46] Robert Kagan e William Kristol, "Il pericolo odierno", cit., p. 61-2.

8.6. "Revolução neoconservadora" ou contrarrevolução neocolonial?

Os neoconservadores não se cansam de apresentar-se como a força revolucionária irrefreável e indomável que expressa a alma profunda do país revolucionário por excelência, aquele que desde a sua fundação está empenhado em promover e fazer triunfar a "revolução liberal mundial", sem se deixar impressionar ou impedir por fronteiras estatais e nacionais. Diante desses pressupostos, entende-se bem a resposta dada àqueles que expressam críticas ou reservas ao programa de guerra (preventiva e, se necessário, sem autorização do Conselho de Segurança): "A doutrina Bush [filho], assim como é, simplesmente tirou a poeira e trouxe à luz a tradição da América liberal e revolucionária". Se no passado colidiu com os "conservadores europeus como Metternich", hoje a América - que, como sabemos, "sempre foi uma força revolucionária" - deve contar tanto com as "forças conservadoras do mundo islâmico" quanto com os "europeus" que, cansados das mudanças radicais em seu continente, "buscam estabilidade e previsibilidade no mundo futuro"[47].

A linguagem enfaticamente revolucionária não é apenas uma expressão pretensiosa: um programa tão radical que, em nome da democracia e da paz, teoriza e pratica a liquidação do direito internacional vigente, na verdade precisa de uma legitimidade "revolucionária". E, no entanto, convém questionar a validade dessa legitimidade. Ao apresentar sua ambiciosa agenda, os neoconservadores gostam de ter como ponto de partida o processo que levou à fundação dos Estados Unidos. Caso contrário, no grande quadro que se desenha e que abrange quase dois séculos e meio de história mundial, salta aos olhos uma ausência: não há espaço para a revolução anticolonial. Sim, comemora-se o nascimento da república norte-americana; expressa-se aversão pelos "horrores" da Revolução Francesa e, mais ainda, da Revolução de Outubro; fala-se das duas guerras mundiais e da Guerra Fria, em contraposição às quais se sublinha que o triunfo da causa da paz anda de mãos dadas com o triunfo da "revolução liberal mundial" promovida pelo "xerife internacional" residente em Washington; mas nada, absolutamente nada se diz da convulsão épica que levou ao fim os impérios coloniais clássicos e da profunda crise do próprio domínio neocolonial.

---

[47] Robert Kagan, *American Power and the Crisis of Legitimacy*, cit. [ed. it.: *Il diritto di fare la guerra*, cit., p. 39-41].

Olhando mais de perto, mais do que um silêncio, trata-se de uma negação, e de uma negação que, embora silenciosa, é firme e determinada. Em primeiro lugar, a validade permanente da doutrina Monroe é tida como certa: "A hegemonia que a América conquistou no hemisfério ocidental no século XIX nunca deixou de ser uma característica de sua política internacional"[48].

O mesmo sistema colonial clássico está livre de qualquer crítica:

> Após a guerra, a Europa, não mais capaz de enviar forças ultramarinas suficientes para preservar seus impérios coloniais na Ásia, na África e no Oriente Médio, foi forçada a uma retirada maciça após mais de cinco séculos de dominação: foi talvez, em termos de influência planetária, o recuo mais significativo de toda a história. Não havia se passado ainda dez anos após o início da Guerra Fria quando os europeus cederam tanto as posses coloniais quanto as responsabilidades estratégicas na Ásia e no Oriente Médio aos Estados Unidos. Algumas vezes o fizeram espontaneamente, outras, como no caso da crise de Suez, sob pressão americana.[49]

Os Estados Unidos como herdeiros das "possessões coloniais" e, em última análise, dos "impérios coloniais" europeus como tais? Os neoconservadores não têm dificuldade em reconhecer isso: ao contrário, parece ser motivo de orgulho [...].

8.7. Da "paz definitiva" de Wilson à zombaria da "paz perpétua" de Kant

Se a "paz definitiva" teorizada por Wilson de olho na doutrina Monroe corresponde ao momento inicial da passagem do Império Britânico ao Império Americano e da *pax britannica* à *pax americana*, a Nova Ordem Mundial e, sobretudo, o "xerife internacional" (chamado pelos neoconservadores a impor a legalidade e a ordem no mundo) referem-se ao triunfo (ou triunfo cobiçado) do Império Americano, que realiza as tarefas de governo mundial atribuídas por Rhodes ao Império Britânico de sua época.

Os neoconservadores apreciam o internacionalismo armado e o apelo de Wilson para acabar com os regimes despóticos, identificados e rotulados como

---

[48] Idem, *Of Paradise and Power*, cit., [ed. it.: *Paradiso e potere*, cit., p. 96].
[49] Ibidem, p. 17-8.

fonte de desordem, de violência nas relações internacionais e de guerras. Em outras palavras, apreciam a visão brilhantemente resumida por Popper com seu *slogan*: "Não devemos ter medo de travar guerras pela paz". É claro que, nesse meio-tempo, interveio uma novidade: o adensamento e o prolongamento das "guerras pela paz", que se revelaram muito mais duras do que o esperado, estimularam a consciência de que a realização da "paz definitiva" ou da "Nova Ordem Mundial", isto é, da ordem garantida e controlada pelo "xerife internacional", passa pelo recurso recorrente e inescrupuloso à força das armas. São necessárias intervenções militares desafiadoras e dolorosas, que também podem ser apresentadas como operações policiais internacionais, mas que talvez devam ser francamente definidas como guerras, diante das quais em nenhum caso é legítimo tremer e recuar. Chamar a guerra pelo nome também tem suas vantagens, pode ajudar a conduzi-la com maior determinação e energia: é hora de acabar com eufemismos e proibições linguísticas que correm o risco de paralisar ou tornar mais hesitante o recurso às armas!

É nesse ponto que, visando em particular à recusa da França e da Alemanha em participar da segunda Guerra do Golfo, os neoconservadores estadunidenses começaram a zombar do kantismo exagerado e temeroso da "União Europeia"[50]. Em busca da "realização da 'paz perpétua' de Kant", os europeus perdem de vista o mundo histórico real com seus problemas que muitas vezes só podem ser resolvidos com o recurso a um aparato militar que deve estar sempre pronto e lubrificado. "Os americanos não acreditam que a realização do sonho kantiano esteja tão perto quanto pensam os europeus"[51]. Além dos europeus enfraquecidos e covardes, deve-se escarnecer o "paraíso pós-histórico", o "paraíso pós-moderno", o "paraíso kantiano" enquanto tal, que esquece a lição de Hobbes, "as regras do mundo hobbesiano", do mundo real que os dirigentes estadunidenses ou o "xerife internacional" vigiam e são chamados a vigiar constantemente e com armas na mão[52].

No entanto, a notícia mais relevante é outra. Ao apontar a derrubada dos regimes despóticos como pré-requisito para o estabelecimento da "paz definitiva", Wilson propunha a fundação de uma organização internacional (a Liga das Nações) chamada a garantir o cumprimento da legalidade internacional.

---

[50] Idem, *American Power and the Crisis of Legitimacy*, cit. [ed. it.: *Il diritto di fare la guerra*, cit., p. 37].

[51] Idem, *Of Paradise and Power*, cit. [ed. it.: *Paradiso e potere*, cit., p. 3 e 102].

[52] Ibidem, p. 3, 84 e 112.

O próprio Bush pai legitimava a primeira Guerra do Golfo também se referindo às "12 resoluções das Nações Unidas" violadas pelo Iraque de Saddam Hussein. Com a revolução neoconservadora, o quadro muda radicalmente. Em primeiro lugar, deve ser considerado o desprezo reservado ao Conselho de Segurança da ONU:

> Concebido pelos Estados Unidos para conceder às cinco "grandes potências" do pós-guerra a autoridade exclusiva para decidir o que é legítimo e o que não é na ação internacional, o Conselho é um pálido simulacro de uma genuína ordem multilateral. Hoje, dessas cinco "grandes potências", resta apenas uma: a América.[53]

A imagem traçada aqui está um pouco envelhecida. No âmbito militar, o equilíbrio de poder entre os países-membros do Conselho de Segurança é menos desequilibrado hoje do que no passado. No entanto, o desprezo reservado à ONU baseia-se numa filosofia da história que não prevê mudanças e não tolera dúvidas. É a certeza que os fundadores já tinham

> da absoluta superioridade dos princípios e ideais fundadores dos Estados Unidos, não apenas em relação às corruptas monarquias europeias dos séculos XVIII e XIX, mas também em relação aos ideais e princípios de nações e governos ao longo da história. Que o experimento americano tinha um valor excepcional foi demonstrado pelo aperfeiçoamento permanente das instituições internas e pela influência cada vez mais ampla que os Estados Unidos exercem no mundo. Os americanos, portanto, sempre foram internacionalistas, mas esse internacionalismo sempre foi derivado do nacionalismo. Todas as vezes que buscaram legitimidade para suas ações no exterior, não a encontraram em nenhuma instituição supranacional, mas em seus próprios princípios. Isso explica por que sempre foi fácil para muitos americanos acreditar, assim como é ainda hoje, que ao favorecer os próprios interesses, eles favorecem os da humanidade. "A causa da América", disse Benjamin Franklin, "é a causa de toda a humanidade".[54]

O quadro histórico aqui delineado, que implicitamente considera irrelevante o tratamento reservado aos nativos e aos negros, é inteiramente imaginário. Os Estados Unidos sempre foram um modelo para o Ocidente e para o mundo

---

[53] Ibidem, p. 45.
[54] Ibidem, p. 98-99.

inteiro? Escrevendo alguns anos após a fundação do novo Estado, um abolicionista britânico, John Wesley, observava que a "escravidão americana" era "a mais vil que já apareceu sobre a terra", aquela que realizava a desumanização e reificação do escravo. Meio século depois, Victor Schoelcher, que após a revolução de fevereiro de 1848 será o protagonista da abolição definitiva da escravidão nas colônias francesas, ao fim de uma viagem aos Estados Unidos denunciava: "Não há crueldade das eras mais bárbaras pelas quais os estados escravistas da América do Norte não tenham sido responsáveis". No fim do século XIX, enquanto chegava ao fim a tragédia dos ameríndios, um descendente dos legalistas refugiados no Canadá na época da fundação da república norte-americana lembrava que havia seguido uma política exterminacionista em relação aos ameríndios que "não tem precedentes nos anais de uma nação civilizada". Por fim, chegamos aos dias atuais. Um eminente historiador estadunidense (George M. Fredrickson) escreveu: "Os esforços para preservar a 'pureza da raça' no Sul dos Estados Unidos antecipavam alguns aspectos da perseguição desencadeada pelo regime nazista contra os judeus na década de 1930". Mesmo querendo desconsiderar a questão colonial, em meados do século XIX o próprio Tocqueville expressava sua preocupação e decepção com o persistente "espírito de conquista e até de roubo" que os Estados Unidos estavam demonstrando.

Se seu quadro histórico é inteiramente imaginário, muito grosseira é a filosofia que leva Kagan a considerar autêntico e admirável o "internacionalismo" estadunidense, que "sempre foi um derivado do nacionalismo"! Elevar determinada nação a encarnação da universalidade é, por definição, sinônimo de etnocentrismo exaltado ou "empirismo absoluto" (na linguagem de Hegel).

Enfim, afirmar a "superioridade absoluta" de uma nação sobre outras significa inviabilizar um organismo internacional ou supranacional que, para sê-lo de modo autêntico, deve pressupor certa igualdade entre seus membros. Depois de partir do clássico problema enfrentado pelos vários projetos de paz perpétua (como é possível superar a anarquia das relações internacionais), a "revolução neoconservadora" leva à condenação incondicional das organizações internacionais e supranacionais que poderiam, se não superar, ao menos conter essa anarquia. Só há espaço para o que Kant chamava e rotulava de "monarquia universal".

8.8. O antagonismo removido entre "as duas democracias mais antigas"

A rivalidade bélica há muito caracteriza as relações entre aqueles países que amam autocelebrar-se, às vezes ainda hoje competindo um contra o outro como as democracias mais antigas do mundo. Sim, é hora de tratar do capítulo mais interessante e mais reprimido da história das guerras entre democracias. Refiro-me ao antagonismo entre os Estados Unidos e a Grã-Bretanha, que começa com a revolta dos colonos americanos rebeldes e prolonga-se por mais de um século. Sim, já na guerra de independência, que resultou na fundação dos Estados Unidos, duas democracias se opõem, sempre de acordo com a definição de Popper: em ambos os lados do Atlântico há um regime representativo e o Estado de direito (do qual, em ambos os casos, estão excluídos os povos coloniais ou de origem colonial). A guerra em questão aqui não é apenas ferrenha e leva alguns anos, mas, ao menos pelos estadunidenses, é conduzida com ódio furioso. A Declaração de Independência acusa George III de todo tipo de infâmia: o envio de "tropas mercenárias para completar a obra de morte, devastação e tirania, já iniciada em circunstâncias de crueldade e perfídia, sem paralelo na história dos mais bárbaros e completamente indigna do chefe de uma nação civil". Em termos semelhantes, Paine[55] denuncia a "barbárie britânica", "o poder bárbaro e infernal que incitou negros e indígenas a nos destruir". Em 1776, ano em que foi pronunciada essa terrível acusação, ao contrário da Inglaterra, onde se estabeleceu a monarquia constitucional, na Europa continental o despotismo monárquico era incontestável, mas o filósofo estadunidense fez questão de esclarecer: "A Europa [continental], e não a Inglaterra, é a pátria-mãe da América".

Se lermos então os sermões que ecoam dos púlpitos na América, nos deparamos com uma verdadeira fúria teológica: o governo de Londres é contado entre os "inimigos de Deus", enquanto os colonos rebeldes são celebrados e transfigurados em "os fiéis cristãos, os bons soldados de Jesus Cristo", chamados a cultivar "um espírito marcial" e "a arte da guerra", a fim de completar "a obra do Senhor" e liquidar os inimigos britânicos[56].

---

[55] T. Paine, "Common Sense" (1776), *Collected Writings* (org. Eric Foner, New York, The Library of America, 1995), p. 31, 35 e 23.

[56] Citado em Ellis Sandoz (org.), *Political Sermons of the American Founding Era – 1730-1805* (Indianápolis, Liberty Press, 1991), p. 623-4.

Talvez ainda mais reveladora seja a atitude secular de Hamilton. Ele nutre grande admiração pelas "formas de governo britânico", considerado "o melhor modelo já produzido pelo mundo"[57]. E, no entanto, apesar das semelhanças entre os dois países mais ou menos democráticos (no sentido já visto do termo), mesmo após a conclusão da guerra de independência, a Grã-Bretanha continua um inimigo a ser derrotado. O estadista estadunidense acusa a Europa, que gostaria de "proclamar-se Senhora do Mundo" e tende a "considerar o restante da humanidade como tendo sido criado para seu próprio e exclusivo benefício". É uma reivindicação que deve ser vigorosamente combatida: "Cabe a nós vingar a honra do gênero humano e ensinar aos irmãos arrogantes o caminho da moderação".

Mais cedo ou mais tarde será a nova União que estará "em condições de ditar os termos das relações entre o Velho e o Novo Mundo"[58]. Ainda que os inimigos sejam genericamente identificados na Europa e no Velho Mundo, a referência é em particular à Inglaterra que, nesse momento, em 1787, após a derrota sofrida pela França na Guerra dos Sete Anos, é a única grande potência imperial.

Jefferson é mais explícito. O "império pela liberdade", que ele augurava e que deveria se tornar o maior e mais glorioso "da Criação até hoje", pressupõe a derrota e a derrocada do Império Britânico, ao qual, entretanto, "numa próxima guerra", o Canadá poderia ser subtraído.

A guerra aqui invocada eclode alguns anos depois e dura de 1812 a 1815. Quando estava chegando ao fim, em uma carta a madame de Staël datada de 24 de maio de 1813, Jefferson expressou a opinião de que a Grã-Bretanha não é menos despótica que Napoleão; além disso, se este levará consigo "sua tirania" para o túmulo, quem quer impor seu domínio absoluto sobre os mares é uma "nação" inteira, e é essa nação que constitui "um insulto ao intelecto humano"[59]. Tal é a fúria ideológica, que o estadista estadunidense, em uma carta de novembro de 1814, chega a declarar:

---

[57] Citado em Samuel E. Morison, *Sources and Documents Illustring the American Revolution and the Formation of the Federal Constitution 1764-1788* (1923) (2. ed., Oxford, Clarendon Press, 1953), p. 259.

[58] Alexander Hamilton, *Writings* (org. Joanne B. Freeman, Nova York, The Library of America), p. 208 [ed. bras.: *O federalista: pensamento político*, trad. Ricardo Rodrigues Gama, 2. ed. rev., Campinas, Russell, 2005].

[59] Thomas Jefferson, *Writings* (org. Merrill D. Peterson, Nova York, The Library of America, 1984), p. 1.272-73.

> O nosso inimigo sente verdadeiramente a consolação que Satanás teve ao expulsar os nossos antepassados do paraíso: de uma nação pacífica e agrícola que éramos, transforma-nos numa nação dedicada às armas e à indústria manufatureira.[60]

Ao ouvir a notícia do fim das hostilidades, em carta a La Fayette de fevereiro de 1815, Jefferson escreve que se trata de um "simples armistício"; tão radical é o antagonismo, não só de interesses, mas também de princípios, que os dois países estão de fato engajados em uma "guerra eterna" (*eternal war*), que pode terminar ou está destinada a terminar com o "extermínio (*extermination*) de uma ou outra parte"[61]. Tal é a fúria da guerra entre as duas democracias mais antigas que chega a estimular, em um democrata fervoroso como Jefferson, a ideia ou a tentação do aniquilamento total do inimigo, ele mesmo democrático.

Com a eclosão da Guerra Civil em 1861, a tensão entre as duas margens do Atlântico volta a agravar-se: empurrada pelos círculos "liberais", decidida a apoiar a livre escolha dos estados do Sul, a Grã-Bretanha sente-se tentada a intervir a favor da Confederação Secessionista. Nas palavras de Marx:

> Não foi a sabedoria das classes dominantes, mas a heroica resistência das classes trabalhadoras da Inglaterra à sua insensatez que salvou a Europa ocidental de mergulhar em uma infame cruzada pela perpetuação e propagação da escravidão do outro lado do Atlântico.[62]

Nos Estados Unidos, a hostilidade em relação à pátria-mãe não diminuiu nas décadas seguintes.

Em 1889, Rudyard Kipling notou com decepção que em São Francisco a celebração do 4 de julho, ou seja, do Dia da Independência, é ocasião para discursos oficiais que trovejam contra o que se denomina "nosso inimigo natural", representado pela Grã-Bretanha e sua "cadeia de fortalezas pelo mundo"[63].

---

[60] Ibidem, p. 1.357.
[61] Ibidem, p. 1.366.
[62] Karl Marx e Friedrich Engels, *Werke*, v. 16 (Berlim, Dietz, 1955-89), p. 14 [ed. bras.: *A guerra civil dos Estados Unidos*, trad. Luiz Felipe Brandão Osório e Murillo van der Laan, São Paulo, Boitempo, 2022, p. 360].
[63] Citado em Thomas F. Gosset, *Race: The History of an Idea in America* (1963) (Nova York, Schocken Books, 1965), p. 322.

E contra o "inimigo natural" a guerra parece estar prestes a explodir alguns anos depois. Entre 1895 e 1896, devido à controversa delimitação das fronteiras entre a Venezuela e a Guiana Inglesa e a intransigência com que Washington impõe a doutrina Monroe, eclode uma grave crise que ameaça transformar-se numa guerra entre os Estados Unidos e a Grã-Bretanha. É uma eventualidade encarada com entusiasmo e até fervor pelo outro lado do Atlântico. Em uma série de cartas ao senador Henry Cabot Lodge, Theodore Roosevelt proclama: "Se for necessária, que venha a luta. Não me importo se nossas cidades costeiras forem bombardeadas ou não; tomaremos o Canadá". E logo depois: "As cambalhotas de banqueiros, corretores e anglomaníacos são infinitamente humilhantes [...] Pessoalmente, espero que a luta chegue logo. O clamor da facção da paz me convenceu de que este país precisa de uma guerra". Os hesitantes e conciliadores revelam-se na verdade animados pelo "servilismo em relação à Inglaterra"; pior, "no nível intelectual, ainda estão em um estado de dependência colonial da Inglaterra"[64]. A disputa vai muito além das fronteiras da Venezuela. Já alguns meses antes (março de 1895) o destinatário das cartas de Theodore Roosevelt havia advertido:

> A Inglaterra instalou fortalezas nas Índias Ocidentais que são uma ameaça constante à nossa costa atlântica. Entre essas ilhas precisamos de pelo menos uma base naval forte e, quando o canal da Nicarágua for construído, a ilha de Cuba, ainda escassamente povoada e de fertilidade quase ilimitada, tornar-se-á uma necessidade para nós.[65]

O controle do Caribe estava em jogo, e a Grã-Bretanha deveria ser total e permanentemente expulsa do hemisfério ocidental.

A partilha do ideal democrático liberal e a semelhança das instituições políticas não impediam o surgimento do conflito. Aliás, ao enviar ao governo de Londres uma nota ameaçando guerra e declarando que sob a doutrina Monroe "os Estados Unidos são praticamente soberanos neste continente", o subsecretário de Estado Richard Olney, em fevereiro de 1895, assim motivava sua postura rígida: as repúblicas da América Latina eram, "por sua proximidade geográfica, por sua propensão natural, pela analogia das instituições políticas,

---

[64] Theodore Roosevelt, *The Strenuous Life: Essays and Adresses*, v. 1 (Nova York, The Century, 1951), p. 500-6.
[65] Em Walter Millis, *The Martial Spirit* (1931) (Chicago, Elephant Paperbacks, 1989), p. 27.

amigas e aliadas dos Estados Unidos"[66]. Enfatize-se: no que dizia respeito às "instituições políticas", os Estados Unidos sentiam-se mais próximos dos países da América Latina, que na época dificilmente poderiam ser considerados democráticos, do que de sua antiga pátria-mãe, com a qual as relações continuavam a ser marcadas pela hostilidade: sim, "durante grande parte do século XIX, os Estados Unidos pensaram seriamente em conquistar o Canadá" por meio de uma guerra contra a Grã-Bretanha[67].

Não foi a democracia, nem a semelhança linguística e o parentesco étnico que mais tarde aliviou a hostilidade entre os dois países de língua inglesa. Não, para aproximar os dois antigos inimigos naturais foi necessária a ascensão impetuosa de um novo império de dimensões ou ambições tendencialmente mundiais, aquele que a Alemanha, depois de ter conquistado a hegemonia na Europa continental, se preparava para edificar. É nessa constelação geopolítica que o projeto anglo-americano de um condomínio mundial começava a despontar nos dois lados do Atlântico. Um projeto que suscitava algum eco também em Cecil Rhodes, que, no entanto, parecia temer mais os Estados Unidos do que a Alemanha de Guilherme II. Sim, uma guerra comercial e talvez algo mais sério podia eclodir entre a Grã-Bretanha e os Estados Unidos: "No futuro, teremos problemas com os americanos, os americanos são o maior perigo para nós"[68]. É uma declaração de 1899; no entanto, na primeira metade do século XX, o perigo representado pelo Segundo e o Terceiro Reich acabou por sobrepujar todos os outros.

E, no entanto, mesmo durante as duas guerras mundiais, a rivalidade entre os dois impérios ou entre as duas democracias imperiais continuava a manifestar-se. O presidente Wilson, dos Estados Unidos, promovia a intervenção de seu país na Primeira Guerra Mundial com um duplo objetivo: tirar a Alemanha da corrida pela hegemonia mundial e forçar o aliado britânico a uma condição de subordinação[69]. Mesmo entre as duas guerras, os Estados Unidos "continuaram a considerar a Grã-Bretanha o oponente mais provável". O plano de

---

[66] Citado em Alberto Aquarone, *Le origini dell'imperialismo americano: da McKinley a Taft* (1897-1913) (Bolonha, Il Mulino, 1973), p. 29.

[67] John J. Mearsheimer, *The Tragedy of Great Power Politics* (2001) (ed. rev., Nova York/ Londres, Norton, 2014), p. 366.

[68] Citado em Thomas J. Noer, *Briton, Boer, and Yankee: The United States and South Africa 1870-1914* (Kent, The Kent State University Press, 1978), p. 33.

[69] Ver Domenico Losurdo, *Un mondo senza guerre*, cit., cap. 9, tópico 1.

guerra preparado por eles em 1930 e assinado pelo general Douglas MacArthur contemplava inclusive o uso de armas químicas[70]. Com a chegada de Hitler ao poder e a evidência de seu expansionismo voraz, a situação geopolítica experimentou uma nova mudança. Mas não se deve esquecer que a ajuda prestada por Franklin Delano Roosevelt à Grã-Bretanha, naquele momento à beira de ser esmagada pelo Terceiro Reich e, portanto, com água na altura do pescoço, tinha como condição a renúncia substancial do governo de Londres em favor do império que os Estados Unidos estavam de fato preparando-se para herdar.

8.9. O império, os vassalos e os bárbaros

Tentemos agora analisar os conflitos do presente à luz do critério enunciado por Clausewitz (e Lênin). Qual é a "política" pela qual devemos começar? Já conhecemos os gritos de alegria lançados ao final da Guerra Fria pelos campeões e partidários da Nova Ordem Mundial: o "Terceiro Mundo" havia sofrido uma derrota; apesar da "descolonização" formal, o Ocidente continuava desfrutando de uma posição mais "dominante" do que nunca; o poder mundial e "a administração da justiça internacional" estavam firmemente "nas mãos de um número relativamente pequeno de poderosas nações ocidentais". Também estamos cientes da advertência contra o afrouxamento da "vigilância imperial" e contra o abandono precipitado do "jardim de infância" constituído pelo mundo colonial; assim como não ignoramos o apelo ao Ocidente para realizar e completar a *pax civilitatis* de forma soberana, sem hesitar em "fazer guerras pela paz" ou mesmo "operações policiais internacionais" em todos os cantos do mundo. Os mais corajosos ou os mais descarados foram mais longe: por que não reconhecer abertamente os méritos históricos e a relevância benéfica do colonialismo e do imperialismo?

Nesse ponto surge uma pergunta: existe ainda uma questão colonial no mundo em que vivemos? Para tentar entender o que acontece na Palestina, damos a palavra a um professor da Universidade Hebraica de Jerusalém, autor de um ensaio que é ao mesmo tempo um testemunho doloroso, publicado em uma prestigiosa revista estadunidense: a colonização e anexação das terras expropriadas dos palestinos com uso da força militar continuam ininterruptas. Aqueles que se atrevem a protestar "são tratados com severidade, às vezes presos

---

[70] Christopher Coker, *The Improbable War: China, The United States and the Continuing Logic of Great Power Conflict* (Oxford, University Press, 2015), p. 92-3.

por um longo período de tempo, às vezes mortos no decorrer das manifestações". Tudo isso faz parte de "uma campanha maliciosa destinada a tornar a vida dos palestinos o mais miserável possível [...], na esperança de que eles sumam". Trata-se de uma ação de limpeza étnica, embora diluída no tempo. De modo geral, estamos lidando com uma "etnocracia", isto é, em última análise, um Estado racial[71]. As relações aqui descritas remetem à história do colonialismo clássico: os nativos são oprimidos, sistematicamente expropriados, marginalizados, humilhados e, se necessário, mortos.

Embora sintomática da atitude tomada pelo Ocidente como um todo, as modalidades da tragédia do povo palestino são hoje uma exceção, não a regra. A situação internacional surgida após o fim da Guerra Fria fica clara a partir da análise desenvolvida por um ilustre político e estrategista estadunidense. No plano militar, não há dúvida: apenas os Estados Unidos tinham "um Exército tecnologicamente inigualável, o único capaz de controlar todo o planeta"[72]. Pode-se acrescentar: eles são o único país que aspira a alcançar a capacidade de infligir um primeiro ataque nuclear impunemente e, assim, exercem um terrível poder de chantagem sobre o resto do mundo. Como se tudo isso não bastasse, os Estados Unidos têm uma impressionante e ampla rede de bases militares terrestres e navais que lhes permite controlar e, se necessário, atacar todos os cantos do mundo.

O referido autor não tem dificuldade em comparar o atual Império Americano com o Império Romano, cuja extensão – orgulha-se em assinalar – era "certamente menor". Por definição, um império não se baseia em relações de igualdade. Após uma inspeção mais detalhada, os supostos aliados de Washington revelam-se Estados "vassalos e tributários" ou mesmo "protetorados": isso vale tanto para a "Europa ocidental" e a "Europa central" como para o Japão. Em uma posição ainda mais subordinada temos as "colônias" (ou semicolônias)[73].

Vejamos agora o que acontece em âmbito financeiro, sempre contando com o mesmo notável analista:

> Mesmo a rede internacional de agências técnicas, especialmente financeiras, já pode ser considerada parte integrante do sistema americano. O Fundo Monetário

---

[71] David Shulman, "Israel in Peril", *The New York Review of Books*, 7 jun. 2012.
[72] Zbigniew K. Brzezinski, cit. [ed. it.: *La grande scacchiera*, cit., p. 33 e 35].
[73] Ibidem, p. 19-20, 40 e 84.

Internacional (FMI) e o Banco Mundial, embora representem interesses "globais", são na verdade fortemente influenciados pelos Estados Unidos.[74]

Enfim, o país que tem essa preeminência política, militar e financeira não hesita em apresentar-se como a "nação indispensável", a "nação escolhida" por Deus, a nação "excepcional" por excelência: uma orgulhosa autoconsciência imperial que nenhum dos "vassalos e tributários", "colônias" ou "semicolônias" ousa questionar. É também por essa razão que os Estados Unidos, como qualquer império que se preze, tendem a estender sua jurisdição muito além das fronteiras nacionais: para dar um exemplo, os bancos europeus podem ser forçados a pagar multas muito pesadas por não respeitar suficientemente as leis estadunidenses que impõem embargo contra este ou aquele país!

No passado, assim como no presente, fora deste organismo internacional poderoso e hierarquicamente organizado que é o Império, agitam-se os rebeldes, os "bárbaros", que de alguma forma, mais cedo ou mais tarde, devem ser submetidos ou reduzidos à impotência. Do ponto de vista do Império Americano hodierno, os "bárbaros" por excelência são a Rússia e a China, dois países que, por sua dimensão, história e cultura, não pretendem submeter-se à vassalagem, muito menos à servidão colonial ou semicolonial. Como se comportar diante deles? No fim dos anos 1990, a Rússia, recuperada da derrota sofrida na Guerra Fria, parecia um "Estado em decadência", ainda mais enfraquecido e humilhado pela "catástrofe geopolítica" da separação da Ucrânia, ainda ameaçada pelo irredentismo islâmico, "do qual a guerra com a Chechênia foi talvez simplesmente o primeiro exemplo". A situação era ainda mais perigosa pelo fato de a secessão parecer claramente apoiada por um país-membro da Otan, isto é, a Turquia, interessada em "restabelecer a antiga influência perdida sobre a região" e que reforçou o seu papel "na região do mar Negro". Agravando ainda mais a fragilidade geopolítica da Rússia, ocorreram "manobras navais e de desembarque conjuntas da Otan e da Ucrânia" e a progressiva "expansão da Otan". "Muitos democratas russos"[75] também acabaram ficando preocupados. E com razão: "uma ameaça à sobrevivência da nação russa" estava começando a surgir (para usar as palavras de Kissinger).

---

[74] Ibidem, p. 40-1.
[75] Ibidem, p. 121, 127, 129 e 139.

8.10. O IDEAL DA PAZ PERPÉTUA NA ESCOLA DO REALISMO POLÍTICO

O processo de aprendizagem interrompido ou emperrado pela Primeira Guerra Mundial recomeça com dificuldade nos anos e décadas seguintes, e é preciso reconectar-se a ele para purificar o ideal de paz perpétua de toda abstração e ingenuidade. Não basta aprender com a tradição de pensamento que cultivou esse ideal. Se desempenha um papel relevante na Revolução Francesa e ainda mais na Revolução de Outubro, o ideal de paz perpétua está substancialmente ausente nas duas revoluções inglesas (do século XVII) e na Revolução Americana (do século XVIII): a homenagem pouco convincente prestada por Washington ao motivo bíblico da transformação das espadas em arados, quando a guerra da independência já havia terminado, não desempenha um papel político real.

De modo geral, o ideal de paz perpétua está em grande parte ausente da tradição liberal. A "renúncia" à guerra pode ser considerada um limite, pode ser lida como sinônimo de rendição ao sistema existente e à *Realpolitik*, mas não se deve perder de vista o outro lado da moeda, que é a lição do realismo político implícito nessa "resignação": não é possível ignorar a contribuição que pode derivar de autores como Hamilton e Tocqueville para o esclarecimento do problema em discussão. Em outras palavras, repensar o ideal de paz perpétua passa pelo enfrentamento da tradição liberal. Mas isso não é suficiente. É ainda mais importante refletir sobre o conturbado processo de amadurecimento pelo qual necessariamente passa uma grande ideia que tende à sua realização; é necessário analisar as dolorosas experiências históricas (o desencantamento, a decepção, a indignação pelo descumprimento das promessas feitas pelas Revoluções de 1789 e 1917) pelas quais o ideal da paz perpétua passou e de certa forma não poderia deixar de passar. Temos, assim, duas fontes para o processo de aprendizagem relacionado ao repensar que esse ideal impõe. Ambas foram usadas neste livro. Vamos agora tentar tirar algumas conclusões, respondendo a alguns dos problemas mais importantes surgidos no decorrer de minha reconstrução.

a) Devemos pensar na vitória da causa da paz como a unificação de toda a humanidade em um organismo que conhece apenas indivíduos singulares e nenhuma outra distinção e articulação?

Obviamente, nada nos impede de pensar que em um futuro muito remoto as identidades nacionais e as fronteiras estatais desaparecerão, que toda a humanidade se unificará orgânica e irrevogavelmente. No entanto, é necessário um equilíbrio histórico: já vimos Fichte afirmar que "a missão de nossa espécie é unir-se em um só corpo" e iludir-se de que essa missão estava a ponto de se cumprir já em seu tempo, mais de dois séculos atrás; também vimos um contemporâneo do grande filósofo, o revolucionário franco-alemão Cloots, saudar com entusiasmo o alvorecer da "república universal", da "República dos Indivíduos Unidos" universal, do "Estado dos Indivíduos Unidos" abrangendo todo o planeta, que a seus olhos estava surgindo.

Visões e ilusões semelhantes se espalharam depois de 1917, na esteira da revolução que eclodiu contra a Primeira Guerra Mundial. Não se trata apenas de observar o caráter não dialético de uma universalidade que conhece apenas os indivíduos e exclui qualquer outra articulação; sobretudo é preciso estar atento à dialética perversa pela qual um internacionalismo ou universalismo exaltado, que perde de vista as identidades e peculiaridades nacionais e sua persistente e sólida objetividade social, facilmente se transforma em um chauvinismo igualmente exaltado, que transfigura os atos de força, agressão e opressão realizados pela potência ou superpotência mais poderosa e ameaçadora como passos no caminho para a criação da "república universal" ou do "corpo único" da humanidade. É preciso refletir, em particular, sobre o que está acontecendo hoje: os ideólogos neoconservadores, ou aqueles subalternos ao neoconservadorismo, empenhados em legitimar as recorrentes guerras neocoloniais, referem-se a um suposto Estado mundial em vias de se concretizar.

Por um período histórico muito longo e, em última análise, durante o futuro realisticamente previsível – e é a esse futuro que a política e a ética da responsabilidade devem se referir –, a humanidade continuará a ser caracterizada pela persistência de diferentes Estados e nações (com culturas diferentes e interesses diversos e por vezes divergentes). Isso não significa que o atual quadro internacional esteja destinado a permanecer inalterado. É possível que surjam novas nações; por outro lado, podemos conjecturar uma integração entre países mais ou menos homogêneos, como resultado de um longo e cansativo processo (e ainda exposto à possibilidade de fracasso). É a perspectiva que presidiu o nascimento e desenvolvimento da União Europeia; mas mesmo que ela acabasse se tornando um único Estado federal e se processos semelhantes ocorressem e fossem coroados de sucesso em outras partes do mundo (por exemplo, na América Latina), não desapareceria o problema da relação entre os diferentes Estados e nações (com culturas diferentes e interesses diversos e às vezes divergentes). Trata-se de um problema que historicamente não foi apagado pelo processo de unificação nacional em países como Itália e Alemanha e não seria apagado pelo possível surgimento de Estados de maiores dimensões.

b) Como, então, pode ser assegurada uma paz estável entre diferentes Estados e nações?

A esperança, cara em particular a Kant e Fichte, com base na qual a difusão generalizada da ordem resultante da derrubada do antigo regime feudal e absolutista teria arrancado de uma vez por todas as raízes da guerra, não é compartilhada por autores como Hamilton e Tocqueville. Já conhecemos o balanço histórico que eles traçaram: não há harmonia preestabelecida entre os Estados nos quais vige uma ordem liberal ou democrática. Mesmo entre eles, o conflito não só de interesses, mas também de paixões continua a se manifestar. Não desapareceram a "ganância" e os "desejos de aquisições injustas", de que fala Hamilton, nem o "espírito de conquista e mesmo de rapina", que aos olhos de Tocqueville caracteriza os Estados Unidos de meados do século XIX. Nem devemos perder de vista suas paixões: são os "impulsos de raiva, ressentimento, ciúme", destacados pelo autor estadunidense, ou os "motivos de ambição, rivalidade, ciúme, todas as más lembranças" e, sobretudo, excessivo "orgulho nacional" e "patriotismo irascível" que, segundo o liberal francês, longe de desaparecer com o advento das "instituições livres", podem até se tornar "mais vivos" por causa delas.

Essas considerações e advertências são válidas apenas para as revoluções burguesas? Vamos tentar fazer um balanço do que aconteceu com as revoluções socialistas. Voltemos mais uma vez à análise desenvolvida por Lênin em 1916 a partir da advertência de Engels contra a tentação que poderia surgir no "proletariado vitorioso" de impor a "felicidade" a outro povo. Sim – reitera o revolucionário russo –, "os interesses gananciosos, a tentativa de se apoiar nos ombros dos outros" podem sobreviver por algum tempo em um proletariado que também foi protagonista de uma revolução socialista e provocar a dura e legítima reação do país ou do povo a quem se tenta impor a felicidade, ou seja, a subordinação; e, no entanto, mais cedo ou mais tarde, a "política" (inclusive a internacional), acabará se adaptando à "economia", às novas relações socioeconômicas que acompanham o desaparecimento de um sistema – o capitalista – caracterizado pela busca do máximo lucro e pela exploração. Agora pulemos quarenta anos. Com o olhar voltado para o conflito que ocorreu primeiro entre a Iugoslávia e a Albânia e depois entre a Iugoslávia e a URSS (três países do "campo socialista"), o Partido Comunista Chinês (e Mao Tsé-Tung) alerta para um "fenômeno que não é peculiar a este ou àquele país", adverte contra "a tendência ao chauvinismo da grande nação" que, longe de desaparecer imediatamente com o regime burguês ou semifeudal derrotado, pode ainda encontrar mais alimento no "sentimento de superioridade" despertado pela vitória da revolução; para "superar" esta tendência, "são necessários constantes esforços"[76].

Se Lênin chama a atenção para os "interesses gananciosos", Mao nos convida a não perder de vista e a manter sob estrito controle as paixões, as paixões nacionais, o "chauvinismo da grande nação". Os "interesses gananciosos" são uma versão enfraquecida dos "desejos de aquisições injustas", ou do "espírito de conquista e mesmo de rapina" de que falam respectivamente Hamilton e Tocqueville; no entanto, uma vez que a base econômica tenha deixado de existir, segundo Lênin, eles estão destinados a desaparecer com relativa rapidez. Mais duradouro e mais tenaz parece ser o "chauvinismo da grande nação" que, aos olhos do líder revolucionário chinês, podia manifestar-se mesmo em um país pequeno como a Iugoslávia (ainda que contra um país ainda menor como a Albânia), e que lembra o excessivo "orgulho nacional" e o "patriotismo irascível" diagnosticados por Tocqueville em relação aos Estados Unidos e aos países democrático-burgueses.

c) Mesmo a partir dos balanços históricos elaborados por grandes protagonistas das revoluções de orientação socialista, depreende-se que, ainda que ocorra a superação do sistema capitalista-imperialista (o que também é essencial se quisermos levar a sério a luta contra a guerra), o caminho que conduz à realização de uma paz duradoura e generalizada continua a ser (pelo menos por algum tempo) incerto e problemático.

O fato é que – para usar as palavras de Hegel em *Princípios da Filosofia do Direito* (§ 322) – o Estado é uma "individualidade": na relação que um indivíduo, como "ser para si exclusivo", mantém com outros indivíduos, está implícita a possibilidade (a possibilidade, não a necessidade) de desacordo e conflito. A radical transformação político-social pode facilitar o entendimento entre os indivíduos e facilitar a solução do problema, sem eliminá-lo: isso vale para os indivíduos empíricos (daí a vacuidade do ideal da extinção do Estado), assim como é válido, no que diz respeito às relações internacionais, para aqueles indivíduos que são Estados e nações (daí o caráter ilusório e contraproducente de um "internacionalismo" ou "universalismo" que não respeita as peculiaridades estatais e nacionais). Claro, pode-se levantar a hipótese de que a superação do capitalismo-imperialismo anula a polarização econômico-social entre os diferentes países e varre as reivindicações do "excepcionalismo", reduzindo

---

[76] Comitê Central do Partido Comunista Chinês, "Sulla questione di Stalin", *Rapporti Sociali*, n. 33, abr. 2003 (originalmente publicado em *Renmin Ribao*, 13 set. 1963).

assim as razões de divergência de interesses e paixões e limitando o espaço de conflito. Em tais circunstâncias, a ONU deve ser capaz de desempenhar seu papel de mediação e promoção do entendimento entre as diversas "individualidades" estatais e nacionais com uma eficácia sem precedentes. No entanto, elas continuariam a existir por sabe-se lá quanto tempo e com eles continuaria a existir a possibilidade de conflito, embora progressivamente enfraquecida. Se a luta pela paz pode e deve dar resultados para o presente e para um futuro não muito distante, o objetivo da erradicação definitiva da guerra remete a uma perspectiva de longa, muito longa duração.

9. A NOVA ROTA DA SEDA E O DIÁLOGO ENTRE CIVILIZAÇÕES[1]

Por várias vezes, *One belt one road* [Um cinturão, uma rota] – a nova rota da seda projetada pela República Popular da China – foi comparada a uma espécie de Plano Marshall com características chinesas.

A comparação não poderia ser mais infeliz. Na época, o Plano Marshall marcou o início da Guerra Fria. A União Soviética e os países de orientação socialista foram confrontados com uma chantagem explícita: se não querem abrir mão da tecnologia, dos créditos e das trocas comerciais de que precisam urgentemente, "os soviéticos [devem] abrir suas economias aos investimentos ocidentais, seus mercados aos produtos ocidentais, suas cadernetas de poupança aos administradores ocidentais", devem "aceitar a penetração econômica e midiática" dos países que se preparam para estabelecer a Otan[2]. A chantagem é clara e explícita: ou integração subordinada ao mercado capitalista mundial ou condenação a uma política mais ou menos radical de *apartheid* tecnológico e embargo. É o próprio Truman quem fala assim do Plano Marshall, que dá um poderoso desenvolvimento à globalização entre as duas margens do Atlântico, como o reverso da moeda da política de "contenção"[3]. A globalização no âmbito do Ocidente andava de mãos dadas com a guerra econômica contra os seus inimigos. Era uma guerra econômica que atingia particularmente a República Popular da China. O governo Truman persegue um objetivo, assim esclarecido por um autor estadunidense que descreve com simpatia o papel de liderança desempenhado durante a Guerra Fria pela política de cerco e estrangulamento

---

[1] Texto apresentado no Fórum "Cina e UE: i nodi politici ed economici nell'orizzonte della 'nuova via della seta' e di una 'nuova mondializzazione'", Roma, 13 out. 2017.
[2] Stephen E. Ambrose, *Americans at War* (Jackson, University Press of Mississippi, 1997), p. 10.
[3] Ibidem, p. 10.

econômico implementada por Washington contra a República Popular da China: ela precisa "sofrer o flagelo" de "um padrão geral de vida próximo ou abaixo do nível de subsistência", é necessário conduzir um país com "necessidades desesperadas" para uma "situação econômica catastrófica", "rumo ao desastre" e ao "colapso"[4].

Ainda no início da década de 1960, um colaborador da administração Kennedy, nomeadamente Walt W. Rostow, vangloria-se do triunfo alcançado pelos Estados Unidos, que conseguiram atrasar o desenvolvimento econômico da China por pelo menos "algumas décadas"[5].

Se o Plano Marshall marcava o início da Guerra Fria, a nova Rota da Seda visa evitar o perigo de uma nova Guerra Fria que se avizinha no horizonte, impulsionando um desenvolvimento econômico generalizado (em particular do Terceiro Mundo) e promovendo uma nova e mais orgânica globalização, baseada não apenas nas trocas comerciais, mas também no diálogo entre as diferentes culturas. A essa perspectiva, os saudosos da Guerra Fria contrastam a diplomacia de valores; eles celebram os valores do Ocidente em oposição aos valores (ou desvalores) do mundo extraocidental. O resultado não é apenas um discurso maniqueísta, mas também essencialista, que fabula um Ocidente como a encarnação permanente do "individualismo" e dos princípios de liberdade e dignidade do indivíduo.

Contra essa mitologia, demos uma olhada na história real. Na Europa do Antigo Regime, em que a aristocracia hereditária exerce o poder, os iluministas olhavam com admiração e inveja para a China: nessa "sociedade confucionista", onde "a aprendizagem era a chave para progredir"[6], o concurso público era usado para selecionar os funcionários e, portanto, os critérios para desempenhar um papel preeminente, em vez da suposta nobreza de sangue, eram a "competição" e o mérito individual. Se não nos limitarmos a falar da comunidade branca, o resultado da comparação pode ser completamente inesperado: nos Estados Unidos há muito, muito tempo (e no Sul ainda em meados do século XX) o pertencimento racial era o critério decisivo para determinar o destino do indivíduo. A "competição" e o individualismo de-

---

[4] Shu Guang Zhang, *Economic Cold War: America's Embargo against China and the Sino-Soviet Alliance* (Stanford, Stanford University Press, 2001), p. 20-2, 25 e 27.

[5] Ibidem, p. 250.

[6] Henry Kissinger, *On China* (Nova York, The Penguin Press, 2011), p. 14 [ed. bras.: *Sobre a China*, trad.: Cássio de Arantes Leite, 5. reimpr., Rio de Janeiro, Objetiva, 2016].

sempenharam um papel mais importante na república norte-americana ou na China confucionista? Em vez de argumentar a favor de um lado ou de outro do dilema e deixar-se aprisionar pelo esquema tendencialmente fundamentalista do "choque de civilizações", é melhor afirmar o princípio da "circulação do pensamento" entre as diferentes culturas[7]: uma vez demolido o sistema colonial mundial (graças às revoluções anticoloniais e às lutas dos povos de origem colonial) e o Estado racial e o regime de supremacia branca nos Estados Unidos, pode ser que a "competição" e o individualismo tenham alcançado a plenitude no Ocidente. No entanto, um fato permanece: se por individualismo entendermos o reconhecimento da dignidade do indivíduo em sua universalidade, ele não pode ser pensado sem a contribuição representada pelo desafio de culturas e povos estranhos ao Ocidente e muitas vezes em conflito com ele.

Afinal, é preciso ter em mente a história da escravidão, que podemos reconstruir sumariamente aqui com base em um ilustre historiador (Niall Ferguson), que também é um propagandista declarado do sempiterno moral e político do Ocidente. Ele se expressa assim sobre a Revolução Estadunidense:

> A revolução mais bem-sucedida em nome da liberdade na história foi uma revolução realizada em grande medida por proprietários de escravos, e num momento em que o movimento pela abolição da escravidão já estava marchando dos dois lados do Atlântico.

E quais foram as consequências da revolução que levou à fundação dos Estados Unidos:

> Desde a Revolução Americana, a separação racial entre brancos e negros tornou-se mais rígida. Apesar de todos os seus méritos, a Constituição dos Estados Unidos institucionalizou essa separação, sancionando a legitimidade da escravidão, o pecado original da nova república.[8]

---

[7] Ver Domenico Losurdo, *Il linguaggio dell'Impero: Lessico dell'ideologia americana* (Roma/Bari, Laterza, 2007), cap. 2, tópico 13 [ed. bras.: *A linguagem do império: léxico da ideologia estadunidense*, trad. Jaime A. Clasen, São Paulo, Boitempo, 2010].

[8] Niall Ferguson, *Civilization: The West and the Rest* (Londres, Penguin Books, 2011), p. 128-9 [ed. bras.: *Civilização: Ocidente x Oriente*, trad. Janaína Marcoantonio, 1. reimpr., São Paulo, Planeta, 2012].

Mais uma vez, é delineado com absoluta clareza o outro lado da moeda da liberdade estadunidense, constituída não apenas pela expropriação, deportação e dizimação dos nativos, mas também pelo advento da escravidão, "a mais vil que já apareceu sobre a terra" (para citar o abolicionista inglês John Wesley), e sua consagração pela Constituição. É o surgimento de um verdadeiro Estado racial.

Não há dúvidas. A linha divisória que separa os brancos das raças consideradas inferiores é decididamente mais nítida no Norte do que no Sul. Não é por acaso que no Norte existiam regulamentações que criminalizavam a "miscigenação" (a contaminação sexual da raça branca com as outras), e que continuaram a existir por muito tempo após a abolição da escravidão negra:

> Até 1915, vinte e oito Estados mantinham essas regras, e dez deles chegaram a incluí-las em sua Constituição. Houve até uma tentativa, em dezembro de 1912, de emendar a Constituição Federal a fim de proibir "para sempre" os cruzamentos raciais (miscigenação).[9]

Aliás, no Sul dos Estados Unidos o Estado racial sobrevive ao colapso do Terceiro Reich: "ainda em 1967 [...] em dezesseis Estados vigoravam leis proibindo casamentos interraciais"[10].

O material empírico reportado pelo historiador está em total contradição com a conclusão proclamada pelo teórico da absoluta primazia moral e política do norte do continente americano (e do Ocidente como um todo). Nessa segunda investida, Ferguson contrasta a "desigualdade" vigente na América Latina com a igualdade das colônias inglesas e, posteriormente, dos Estados Unidos[11]. Mas é evidente que, no segundo caso, a relação entre brancos e "raças" de cor é caracterizada por uma desigualdade muito mais dura e tenaz! Aos olhos de Ferguson, "a Constituição de 1787" (que também lança as bases para a Guerra de Secessão) deve ser considerada "o documento mais extraordinário para a construção de instituições políticas que já existiu na história"[12]. Para os abolicionistas estadunidenses, por outro lado, tratava-se de um instrumento diabólico: ao sancionar a escravidão em sua forma mais abjeta e instituir uma desigualdade absoluta e insuperável entre as diferentes

---

[9] Ibidem, p. 135.
[10] Ibidem, p. 138.
[11] Ibidem, p. 119.
[12] Ibidem, p. 117.

raças, destruía-se a própria unidade do gênero humano outrora afirmada pelo cristianismo[13].

Passemos do valor da "igualdade" ao da liberdade. Também neste caso, o material empírico relatado pelo historiador é eloquente:

> Os escravos das plantações latino-americanas podiam obter a liberdade muito mais facilmente do que aqueles empregados nas plantações de tabaco da Virgínia. Na Bahia, metade dos escravos pagava por conta própria a sua alforria. Em 1872, no Brasil, três quartos dos negros e dos pardos gozavam de liberdade. Em Cuba e no México, um escravo podia até ter o preço de sua libertação fixado antecipadamente e pagar sua liberdade em prestações.[14]

Portanto, ao contrário do que acontece no Norte, a barreira que separa o escravo do gozo da liberdade não é intransponível. Essa é a reconstrução a que o historiador procede. Mas aqui intervém o ideólogo, reiterando que a América do Norte (parte integrante do Ocidente e, de fato, sua atual vanguarda) é que constitui a personificação da causa da liberdade. Nem todos os problemas resolveram-se com isso: a revolução em nome da liberdade mais bem-sucedida da história foi realizada em grande parte pelos senhores de escravos, e numa época em que o movimento para abolir a escravidão já estava em marcha em ambos os lados do Atlântico.

Trata-se de um "paradoxo"[15]. Mas o recurso a essa categoria ou a essa palavrinha certamente não é suficiente para dissipar a sombra macroscópica lançada sobre a liberdade estadunidense pelo destino reservado aos negros (e aos peles-vermelhas). Tanto mais que o "paradoxo" poderia assumir uma formulação diferente ou oposta: os proprietários de escravos (e os proprietários das terras roubadas dos indígenas via fraude e violência) são os protagonistas de uma revolta contra o governo de Londres que "paradoxalmente" agita a bandeira da liberdade! Se, como fica claro pela formulação de Ferguson, o "paradoxo" designa o aspecto secundário de uma trama sensacionalmente contraditória, o "paradoxo" está na realidade da violência perpetrada contra povos inteiros ou na ideologia com a qual essa realidade e essa

---

[13] Domenico Losurdo, *Controstoria del liberalismo* (Roma/Bari, Laterza, 2005), cap. 5, tópico 12 [ed. bras.: *Contra-história do liberalismo*, trad. Giovanni Semeraro, Aparecida, Ideias & Letras, 2006].

[14] Niall Ferguson, *Civilization*, cit., p. 131.

[15] Ibidem, p. 129.

violência são legitimadas? Mesmo querendo desconsiderar as "raças inferiores" para focar exclusivamente na comunidade branca, é ilógico apontar como corporificação da liberdade um país que, sancionando ou tolerando a proibição da miscigenação, intervinha na esfera mais íntima do indivíduo. Para que fique claro: não se trata de reverter o resultado do confronto com o norte do continente americano em favor do sul. Em vez disso, trata-se de destacar o fato de que o material empírico adotado pelo historiador britânico contradiz completamente a tese *apriorística* proclamada por ele; trata-se, sobretudo, de questionar radicalmente uma comparação entre diferentes sociedades e culturas, representadas de forma essencialista, que nivela arbitrariamente os aspectos contraditórios presentes em cada uma delas e deixa de lado a história e a geopolítica.

Depois de celebrar o norte em oposição ao sul do continente americano, Ferguson compara "*the West* [o Ocidente]" com "*the Rest* [o resto]", sempre para maior glória do primeiro e eterna vergonha do segundo.

A metodologia é aquela já conhecida; aliás, agora é ainda mais arbitrária. Fala-se de "*West*" em geral, mas não se faz menção alguma ao Terceiro Reich. Quem é comparado com "*the Rest*" é o Ocidente liberal. Resta o fato de que a Paz dos Cem Anos vai do fim das guerras napoleônicas até a eclosão da Primeira Guerra Mundial.

É nesse período que o liberalismo também alcança a vitória em âmbito político concreto nos países mais avançados da Europa continental. Há uma comprovação da tese aqui enunciada: assim como as instituições liberais surgidas a partir da inflexão de 1789 não sobreviveram aos impactos da Revolução Francesa, as instituições liberais que floresceram na Europa continental durante a Paz dos Cem Anos são esmagadas ou passam por uma crise dramática com a explosão da grande crise histórica da primeira metade do século XX; mesmo países que gozam de uma posição mais ou menos insular, como a Grã-Bretanha e os Estados Unidos, por vezes passam por um processo de desgaste, com um fortalecimento sem precedentes do Poder Executivo. A guerra e o estado de exceção não são condições favoráveis à afirmação do princípio da limitação do poder; e quanto mais devastadora e ameaçadora para a própria soberania nacional é a guerra, quanto mais agudo é o estado de exceção, mais reduzidas são as chances de sobrevivência do Estado de direito.

Portanto, colocar no mesmo patamar as grandes potências coloniais e os países que sofrem agressão ou ameaça de agressão é a expressão de uma colossal ingenuidade metodológica, quando não um cálculo em nome de uma cínica *Realpolitik*. São justamente as grandes potências que impossibilitam nos países agredidos o advento das instituições liberais, das quais pretendem ser os grandes campeões.

Na própria Constituição Federal dos Estados Unidos, que Ferguson celebra como modelo insuperável, está claramente escrito (seção 9) que "o privilégio do *habeas corpus*" pode ser "suspenso" quando, "em caso de rebelião ou invasão, a segurança pública assim o exigir".

Ferguson não leva isso em conta ao celebrar a primazia secular e total do Ocidente sobre a China. No entanto, mesmo nesse caso, a contrariá-lo estão, em primeiro lugar, os dados reportados por ele. Depois da catástrofe das guerras do ópio e da expedição punitiva contra os *boxers*, no início do século XX o grande país asiático apresentava-se como uma daquelas "entidades relativamente descentralizadas" que aos olhos de "muitos ocidentais" estavam "à beira de se desintegrar"[16]. A situação certamente não melhorou com o colapso da dinastia Manchu e o advento de uma república que via o Ocidente como modelo também em âmbito político: "É difícil exagerar a extensão da ruína da China na década de 1920". Também é necessário levar em conta alguns dados objetivos e de longa data: "além dos mais de 50 grupos étnicos e 11 famílias linguísticas ainda hoje reconhecidas, os dialetos locais eram incompreensíveis mesmo entre as aldeias"[17]. Era uma situação que só poderia ser enfrentada por um forte poder central, cuja emergência, no entanto, foi impossibilitada pelos conflitos entre senhores da guerra adversários. O Ocidente ao menos tentava favorecer o advento da democracia? Nada disso: "Os ingleses pareciam dispostos a fazer concessões em questões de extraterritorialidade, mas os proverbiais 'homens no local' continuaram a agir como se a China fosse uma mera extensão territorial do *raj* britânico"[18]. A ameaça de outro imperialismo também começava a delinear-se: "O Japão agora supunha que o Estado chinês estava à beira da desintegração"[19].

A fundação da República Popular da China, após uma luta épica pela libertação nacional, certamente não envolvia a superação imediata da situação de perigo. Para

---

[16] Niall Ferguson, *The War of the World: History's Age of Hatred* (Londres, Allen Lane, 2006) [ed. it.: *Ventesimo secolo: l'età della violenza*, trad. de Donatella Laddomada, Milão, Mondadori, 2008, p. 47-8; ed. bras.: *A guerra do mundo: a era de ódio na história*, São Paulo, Planeta, 2015].

[17] Ibidem, p. 290.

[18] Ibidem, p. 290-1.

[19] Ibidem, p. 284.

acabar com a Guerra da Coreia e dar uma lição memorável ao país que desafiava a hegemonia dos Estados Unidos na Ásia, o general estadunidense MacArthur propunha "que até cinquenta bombas atômicas fossem lançadas sobre cidades chinesas", e o autor dessa proposta, longe de estar isolado, desfilava em Nova York, saudado e aclamado, ao que parece, por "uma multidão de quase 7 milhões de pessoas. Foi um triunfo digno de um César"[20]. Que sentido faz culpar um país ameaçado de aniquilação nuclear pelo fracasso em implementar o Estado de direito nessa ocasião e também nos anos seguintes? O mesmo país de onde vinha a ameaça de aniquilação nuclear passava por um período cheio de turbulências institucionais: "O ano de 1951 foi talvez o único momento de sua história em que a república americana esteve perto de sofrer o destino da república romana" e cair sob o domínio de um "César" personificado pelo general MacArthur[21].

Na realidade, embora protegida pelo Atlântico e pelo Pacífico, cada vez que, com ou sem razão, se sentiu em perigo, a república norte-americana procedeu a um reforço mais ou menos drástico do Poder Executivo e a uma restrição mais ou menos severa da liberdade de associação e de expressão. Isso se aplica aos anos imediatamente posteriores à Revolução Francesa (quando seus seguidores em solo estadunidense são atingidos pelos *Alien and Sedition Acts* [Leis de Estrangeiros e Sedição]), a Guerra Civil, a Primeira Guerra Mundial, a Grande Depressão, a Segunda Guerra Mundial, a Guerra Fria. Mesmo hoje, o atentado de 11 de setembro de 2001 foi seguido pela abertura de um campo de concentração em Guantánamo, onde os detidos foram trancafiados sem julgamento, acusação específica e também sem levar em conta a tenra idade ou a idade avançada. No entanto, por mais horrível que seja, a ameaça terrorista é muito pequena se comparada à ameaça de invasão e ocupação militar, para não falar da ameaça de aniquilação nuclear.

É fácil compreender que, ao retratar "o resto do mundo" (*the Rest*) em termos tão negativos, Ferguson está mirando especificamente a China que, com sua rápida ascensão, ameaça a primazia econômica "do Ocidente" (*of the West*). Mas também nesse caso é notável o contraste entre uma descrição empírica multifacetada, por um lado, e uma conclusão ideológica (de caráter maniqueísta), por outro. Há algo que possa ser admirado na civilização milenar expressa pelo grande país asiático? Ao falar das viagens de exploração geográfica,

---

[20] Idem, *Colossus: The Rise and Fall of the American Empire* (2004) (Londres, Penguin Books, 2005), p. 90-1 [ed. bras.: *Colosso: ascensão e queda do império americano*, trad. Marcelo Musa Cavallari, São Paulo, Planeta, 2011].

[21] Ibidem, p. 88-9.

o historiador britânico contrasta o português (e ocidental) Vasco da Gama ao chinês Zheng He: no primeiro podemos ver "um traço de crueldade, mesmo de brutalidade real", que está em grande parte ausente no segundo[22]. Portanto: o que leva à anexação de continentes e territórios "descobertos" e à subjugação e mesmo à escravização e dizimação dos povos que os habitam parecem ser, em particular, as explorações geográficas do Ocidente. Vejamos agora o que acontece após a emancipação (parcial e às vezes apenas formal) dos escravos negros nas colônias europeias e nos Estados Unidos: "em 1900, um número semelhante de trabalhadores contratados indianos e chineses estava emigrando para plantações e minas de propriedade europeia [e na realidade também estadunidense] em condições de trabalho não muito diferentes da escravidão"[23]. Portanto, foram os ocidentais que escravizaram os chineses (e os indianos), não os chineses (e os indianos) que escravizaram os ocidentais.

À luz de tudo isso, quem desejasse atribuir ao Ocidente uma superioridade moral e política absoluta daria prova de falta de senso crítico e lógico e de hipocrisia moral. Exatamente oposta é a conclusão a que Ferguson chega: aos seus olhos seria um "relativismo" absurdo questionar a permanente primazia moral e política da civilização ocidental: "Nunca antes uma civilização exerceu um domínio comparável ao exercido pelo Ocidente sobre o resto do mundo", controlando em grande parte o planeta em âmbito militar e econômico[24]. Ou seja, independentemente das práticas horríveis a que muitas vezes recorreu, o expansionismo colonial é considerado prova da superioridade intrínseca e permanente do Ocidente; e a rejeição do "relativismo" configura-se como prostrar-se diante da lei do mais forte e do darwinismo social!

As próprias categorias a partir das quais a ideologia dominante desenvolve o confronto entre diferentes civilizações são muito problemáticas. Segundo Ferguson, a ascensão irresistível do Ocidente e sua primazia moral e política seriam explicadas, entre outras razões, pelo respeito escrupuloso do direito de propriedade. E, no entanto, vimos o historiador britânico reconhecer que o processo de desumanização completa do escravo negro ocorrido no norte do continente americano é resultado do desaparecimento de todos os limites ao exercício dos "*private property rights*" [direitos de propriedade privada], com

---

[22] Idem, *Civilization*, cit., p. 34.
[23] Idem, *The War of the World*, cit. [ed. it.: *Ventesimo secolo*, cit., p. 77; ed. bras.: *A guerra do mundo*, cit.].
[24] Idem *Civilization*, cit., p. 5.

a promoção da propriedade de gado humano. A segurança dos direitos de propriedade, de fato, não é sinônimo de respeito pela liberdade individual.

Longe de ser o lugar onde todos os indivíduos se encontram livremente como vendedores e compradores de mercadorias, o mercado liberal foi, durante séculos, um lugar de exclusão e desumanização.

Os ancestrais dos cidadãos negros de hoje eram mercadorias no passado, não compradores e vendedores autônomos. E durante séculos o mercado funcionou até como instrumento de terror: antes mesmo do chicote, para impor total obediência ao escravo, já se oferecia a ameaça de sua venda, como mercadoria comercializada separadamente dos demais membros da família, no mercado[25]. Durante muito tempo, os servos brancos contratados também foram vendidos e comprados no mercado, condenados assim a um destino não muito diferente daquele reservado aos escravos negros; e em nome do mercado, as coalizões operárias foram reprimidas e os direitos econômicos e sociais foram desrespeitados e negados, com a consequente mercantilização de aspectos essenciais da personalidade e da dignidade humana (saúde, educação etc.). Em casos extremos, o culto supersticioso do mercado selou grandes tragédias, como a que em 1847 viu o Reino Unido condenar uma imensa massa de indivíduos (irlandeses) à morte por fome.

Por outro lado, o Ocidente realmente se destacou por seu escrupuloso respeito aos direitos de propriedade?

Pode ser interessante ouvir a opinião de Marx a esse respeito:

> Eles [a burguesia e o Ocidente] são os defensores da propriedade, mas qual partido revolucionário já desencadeou revoluções agrárias tão radicais como as que ocorreram em Bengala, Madras e Bombaim? [...] Enquanto na Europa eles pregavam a inviolável santidade da dívida pública, na Índia não confiscavam os dividendos dos rajás que haviam investido suas economias nas ações da Companhia [das Índias Orientais]?[26]

E não se trata apenas de "propriedade do solo". Sete anos depois, no fim da Segunda Guerra do Ópio, as tropas anglo-francesas incendiaram o Palácio de Verão em Pequim, tomando posse de peças de inestimável valor que até hoje os saqueadores recusam-se a devolver.

---

[25] Walter Johnson, *Soul by Soul: Life Inside the Antebellum Slave Market* (Cambridge, Harvard University Press, 1999), p. 19 e 22-3.

[26] Karl Marx e Friedrich Engels, MEGA, v. I/12 (Berlim, Akademie Verlag, s. d.), p. 252.

Concentremo-nos agora exclusivamente no aspecto lógico do vínculo entre propriedade e liberdade estabelecido pelo historiador britânico. Depois de sublinhar os méritos da Constituição federal de 1787 por ter promovido *"a single market"* [o mercado único], o Estado de direito etc., ele continua:

> No fim das contas, tudo girava em torno da propriedade: e desse ponto de vista Washington era um desses homens determinados que obtiveram vantagens consideráveis com a Guerra da Independência [acumulando novas terras tomadas dos nativos]. Nada poderia ilustrar melhor a indissolubilidade do vínculo entre terra e liberdade que caracterizou a história dos Estados Unidos em seu início.
> Na América do Sul, os indígenas foram obrigados a trabalhar na terra; na América do Norte, eles a perderam.[27]

Mas essa observação é uma demonstração da tese cara ao historiador britânico ou é a sua refutação? Por um lado, a terra (tirada dos nativos) permite que a comunidade branca diminua o conflito social e consolide as instituições liberais; por outro, a terra originalmente possuída pelos nativos os consigna a um destino de expropriação, deportação e dizimação, ou seja, a um destino de total falta de liberdade e direitos.

Outro grupo de categorias ("competição", respeito à dignidade individual, individualismo) de que se vale a ideologia dominante, sempre para celebrar o Ocidente, é igualmente não meditado e irrefletido[28]. É justo sublinhar com Ferguson que a Europa alcançou o seu desenvolvimento econômico e tecnológico graças à "concorrência" travada não só entre os diferentes indivíduos, mas também entre os diferentes Estados em que ela, ao contrário da China, se dividiu. Mas há o outro lado da moeda: a frenética "competição" entre os vários Estados provocou a catástrofe das duas guerras mundiais, e é em reação a tudo isso que foi então promovido o processo de unificação europeia.

Mesmo se quisermos focar na competição entre indivíduos dentro de um único país, o resultado do confronto entre diferentes civilizações é muito mais problemático do que suspeita o historiador britânico.

Chegamos ao mesmo resultado problemático se compararmos áreas localizadas dentro de uma mesma civilização. No que diz respeito ao Ocidente: quem dá prova de maior "individualismo", a Europa – que instituiu o Estado

---

[27] Niall Ferguson, *Civilization*, cit., p. 118-9.
[28] Ibidem, p. 19 e seg.

social – ou os Estados Unidos – que o condenam principalmente como sinônimo de coletivismo insano? A resposta a essa pergunta está longe de ser óbvia, se ao termo "individualismo" atribuirmos o significado de preocupação com o destino do indivíduo concreto. De qualquer forma, independentemente da resposta, seria bom não perder de vista algumas circunstâncias materiais macroscópicas: no fim do século XIX, na Alemanha, Bismarck tentava impedir a temida revolução socialista com uma reforma que introduzia alguns elementos do Estado social; nesse mesmo período, do outro lado do Atlântico, o conflito social era desarmado de maneira diferente e o "Estado social" assumia a forma peculiar de apoio prestado pelo poder político aos colonos que se estabeleceram no extremo oeste, realizando o sonho americano em detrimento dos nativos.

São os anos em que, referindo-se à doutrina Monroe, reinterpretada e radicalizada, bem como à "emenda Platt", Theodore Roosevelt teorizava um "poder de polícia internacional" pertencente à "sociedade civilizada", como um todo, e aos Estados Unidos, no que dizia respeito à América Latina. Se um país se mostrasse incapaz de "agir com razoável eficiência e decência" e de garantir "no seu território o reino da paz e da justiça", a "sociedade civilizada" era obrigada a exercer o seu "poder de polícia internacional"[29]. Dada a desproporção de forças e o número muito reduzido de vítimas para as grandes potências "civilizadas", as guerras coloniais, ainda que muito sangrentas para a população local, poderiam facilmente ser rebatizadas como operações inofensivas e benéficas para restaurar a ordem. É o que acontece novamente hoje, em detrimento de países que não conseguiram acompanhar a revolução tecnológico-militar que está ocorrendo no Ocidente. As unidades de elite dos Estados Unidos e da Otan gostam de se apresentar como uma força policial internacional, mesmo que a comparação mais correta, se considerarmos o fim infligido a Saddam Hussein e a Gaddafi, por exemplo, seja com um pelotão de fuzilamento.

E se mesmo lançando mão de um poderoso aparato militar e de uma sofisticada tecnologia de guerra às vezes somos forçados a falar de guerra, apressamo-nos em esclarecer que se trata de uma "guerra humanitária": o adjetivo neutraliza amplamente o substantivo. Mas também nesse caso os elementos de continuidade com a tradição colonial clássica chamam a atenção.

O expansionismo colonial faz constantemente campanha de sua pretensão de espalhar a civilização e o Estado de direito entre os bárbaros.

---

[29] Citado em Jean-Pierre Martin e Daniel. Royot (orgs.), *Histoire et civilisation des Etats-Unis: textes et documents commentés du XVIIe siècle à nos jours* (Paris, Nathan, 1989), p. 179.

Hobson, o liberal de esquerda inglês lido e apreciado por Lênin, bem o sabia: "O imperialismo, essa coisinha sórdida, consegue se disfarçar aos olhos de todos [...] Vocês se surpreendem que as forças egoístas que comandam o imperialismo usem as cores protetoras de movimentos desinteressados?". Os líderes das potências coloniais e das grandes indústrias se apresentam como líderes da luta contra "as crueldades dos senhores de escravos africanos" ou contra outras infâmias: "eles simples e instintivamente apegam-se a todo sentimento elevado, forte e sincero que lhes sirva, exibem-no e alimentam-no até que um fervor seja criado em torno dele, e então usam-no para seus próprios fins". Leopoldo II da Bélgica adorava exibir sua preocupação com o Congo: "Nosso único programa é o da regeneração moral e material do país"[30]. No entanto, o resultado dessa "regeneração", como se sabe, foi o genocídio.

O motivo humanitário está presente nas mais diversas tradições culturais, e também não é alheio ao imperialismo alemão.

No fim da Primeira Guerra Mundial, um interessante debate se desenvolveu na Alemanha, no qual Max von Baden (que se tornou chanceler do Reich na última fase do império guilhermino) foi o protagonista:

> Para que o imperialismo alemão resista às tempestades da democracia e à sua demanda por uma melhoria no mundo, deve dar a si mesmo uma base ética [...] Agora podemos facilmente incluir os objetivos da humanidade em nosso programa [...], estamos na feliz situação de poder escrever o pensamento do direito em nossas bandeiras [...] O direito está conosco.

Enquanto isso, com Brest-Litovsk, o Segundo Reich havia conquistado um enorme espaço colonial a leste, e eis o esclarecimento de um general acerca dos objetivos dessa expansão: "O objetivo de nossa política oriental não é agir com violência contra os Estados menores, mas garantir a liberdade e a ordem desses Estados"; tratava-se de perseguir "finalidades humanas universais"[31].

O agitar da bandeira humanitária também não é alheio ao fascismo. Ao desencadear sua guerra de extermínio contra a Etiópia, depois de ter rotulado o negus Haile Selassie de carrasco e "mercador de escravos", Mussolini posava

---

[30] John Atkinson Hobson, *Imperialism: A Study* (1902; 3. ed. 1938) [ed. it.: *L'imperialismo*, trad. Luca Meldolesi, Milão, Isedi, 1974, p. 168-9].

[31] Citado em Reinhard Opitz (org.), *Europastrategien des deutschen Kapitals 1900-1945* (Colônia, Pahl-Rugenstein, 1977), p. 436-50.

como defensor da causa da libertação dos infelizes escravos vítimas da opressão. Deve-se acrescentar que, de fato, alguma forma de escravidão subsistia na Etiópia, mas muito menos bárbara do que aquela introduzida pelo Duce.

Uma consideração mais geral pode ser feita. Hoje em dia, exalta-se o *páthos* dos "valores" de que os Estados Unidos e a União Europeia se valem, ora em conjunto, ora em competição mútua. Ao examinarmos mais atentamente as intervenções dos líderes políticos e ideólogos ocidentais, não é possível separar os "valores" dos "interesses". Aliás, nos últimos tempos, os "interesses e valores americanos" parecem ter se tornado o estandarte da política externa estadunidense. Iluminador nesse sentido é o discurso da então secretária de Estado, Hillary Clinton, em novembro de 2011, que com o olhar voltado para a China e com o objetivo de "contê-la", anuncia o "pivô" em direção ao Pacífico: devemos "garantir nossos interesses e fazer avançar nossos valores". "Nossos valores" quer dizer valores estadunidenses ou universais? Para uma espécie de harmonia preestabelecida, há total coincidência entre os dois adjetivos. Isso já é um milagre, mas intervém ainda um segundo milagre, ou uma segunda harmonia é preestabelecida, desta vez entre "interesses econômicos e estratégicos americanos", de um lado, e valores (estadunidenses e universais), de outro. Entre os "interesses econômicos e estratégicos americanos" estão a conquista de "novos mercados para as empresas americanas" e, sobretudo, a manutenção da "liderança americana" no novo século.

Essa dupla harmonia preestabelecida também caracteriza o discurso de Obama em 21 de janeiro de 2013, na posse de seu segundo mandato presidencial. Depois de prestar a habitual homenagem aos "nossos valores", que "a nação mais poderosa do mundo" é chamada a exaltar "graças à força das armas e ao Estado de direito", ele prossegue: "os nossos interesses e a nossa consciência nos obrigam a agir em favor daqueles que aspiram à liberdade".

E mais uma vez se faz sentir a presença da tradição colonial. Pensemos particularmente em Cecil Rhodes, que resumiu a filosofia do Império Britânico do qual foi propagandista: "filantropia + 5%"[32] – onde "filantropia" é sinônimo de valores e direitos humanos universais e o percentual de 5% indica os interesses concretos da burguesia capitalista inglesa, os lucros que ela obtinha ou pretendia alcançar com as conquistas coloniais e o hastear da bandeira dos valores e direitos humanos universais.

---

[32] Basil Williams, *Cecil Rhodes* (Londres, Constable and Company Ltd., 1921), p. 51-2.

Mas aqui é melhor focar no século XX. Já na década de 1920, relações de troca e colaboração foram estabelecidas entre a Ku Klux Klan e os círculos de extrema direita alemães sob a bandeira do racismo antinegro e antijudaico. A partir dessa constatação, uma estudiosa estadunidense de hoje acredita poder concluir: "Se a Grande Depressão não tivesse atingido a Alemanha com a força que atingiu, o nacional-socialismo poderia ser tratado como a Ku Klux Klan às vezes é tratada: como uma curiosidade histórica, cujo destino já estava selado"[33]. Ou seja, mais do que a diferente história ideológica e política, o diferente contexto econômico explicaria o fracasso do império invisível nos Estados Unidos e o advento do Terceiro Reich na Alemanha. Pode ser que essa afirmação seja excessiva. Mas permanecem firmes as razões de inspiração que o nazismo deriva de certos aspectos da república norte-americana.

Em 1937, Rosenberg celebra os Estados Unidos como um "esplêndido país do futuro": ao limitar a cidadania política apenas aos brancos e sancionar a supremacia branca em todos os níveis e por todos os meios, teve o mérito de formular a feliz "nova ideia de um Estado racial", ideia que agora se trata de colocar em prática, "com força juvenil", por meio da expulsão e deportação de "pretos e amarelos"[34]. Basta dar uma olhada na legislação aprovada por Hitler, imediatamente após a conquista do poder, para perceber as semelhanças com a situação vigente nos Estados Unidos e em particular no Sul: são excluídos da cidadania política, reservada aos arianos, os judeus, os ciganos e os poucos negros que vivem na Alemanha (no fim da Primeira Guerra Mundial, tropas negras que seguiam o Exército francês haviam participado da ocupação do país). E, tal como nos Estados Unidos, também no Terceiro Reich a miscigenação ou a contaminação do sangue, resultante de relações sexuais e matrimoniais entre membros da raça superior e membros das raças inferiores, é proibida por lei. "A questão negra" – escreve Rosenberg – "nos Estados Unidos está no topo de todas as questões decisivas"; e uma vez que o absurdo princípio da igualdade seja cancelado para os negros, não há razão para não tirarmos "as consequências necessárias também para amarelos e judeus"[35].

---

[33] Nancy K. MacLean, *Behind the Mask of Chivalry: The Making of the Second Ku Klux Klan* (Nova York/Oxford, Oxford University Press, 1994), p. 184.

[34] Alfred Rosenberg, *Der Mythus des 20. Jahrhunderts* (1930) (Munique, Hoheneichen, 1937), p. 673.

[35] Ibidem, p. 668-9.

Nada disso deveria surpreender. O elemento central do programa nazista é a construção de um Estado racial. E quais eram os modelos possíveis naquela época? Claro, Rosenberg também se refere à África do Sul: é bom que ela permaneça firmemente "em mãos nórdicas" e brancas (graças a "leis" que apropriadamente cuidem não apenas dos "indígenas", mas também de "negros, mulatos e judeus"), e que constitua um "bastião sólido" contra o perigo representado pelo "despertar negro"[36]. Mas o ideólogo nazista sabe, de qualquer forma, que a legislação segregacionista da África do Sul foi amplamente inspirada pelo regime de supremacia branca que se estabeleceu no Sul dos Estados Unidos após o fim da Guerra de Secessão e da escravidão propriamente dita[37]. Portanto, ele volta seu olhar principalmente para esse regime.

A orientação de Hitler não é diferente. Depois de afirmar que "a mistura do sangue dos arianos com o dos povos inferiores" traz consequências desastrosas, em *Minha luta*, ele continua:

> A América do Norte, cuja população é composta por uma esmagadora maioria de elementos germânicos, que apenas raramente se misturam com povos inferiores e de cor, mostra uma humanidade e uma civilização muito diferentes daquelas da América Central e do Sul, onde imigrantes, em grande parte latinos, muitas vezes fundiram-se com os habitantes originais.[38]

---

[36] Ibidem, p. 666.
[37] Thomas J. Noer, *Briton, Boer, and Yankee: The United States and South Africa 1870-1914* (Kent, The Kent State University Press, 1978), p. 106-7, 115 e 125.
[38] Adolf Hitler, *Mein Kampf* (1925-7) (Munique, Zentralverlag der NSDAP, 1939), p. 313-4 [ed. bras.: *Minha luta*, s. trad., São Paulo, Geek, 2018].

10. POR QUE O IMPERIALISMO DOS ESTADOS UNIDOS É DE LONGE O INIMIGO PRINCIPAL?[1]

10.1. A liquidação do Estado de direito nas relações internacionais

O Ocidente e seu país-líder pretendem exercer um poder de vida e morte não apenas sobre indivíduos, mas também sobre países e povos inteiros. Após a Segunda Guerra Mundial e os julgamentos de Nuremberg e Tóquio, que consideravam o desencadeamento da guerra em si um ato criminoso, e após a fundação da Organização das Nações Unidas, estabeleceu-se uma ordem internacional com base na qual as únicas guerras legítimas são as de defesa ou aquelas explicitamente autorizadas pelo Conselho de Segurança da ONU. É essa ordem que os Estados Unidos questionam radicalmente, reservando a si e à aliança liderada por eles o direito soberano de intervir militarmente em todos os cantos do mundo, como fizeram, por exemplo, em 1999, durante a guerra contra a Iugoslávia, e em 2003, por ocasião da segunda guerra contra o Iraque.

Uma definição brilhante de Kant vem à mente. No escrito de 1798 (*O conflito das faculdades*), ele escrevia: "O que é um monarca absoluto? É aquele que, quando ordena: 'a guerra deve acontecer', a guerra de fato ocorre"[2]. Se não internamente, pelo menos internacionalmente o presidente estadunidense tende a comportar-se como o "monarca absoluto" descrito pelo grande filósofo.

---

[1] Trechos e parágrafos extraídos de *La sinistra assente: crisi, società dello spettacolo, guerra* (Roma, Carocci, 2014).

[2] Immanuel Kant, *Gesammelte Schriften*, v. 7 (Berlim/Leipzig, Accademia delle Scienze, 1900), p. 90 (nota) [ed. bras.: *Manual dos cursos de lógica geral*, trad.: Fauto Castilho, 3. ed. Campinas, Ed. Unicamp, 2014].

Especialmente porque, se os monarcas absolutos do passado afirmavam gozar de uma investidura divina, hoje os inquilinos da Casa Branca proclamam que sua nação foi "eleita por Deus" com a tarefa de liderar o mundo; e nesse dogma tanto os republicanos quanto os democratas se reconhecem com igual fervor.

É verdade que, às vezes, os Estados Unidos e o Ocidente, antes de iniciar uma guerra, recorrem ao Conselho de Segurança da ONU para obter autorização, mas sem renunciar ao direito soberano que se arrogam. Ora, nenhuma pessoa sensata definiria como democrático e verdadeiramente representativo da vontade popular um chefe de governo que se dirigisse ao Parlamento com este discurso: convido-vos a devotar-me a vossa confiança, mas, mesmo sem a vossa confiança e, aliás, mesmo na presença de um voto explícito de desconfiança, continuarei governando como eu achar melhor... É precisamente nesses termos que os Estados Unidos e o Ocidente dirigem-se à ONU! Ou seja, as votações que acontecem no Conselho de Segurança são regularmente marcadas por chantagens!

E não é só isso. No início dos anos 1990, um jornal italiano noticiou um debate realizado no Conselho de Segurança da seguinte forma: "A China se opôs às sanções contra a Líbia e as três potências ocidentais ameaçaram represálias comerciais"[3]. Tratava-se de represálias que poderiam ser tão devastadoras – sublinhavam ainda no fim daquela década um notório jornalista e um ilustre cientista político estadunidense – a ponto de constituir o equivalente comercial do uso de uma "arma nuclear"[4]. É claro que, entretanto, no que diz respeito ao grande país asiático, a situação mudou radicalmente; mas, no confronto dos membros não permanentes do Conselho de Segurança, a chantagem que acabamos de ver continua a ser exercida (e a funcionar). Não há nem mesmo a necessidade de torná-la explícita: "Um estudo de 1999 demonstrou que os países ao lado dos Estados Unidos nas votações da ONU são muito mais propensos a obter ajuda do Fundo Monetário Internacional".

A referência a "sanções" nos permite passar da guerra propriamente dita à guerra econômica. Sim, mesmo o embargo pode ser incluído na categoria de guerra. Qualquer um que tiver dúvidas pode ler o que observa a esse respeito uma revista não oficial do Departamento de Estado, a *Foreign Affairs*: após o

---

[3] Ennio Caretto, "L'ONU vuol punire la Libia", *La Repubblica*, 29-30 mar. 1992.
[4] Ver Domenico Losurdo, *La sinistra assente: crisi, società dello spettacolo, guerra* (Roma, Carocci, 2014), cap. 6, tópico 10.

colapso do "socialismo real", em um mundo unificado sob a hegemonia estadunidense, o embargo constitui a arma de destruição em massa por excelência; oficialmente imposto para impedir o acesso de Saddam às armas de destruição em massa, o embargo ao Iraque, "nos anos que se seguiram à Guerra Fria, causou mais mortes do que todas as armas de destruição em massa da história" juntas[5].

Pois bem, na guerra econômica repete-se o espetáculo já visto na guerra em sentido estrito: os Estados Unidos e o Ocidente recorrem ao Conselho de Segurança para lançar um embargo contra este ou aquele país, mas sempre se reservando o direito de proceder de modo unilateral e soberano. Em outras palavras, mesmo nesse caso, os líderes do Ocidente continuam a se comportar como "monarcas absolutos" contra os quais Kant adverte.

10.2. Democracia ou império?

Sobre a pretensão da república norte-americana de seguir os passos do Império Romano, vale a pena dar a palavra a um dos estrategistas estadunidenses de maior autoridade:

> Na supremacia global da América, é possível ver de alguma forma os vestígios dos antigos impérios [e em particular do "romano"], embora a extensão deles fosse certamente menor. Esses impérios baseavam seu poder em uma ordem hierárquica composta por vassalos, protetorados e colônias, e aqueles que não pertenciam a eles eram considerados bárbaros. Por mais anacrônica que possa parecer, essa terminologia é bem adequada a alguns Estados que atualmente gravitam na órbita americana[6].

De acordo com a "ordem hierárquica" aqui especificada, no que diz respeito ao presente, neste meu livro se fala de império (e imperialismo) apenas em relação aos Estados Unidos. Os aliados europeus ou asiáticos podem muito bem ser os protagonistas de infames guerras coloniais, mas só podem fazê-lo com a condição de não desafiarem o Grande Irmão; exibem sua suposta superioridade moral sobre os "bárbaros" situados fora do império senão

---

[5] John Mueller e Karl Mueller, "Sanctions of Mass Destruction", *Foreign Affairs*, maio/jun. 1999, p. 43-53.
[6] Zbigniew K. Brzezinski, *The Grand Chessboard* (1997) [ed. it.: *La grande scacchiera*, trad. Mario Baccianini, Milão, Longanesi, 1998, p. 19-20].

como "vassalos", como aliados subordinados aos Estados Unidos: abrigam suas bases militares, correndo assim o risco de se envolverem em guerras governadas soberanamente por Washington, e estão expostos à vigilância e ao controle do Grande Irmão. Eles devem até submeter-se à sua jurisdição: os bancos europeus podem ser obrigados a pagar multas muito pesadas por não cumprirem suficientemente as leis estadunidenses que impõem embargo contra este ou aquele país!

O trecho de Brzezinski citado acima lembra a profecia de Jefferson, que invocava a conquista do maior e mais poderoso império "da Criação até hoje" para o país recém-fundado. Eis que a profecia se cumpriu, um ciclo se encerrou. Hoje em dia, goza de extraordinário sucesso nos Estados Unidos um historiador britânico (ou de origem britânica) que está explicitamente comprometido com a celebração do "Império Americano" e que convida os inquilinos da Casa Branca a superar as hesitações políticas residuais e as proibições linguísticas: "Não há imperialistas mais autoconfiantes do que os Pais Fundadores"[7].

Ora, o historiador mencionado pode muito bem celebrar, olhando para Washington, o "Império liberal"[8], mas é claro que império e liberdade e, sobretudo, império e democracia não são termos compatíveis entre si. Quanto aos Pais Fundadores, seu imperialismo manifestou-se principalmente na expropriação, deportação e dizimação dos nativos, bem como na escravização de negros e na tentativa de forçar a rendição ou condenar os escravos negros de Santo Domingo-Haiti à morte por fome pelo erro de rebelar-se e derrubar a autocracia branca. Chegando aos dias atuais, a tentativa de subjugar o Afeganistão e o Iraque ao Império levou a Abu Ghraib e outros terríveis locais de detenção, que muitos analistas comparam à memória do universo dos campos de concentração do século XX.

No mínimo, a história aqui descrita confirma a tese de Marx e Engels, segundo a qual não é livre um povo que oprime o outro. Claro é o caminho que das guerras imperiais no Oriente Médio e na Ásia Central leva à "*kill list*" [lista de mortes], lançada semanalmente em Washington e que, mesmo tendo como alvo sobretudo os "bárbaros", às vezes não poupa nem mesmo os cidadãos estadunidenses, eles próprios privados do "Estado de direito" e condenados à

---

[7] Niall Ferguson, *Colossus: The Rise and Fall of the American Empire* (2004) (Londres, Penguin Books, 2005), p. 33-4 [ed. bras.: *Colosso: ascensão e queda do império americano*, trad. Marcelo Musa Cavallari, São Paulo, Planeta, 2011].

[8] Ibidem, p. 2.

morte sem julgamento. E o panóptico concebido pelo Pentágono e pela Casa Branca para controlar as comunicações telefônicas e digitais em todos os cantos do mundo, promovendo, se necessário, operações de "mudança de regime" em países considerados indisciplinados, acaba por privar os próprios cidadãos estadunidenses do direito à privacidade. Finalmente, já faz algum tempo que ressoa nos Estados Unidos a denúncia de que a política imperial de fato seguida levou ao advento de uma "presidência imperial"[9], que de forma soberana coloca a nação diante do fato consumado da guerra ou da aventura bélica. E é também nesse sentido que o presidente estadunidense tende a se configurar, do ponto de vista de Kant, como um "monarca absoluto".

10.3. "O PODER ABSOLUTO CORROMPE DE MODO ABSOLUTO"

O aspirante a império planetário com o qual estamos lidando visa alcançar (e manter) uma superioridade militar avassaladora, sem termos de comparação na história pregressa. Passemos a palavra ao historiador estadunidense Paul Kennedy:

> O Exército britânico era muito menor que os exércitos europeus, e mesmo a Marinha Real não superava em tamanho a combinação das duas marinhas das potências que ocupavam o segundo e terceiro lugares – neste momento, todas as outras marinhas do mundo juntas não poderiam minimamente ameaçar a supremacia militar americana.[10]

Não se trata apenas da Marinha:

> Os Estados Unidos têm uma superioridade sem precedentes na dimensão militar, resumida na vantagem intransponível de que goza nos principais setores de bombardeio estratégico, aeronaves *stealth* [invisíveis], telecomunicações, sensores e munições teleguiadas de precisão, além do tamanho do orçamento de defesa (que é quase igual ao de todas as outras potências juntas) e gastos em pesquisa e desenvolvimento no setor militar (que são quatro vezes superiores à soma dos gastos da França, Grã-Bretanha, Alemanha e Itália). Graças a essa superioridade,

---

[9] Arthur Schlesinger Jr., *The Imperial Presidency* (Boston, Houghton Mifflin, 1973).
[10] Citado em Michael Hirsh, "In Europa", *Limes: Rivista italiana di geopolitica*, n. 3, 2002, p. 69-80, p. 71.

os Estados Unidos dominam indiscutivelmente todos os três espaços comuns (mar, ar, terra) dos quais depende a capacidade de projeção do poder e, portanto, o possível exercício de uma "hegemonia mundial".[11]

Precisamos ir ainda mais longe: a *full-spectrum dominance* [superioridade de espectro total] a que os Estados Unidos explicitamente aspiram implica o controle total das cinco dimensões do espectro de batalha (terra, mar, ar, espaço sideral e ciberespaço).

Essa imensa superioridade militar às vezes é proclamada com orgulho e exibida de forma ameaçadora por estrategistas e políticos estadunidenses: "A amplitude e a penetração do poder mundial estadunidense hoje constituem um fenômeno único" na história; estamos lidando com "um Exército tecnologicamente inigualável, o único capaz de controlar todo o planeta"[12]. Se, além do fator estritamente militar, levarmos em consideração o fator político-diplomático, a superioridade dos Estados Unidos é ainda mais avassaladora: o Japão é "essencialmente seu protetorado". Sobretudo:

> A realidade brutal é que a Europa ocidental, assim como a Europa central, em medida cada vez maior, basicamente continua sendo um protetorado americano, com aliados que lembram vagamente os vassalos e tributários do passado[13].

É um julgamento reiterado recentemente: a Europa "continua a ser um parceiro geopolítico subordinado aos Estados Unidos no contexto do Ocidente semiunificado"[14].

Além disso, não se trata apenas de armas e alianças militares. Graças à sua superioridade tecnológica, os Estados Unidos são capazes de transformar o "planeta inteiro" em um panóptico sem limites que submete até mesmo os aliados ao olhar atento de Washington. E isso não é tudo. Vamos ver o que acontece financeiramente:

---

[11] Alessandro Colombo, *La disunità del mondo: dopo il secolo globale* (Milão, Feltrinelli, 2010), p. 25.

[12] Zbigniew K. Brzezinski, *The Grand Chessboard*, cit. [ed. it.: *La grande scacchiera*, cit., p. 33 e 35].

[13] Ibidem, p. 40 e 84.

[14] Idem, *Strategic Vision: America and the Crisis of Global Power* (Nova York, Basic Books, 2012), p. 22.

Mesmo a rede internacional de agências técnicas, sobretudo as financeiras, já pode ser considerada parte integrante do sistema americano. O Fundo Monetário Internacional (FMI) e o Banco Mundial, embora representem interesses "globais", na verdade são fortemente influenciados pelos Estados Unidos.[15]

Isso permite influenciar fortemente o trabalho da ONU e de seu Conselho de Segurança – órgãos que podem decidir sobre a paz e a guerra. Devido ao efeito combinado desses múltiplos fatores, em 3 de julho de 2013, na esperança que mais tarde se mostrou infundada de capturar Edward Snowden (culpado de ter revelado alguns aspectos do panóptico estadunidense), os Estados Unidos e seus aliados não hesitaram em sequestrar e apreender o avião do presidente boliviano Evo Morales: pelo menos no Ocidente, a flagrante violação da legalidade internacional não suscitou protestos nem indignação. Enfim, não se deve perder de vista a grande influência exercida sobre o aparato multimídia internacional, um aparato que, como logo veremos, permite controlar a produção não apenas de ideias, mas também de emoções.

É verdade que a crise econômica também está causando dificuldades ao Pentágono, obrigado a reduzir o seu orçamento, que continua gigantesco e sem termos de comparação. No entanto, em vez de atenuar, essa circunstância pode aumentar as preocupações sobre o destino da paz. Parece que Washington quer reafirmar e consolidar sua hegemonia mundial antes que seja tarde demais: aqui está o pivô, o deslocamento do aparato militar na Ásia com a mira em direção à China, os preparativos febris para o desenvolvimento e a instalação de um sistema antimísseis, que garanta aos Estados Unidos o quase monopólio das armas nucleares e, portanto, a possibilidade de um decisivo "primeiro ataque".
[...]

10.4. Universalismo ou etnocentrismo exaltado?

A concepção de universalidade própria do discurso dominante de hoje é errônea. Ainda mais absurda é a pretensão de fazer do Ocidente seu intérprete privilegiado ou exclusivo. Mesmo que se queira ignorar a advertência de Rawls e concentrar-se exclusivamente na liberdade conforme entendida pela tradição liberal, vemos qual destino no curso da guerra contra a Iugoslávia foi reservado à liberdade de imprensa e de expressão. Na noite entre 23 e 24 de abril de 1999,

---

[15] Idem, *The Grand Chessboard*, cit. [ed. it.: *La grande scacchiera*, cit., p. 40-1].

no fim de uma ação planejada e reivindicada pelos mais altos comandos, aviões estadunidenses e europeus destruíam o prédio da televisão sérvia, matando e ferindo gravemente dezenas de jornalistas e funcionários que ali trabalhavam. Não se trata de forma alguma de um caso isolado: "Provavelmente no momento mais difícil para a frente rebelde, a Otan está bombardeando fortemente a área de Trípoli na tentativa de conter a propaganda de Gaddafi"; desta vez as bombas atingiam a televisão líbia, silenciada pela destruição das instalações e pelo assassinato de jornalistas[16]. Além de violar a Convenção de Genebra de 1949, que proíbe ataques deliberados contra a população civil, tais comportamentos pisoteavam a liberdade de imprensa a ponto de condenar à morte jornalistas iugoslavos e líbios, culpados de não compartilhar da opinião dos dirigentes da Otan e de persistir na condenação da agressão sofrida por seu país.

É conhecida a resposta que os líderes políticos e militares do Ocidente, assim como os defensores oficiais do Império, adoram dar a tudo isso: ao tomar partido de Milosevic ou Gaddafi (e indiretamente de sua política "genocida") os jornalistas sérvios e líbios não apenas expressavam uma opinião, mas instigavam uma reação e, assim, cometiam um crime. Poderia ter sido a ocasião para um debate sobre o papel da imprensa e da mídia em geral: qual o limite que separa a liberdade de opinião e de informação da incitação ao crime? Para dar apenas um exemplo, não há dúvida de que os jornais, rádios e televisões chilenos, na véspera de 11 de setembro, colocados a serviço da CIA e prodigamente financiados por ela, desempenharam um papel golpista e criminoso, sendo corresponsáveis pelos crimes perpetrados pelo regime imposto por Augusto Pinochet e pelos governantes de Washington[17]. Esse debate nunca aconteceu. Se tivesse acontecido, antes de serem assassinados, os jornalistas sérvios poderiam ter feito objeções a seus acusadores: como perpetradores de crimes, a esmagadora maioria dos jornalistas ocidentais deveria ter sido estigmatizada; afinal, eles justificavam ou celebravam a ação da Otan (desencadeada contra a Iugoslávia sem a aprovação do Conselho de Segurança da ONU e, portanto, contrária ao direito internacional) e seus bombardeios (muitas vezes com urânio empobrecido), que destruíam sistematicamente as infraestruturas civis e não poupavam inocentes, mulheres e crianças. E, de forma semelhante, com algumas pequenas variações, também os jornalistas líbios poderiam ter argumentado antes de serem assassinados.

---

[16] Lorenzo Cremonesi, "Colpita dalla Nato la TV di Gheddafi: tre morti e 15 feriti", *Corriere della Sera*, 31 jul. 2011, p. 10.

[17] Maurizio Chierici, *Il presidente deve morire* (Villorba, Anordest, 2013), p. 39.

Preferiu-se o uso de bombas ao debate e, em última análise, o uso do pelotão de execução. Quem pode decidir soberanamente o que é uma opinião e o que é um crime são o Ocidente e a Otan, aqueles que têm o aparato militar (e multimídia) mais poderoso; os mais fracos podem expressar sua opinião apenas por sua conta e risco. O que pensar de uma "liberdade de expressão" que pode ser soberanamente cancelada pelos senhores do mundo justamente quando é mais necessária, por ocasião de guerras e ásperos conflitos?

No que diz respeito à liberdade de expressão e de imprensa, há uma circunstância que deve ser pensada: entre os jornalistas mais famosos da atualidade estão Julian Assange, que com o WikiLeaks trouxe à luz, entre outras coisas, alguns crimes de guerra cometidos por empreiteiros estadunidenses no Iraque, e Glenn Greenwald, que chamou a atenção para a rede de espionagem universal montada pelos Estados Unidos: o primeiro, tempestivamente acusado de violência sexual e temeroso de ser extraditado para o outro lado do Atlântico, refugiou-se na embaixada do Equador em Londres; o segundo, apesar de não ter sido submetido a nenhuma medida judicial, parece apavorado e, no Rio de Janeiro, "vive mudando constantemente de casa, telefones e e-mails"[18]. Deve-se acrescentar que a fonte do primeiro jornalista (Bradley Manning) está na prisão, onde corre o risco de passar o resto da vida, enquanto a fonte do segundo (Edward Snowden), embora refugiado em Moscou, não se sente seguro e vive em uma espécie de clandestinidade.

Um valor clássico da tradição liberal é também o Estado de direito, o qual não é usufruído pelos suspeitos de terrorismo, submetidos a execuções extrajudiciais por drones, nem pelos "bárbaros" presos em Guantánamo. Entre 2002 e 2003, sua condição foi descrita por jornalistas ocidentais, alheios a qualquer forma de antiamericanismo: os detidos estão presos, sem julgamento, sem possibilidade de defesa e sem poder se comunicar com suas famílias. São forçados a viver, ou melhor, a vegetar, em "um canil para humanos". Aliás, em algo muito pior: só um sádico exporia um cão ao "calor abrasador dos contêineres metálicos". A tudo isso somam-se as torturas: "obrigação de ficar em pé por dias inteiros"; "obrigação de ficar de joelhos por dias inteiros"; "obrigação de permanecer em posições dolorosas por dias inteiros"; "cegueira imposta com capuz preto"; "privação do sono com 'bombardeio' de luz". Os prisioneiros tentam escapar por suicídio desse inferno, ao qual

---

[18] Maurizio Molinari, "Così Greenwald fa litigare l'America coi suoi alleati", *La Stampa*, 22 out. 2013, p. 8.

estão submetidos dois idosos de 88 e 98 anos e algumas crianças entre 13 e 15 anos[19]. Mesmo que queiramos silenciar sobre os "bárbaros", nem sequer os cidadãos estadunidenses incluídos na "lista de mortes" gozam da proteção do Estado de direito.

O quadro aqui delineado pode ser contestado enfatizando-se que em outros países, situados fora do Ocidente, a liberdade de imprensa e o Estado de direito estão em piores condições, ou referindo-se à gravidade do perigo que desde 11 de setembro pesa sobre os Estados Unidos. Mas temos certeza de que o maior grau de proteção da liberdade e da garantia do Estado de direito na república norte-americana não depende principalmente de uma situação geopolítica e militar relativamente mais favorável? É um país protegido da invasão ou do perigo de invasão e que antes do ataque às Torres Gêmeas era considerado invulnerável. Não por acaso, o ataque de 11 de setembro, apesar de sua gravidade ser bem menor em comparação às invasões sofridas por países como a União Soviética e a China, foi seguido de medidas restritivas de liberdade e da sensacional violação do princípio do Estado de direito.

Além disso, a reivindicação do Ocidente e de seu atual país-líder de se estabelecer como defensor dos valores universais, a começar pelo da liberdade, não é nada nova; e não é de hoje que tal afirmação revela-se desprovida de qualquer credibilidade. Já em 1809, Jefferson celebrava os Estados Unidos como "um império para a liberdade" e como um modelo para o mundo inteiro. Quem se expressava assim era um proprietário de escravos, em âmbito pessoal inescrupuloso o suficiente para vender separadamente, como mercadorias individuais, os escravos unidos por laços familiares. Em âmbito estritamente político, orgulhosamente empenhado em submeter a um embargo devastador e "reduzir à morte por fome" os protagonistas da grande revolução que em Santo Domingo-Haiti havia abolido a escravidão negra e visto o surgimento do primeiro país no continente americano liberto dessa instituição e dessa vergonha. Mas tudo isso não impedia Jefferson de apresentar a si mesmo e a seu país como paladinos dos valores da liberdade[20].

---

[19] Ver Domenico Losurdo, *Il linguaggio dell'Impero: Lessico dell'ideologia americana* (Roma/Bari, Laterza, 2007), cap. 4, tópico 2 [ed. bras.: *A linguagem do império: léxico da ideologia estadunidense*, trad. Jaime A. Clasen, São Paulo, Boitempo, 2010].

[20] Domenico Losurdo, *Contrastoria del liberalismo* (Roma/Bari, Laterza, 2005), cap. 8, tópico 3 e cap. 5, tópico 8 [ed. bras.: *Contra-história do liberalismo*, trad. Giovanni Semeraro, Aparecida, Ideias & Letras, 2006].

Demos agora um salto de quase oito décadas. Enquanto entre 1880 e 1886 era erguida a Estátua da Liberdade, que domina a baía de Nova York e deveria ser uma inspiração e um alerta para o mundo inteiro, os negros eram assolados por um regime terrorista de supremacia branca e os peles-vermelhas eram definitivamente eliminados da face da terra. E, mais uma vez, a discrepância entre a ideologia, de um lado, e a realidade das relações sociais e raciais, de outro, não causava nenhum constrangimento.

Por fim, chegamos aos dias atuais. Ao inaugurar seu primeiro mandato presidencial, Clinton decidiu: a América é "a mais antiga democracia do mundo" e "deve continuar a liderar o mundo"; "nossa missão é atemporal". O caráter de democracia atribuído aos Estados Unidos, já na época de sua fundação, silencia o genocídio dos povos indígenas e a escravidão dos negros (que representavam 20% da população total). Estamos na presença de uma visão passada de presidente a presidente; mas de qual universalidade pode ser intérprete um país que continua a autoproclamar-se "a democracia mais antiga do mundo", mas considera irrelevante o terrível destino infligido às populações coloniais ou de origem colonial? Não se trata de uma história já concluída e distante no tempo. Os Estados Unidos anunciam ter desempenhado um papel singularmente positivo no século XX, precisamente como intérpretes do valor universal da liberdade. No entanto, há alguns anos, a "comissão da verdade" criada na Guatemala acusou a CIA de ter ajudado fortemente a ditadura militar a cometer "atos de genocídio" contra os maias, culpados por simpatizar com os opositores do regime caro a Washington[21]. Os exemplos poderiam se multiplicar, referindo-se a outros países da América Latina, Vietnã etc. O fato é que a "democracia" continua sendo definida e celebrada da forma menos universal possível, ou seja, sempre silenciando sobre o destino infligido aos povos coloniais ou de origem colonial. Obviamente, as considerações feitas aqui em relação a seu país-líder aplicam-se ao Ocidente como um todo.

Concluindo: a afirmação de um único país e de uma única civilização (cada um com seus pontos fortes e fracos, suas páginas gloriosas e ignóbeis) de ser a encarnação da universalidade é sinônimo não de universalismo, mas de sua negação. A atual situação internacional é caracterizada por uma contradição básica: de um lado, a necessidade e o fascínio do universalismo são generalizados; de outro, pretendendo ser seu intérprete privilegiado ou exclusivo, está

---

[21] Mireya Navarro, "U.S. Aid and 'Genocide': Guatemala Inquiry Details CIA's Help to Military", *International Herald Tribune*, 27/8 fev. 1999, p. 3.

um país que se apresenta como a "nação escolhida" por Deus ou como a única "nação indispensável" e que reivindica para si o "excepcionalismo", em outras palavras, este que agita com especial zelo a bandeira do universalismo é o país que encarna o etnocentrismo mais exaltado.

A alegação de "excepcionalismo", assumida até certo ponto pelo Ocidente como um todo, bem como por seu país-líder, não é realmente contestada nem mesmo pela alta cultura. Tomemos o filósofo cujo pensamento poderia ser resumido com o *slogan* "universalismo ou barbárie!". Pois bem, Leo Strauss – é dele que se trata – associa facilmente a celebração do universalismo à do "homem ocidental"[22]. Como se fossem a mesma coisa! E isso não é tudo: ao homenagear o "espírito do Ocidente", ele especifica que se trata "em particular do Ocidente anglo-saxão"[23]. Testemunhamos aqui a dois encolhimentos sucessivos do universalismo, identificado primeiro com o Ocidente e depois com o "Ocidente anglo-saxão".

Uma terceira redução acontece, de modo que do "Ocidente anglo-saxão" passamos finalmente à "experiência americana". Mas como explicar este último movimento? Strauss sublinha "a diferença entre uma nação concebida em liberdade e devotada ao princípio de que todos os homens foram criados iguais e as nações do velho continente, que certamente não foram concebidas em liberdade"[24]. A aniquilação dos ameríndios, bem como a escravidão dos afro-americanos e o regime terrorista de supremacia branca, que tomou o lugar da escravidão propriamente dita e continuou a grassar mesmo nas primeiras décadas do século XX, são removidos desse quadro hagiográfico. Além disso, Strauss procede à sua celebração acrítica precisamente nos anos em que os Estados Unidos mantiveram ou estabeleceram, no continente americano (e em outras partes do mundo), ditaduras militares, ferozes internamente, mas obsequiosas no plano internacional, em relação ao Grande Irmão.

Olhando mais de perto, o "universalismo" exibido aqui é apenas a reelaboração do mito genealógico que sempre acompanhou a história dos Estados Unidos, celebrada como a "Cidade sobre a Colina" que é exemplo para todo o mundo; o país investido de um providencial "destino manifesto"; a "nação

---

[22] Leo Strauss, "Relativism" (1961), em *Gerusalemme e Atene* (org. Roberto Esposito, Turim, Einaudi, 1998), p. 323.

[23] Idem, German Nihilism (1941), *Interpretation – A Journal of Political Philosophy*, primavera 1999, p. 358.

[24] Idem, "Progress or Return?" (1952), em *Gerusalemme e Atene*, cit., p. 43-4.

escolhida" por Deus. É fácil compreender porque Strauss inspirou o neoconservadorismo estadunidense e as guerras que promoveu em nome da exportação da democracia e da reafirmação de seu valor universal.

[...]

10.5. "Universalismo" ou "excepcionalismo"?

A tragédia e o horror das duas guerras mundiais levaram ao surgimento de uma aspiração generalizada entre os povos do mundo a criar uma ordem internacional e supranacional. Mas por que razões isso encontra tantas dificuldades? O maior obstáculo é, compreensivelmente, constituído pelo país que carrega a pretensão do "excepcionalismo": assim como no advento da Modernidade a tentativa de anulação do privilégio aristocrático era apontada, pelas forças conservadoras, como sinônimo de um insano igualitarismo plebeu, hoje a tentativa de afirmar o princípio da igualdade entre as nações e alcançar a democracia nas relações internacionais choca-se com a oposição daqueles que não pretendem renunciar ao privilégio imperial de um "excepcionalismo" consagrado até mesmo no plano teológico.

Ao fim da Primeira Guerra Mundial, já na época de sua fundação, a Liga das Nações foi ridicularizada em sua pretensão universalista após a inclusão em seu Estatuto de um artigo que sancionava a legitimidade e a inviolabilidade da doutrina Monroe. O resultado foi que um continente inteiro (América Latina) foi retirado da jurisdição da Liga das Nações. Para ser exato, o princípio da igualdade entre as nações, que é o único fundamento possível de uma organização supranacional de tipo democrático, foi duplamente violado: ao atribuir às potências vitoriosas da Primeira Guerra Mundial o "mandato" ou a "tarefa sagrada" de orientar os povos que ainda não estavam à altura da "civilização hodierna", o artigo 22 reafirmou a discriminação colonial entre os povos dignos de constituírem-se como Estado nacional independente e os povos que não o eram; ao consagrar a legitimidade da doutrina Monroe, ao colocar os povos latino-americanos no mundo colonial, o artigo 21 estabelecia mais uma desigualdade: apenas os Estados Unidos foram retirados, mesmo teoricamente, do controle da Liga das Nações. Não por acaso, mais tarde, principalmente por meio de Carl Schmitt, o Terceiro Reich reivindicava o direito de afirmar sua doutrina Monroe na Europa oriental.

Nas décadas seguintes, o comportamento de Washington não mudou. Quando, em 27 de junho de 1986, a Corte de Haia condenava os atos de agressão contra a Nicarágua sandinista perpetrados por funcionários de Washington, que chegaram a bombardear os portos do pequeno país da América Central, o governo Reagan foi rápido em repudiar o tribunal internacional e negar sua jurisdição. Algo semelhante acontece ainda hoje em relação ao Tribunal Penal Internacional: os Estados Unidos o apoiam, ressaltando que, se for culpado de crimes graves, nem mesmo um chefe de Estado pode escapar de sua jurisdição, entendendo-se que àquele Tribunal não pode ser encaminhado um soldado ou um empreiteiro estadunidense!

Ao decretar e prolongar o embargo contra Cuba, o Congresso dos Estados Unidos não só não dá atenção à votação da Assembleia Geral da ONU, que pede quase por unanimidade o cancelamento dessa medida, como também aprova legislação que pretende atingir terceiros países "culpados" de violar o embargo. Já conhecemos a relação que Washington estabelece com o Conselho de Segurança: considera-o útil e valioso quando legitima as decisões tomadas pela Casa Branca, para se tornar imediatamente uma estrutura burocrática supérflua e incômoda quando não partilha dessas decisões. Quem recorre mais frequentemente ao direito de veto é a república norte-americana, mas se outros países o utilizam, é claro que eles se revelam insensíveis aos valores "universais", que devem de qualquer modo ser impostos sem se deixar bloquear pelo formalismo da legalidade internacional! Por fim, não esqueçamos a desconfiança e a hostilidade em relação à Organização das Nações Unidas para a Educação, Ciência e Cultura (Unesco), acusada por Washington de ser demasiado sensível às necessidades do Terceiro Mundo, nomeadamente dos países ex-coloniais.

Os Estados Unidos estão promovendo a causa do universalismo pelo menos no âmbito da organização econômica? Sem dúvida foi essencial o seu papel no lançamento, em 1944, dos acordos de Bretton Woods, que tornaram o dólar, conversível em ouro, a moeda de referência para negociação. Mas quando se viram em dificuldades por causa da Guerra do Vietnã, não hesitaram em cancelar, em 15 de agosto de 1971, a conversibilidade do dólar em ouro. E isso com uma decisão soberana e unilateral: não por acaso a esse respeito se falava do maior golpe econômico da história!

Ou tomemos a história da Organização Mundial do Comércio (OMC), o órgão chamado a promover o livre mercado. Mais uma vez, o papel desempenhado pelos Estados Unidos em sua fundação está fora de questão. Mas o que acontece hoje? Diante da rápida ascensão da China e seu fortalecimento como potência comercial, para "conter" um possível rival também no plano econômico, Washington está efetivamente esvaziando a OMC de sentido para promover uma espécie de Otan econômica. Mesmo assim, porém, os Estados

Unidos não deixam de posar como intérpretes e guardiões exclusivos da "democracia" e do "livre mercado": e precisamente do imperialismo dos direitos humanos e do livre mercado. E esse imperialismo é sinônimo de arrogância chauvinista, certamente não de universalismo!

Infelizmente, as reivindicações "universalistas" do imperialismo continuam a ser apoiadas pela esquerda ocidental, que muitas vezes apoia as "guerras humanitárias" ou revela-se incerta e hesitante em combatê-las.

10.6. A NOVA IMAGEM MUNDIAL, OS CRESCENTES PERIGOS DA GUERRA E A DISPERSÃO DA ESQUERDA OCIDENTAL

Cada viragem histórica exige que repensemos aprofundadamente as forças políticas em campo: trata-se de proceder a uma análise da nova situação surgida e a uma definição da estratégia a ser seguida. Trata-se de uma regra geral, mas que se aplica de maneira muito particular aos movimentos e às organizações que não se reconhecem no sistema existente e estão engajados em um processo de transformação e em um projeto de emancipação; ou seja, é particularmente válida para a "esquerda". Não há dúvida sobre a radicalidade da virada histórica que ocorreu e ainda está em andamento.

O Terceiro Mundo, conjunto de países que têm atrás de si um período mais ou menos prolongado de subjugação colonial ou semicolonial, passou da fase político-militar para a fase político-econômica da luta pela independência nacional. O que Lênin chamou de "anexação política", isto é, a dominação colonial direta exercida sobre um povo ao qual era negado o direito de constituir-se como Estado nacional independente, em grande parte desapareceu. A "anexação econômica" permanece, hoje potencializada pela ameaça militar (representada por uma gigantesca máquina de guerra pronta para entrar em ação mesmo sem a autorização do Conselho de Segurança da ONU) e pela ameaça judicial (vinda de um "Tribunal Penal Internacional" em grande parte controlado e manobrado pelo Ocidente). Mas o que defini como neocolonialismo econômico-tecnológico-judicial é enfrentado com métodos diferentes em relação ao passado. Nenhum continente mais do que a América Latina é capaz de representar plasticamente a mudança ocorrida: nas décadas de 1960 e 1970 houve inúmeros surtos de guerrilhas, que agora desapareceram quase completamente. Mas isso não significa uma derrota da esquerda: as ditaduras militares impostas principalmente pelos Estados Unidos entraram em colapso, e os regimes que as substituíram estão mais do que nunca engajados na luta contra a doutrina Monroe, agora reduzida a um mau começo. A virada foi efetivamente resumida em 2006 pelo então vice-presidente da Bolívia (García Linera) com duas eloquentes palavras de ordem: "desmantelamento progressivo da dependência econômica colonial" e "industrialização ou morte"! Sem ser de forma alguma negado ou questionado, o lema "pátria ou morte", lançado por Fidel Castro e Che Guevara no curso da luta armada contra a ditadura pró-Estados Unidos e enquanto a ameaça de agressão militar ainda pairava sobre Cuba, assumia uma nova configuração[25]. No esforço de buscar a verdadeira independência nacional, a luta pelo desenvolvimento econômico e tecnológico autônomo tomou o lugar das guerrilhas ou da "guerra do povo". Além disso, o programa enunciado por Linera não consistia (e não consiste) apenas no esforço pelo desenvolvimento autônomo das forças produtivas: os países da América Latina também se esforçam para fortalecer os laços econômicos, comerciais e até políticos entre si, de forma a livrar-se da dependência dos Estados Unidos.

E, com a força dos resultados já alcançados, muitas vezes se distanciaram da política de guerra de Washington.

Se o Terceiro Mundo mudou drasticamente, o Segundo Mundo literalmente desapareceu. Essa expressão tradicionalmente se referia a países de orientação socialista, por algum tempo unidos até mesmo em um "campo socialista" de caráter tanto econômico quanto político-militar.

O capitalismo retornou à Europa oriental, agora amplamente incorporada à Otan. Por outro lado, a China, o Vietnã e, nos últimos tempos, também Cuba já não se apresentam como um modelo alternativo ao dominante em âmbito internacional, já não pretendem mais ser o "farol do socialismo" nesta ou naquela parte do mundo. Estão empenhados, em primeiro lugar, em alcançar os países industrial e tecnologicamente mais avançados e em elevar o nível de vida da população, a fim de também ampliar e consolidar a base social de consenso para o Partido Comunista no poder e frustrar as tentativas de desestabilização postas em prática pelo Ocidente e em particular pelo seu país-líder. Isso não significa que a orientação socialista seja negada, mas em virtude da nova escala de prioridades, China, Vietnã e Cuba tendem a fazer parte do Terceiro Mundo. O primeiro país desempenha um papel particularmente importante: se com Mao e sua teoria da "guerra do povo" foi a principal inspiradora da primeira

---

[25] Domenico Losurdo, *La lotta di classe: una storia politica e filosofica* (Roma/Bari, Laterza, 2013), cap. 12, tópico 3 [ed. bras.: *A luta de classes: uma história política e filosófica*, trad. Silvia de Bernardinis, São Paulo, Boitempo, 2015].

etapa (a político-militar) da revolução mundial anticolonial, com Deng foi a principal inspiradora da segunda fase ainda em andamento. Até o último momento, Mao reiterou sua crença de que "ou a revolução impede a guerra ou a guerra provoca a revolução". Era um *slogan* que se referia claramente à experiência histórica da primeira metade do século XX: o desenvolvimento do movimento socialista e comunista não havia conseguido impedir a eclosão das duas guerras mundiais que, no entanto, haviam levado à derrubada do sistema capitalista, primeiro na Rússia e depois em uma série de outros países.

Em vez disso, foi Deng quem esclareceu qual teria sido o conteúdo principal das últimas décadas do século XX e início do século XXI: o desenvolvimento econômico e tecnológico dos países que retornavam da revolução anticolonial mundial ou, mais precisamente, de sua primeira etapa, a político-militar.

A Rússia também se tornou parte desse Terceiro Mundo expandido.

Claro, trata-se de um país que tem uma história de expansionismo imperialista atrás de si, mas que, devido à sua fragilidade socioeconômica e sua heterogeneidade étnica, pode decair rapidamente a uma condição de semidependência. Depois de ter sofrido o domínio mongol por quase dois séculos e ter vivido por muito tempo sob o pesadelo dos Cavaleiros Teutônicos, no início de 1600 a Rússia via sua capital ocupada pelos poloneses; cerca de um século depois, intervinha a invasão de Carlos XII da Suécia e, depois de outro século, a de Napoleão; ao fim da Primeira Guerra Mundial, a Rússia sofria não apenas a intervenção das potências ocidentais, mas também um processo de balcanização que parecia impossível de parar. Era o processo a partir do qual Hitler começava a cultivar o projeto, depois implementado com a operação Barbarossa, que visava transformar o imenso país euro-asiático em uma imensa colônia e reserva de mão de obra servil. Com a derrota sofrida na Guerra Fria, a Rússia por algum tempo mergulhou novamente em uma condição não muito diferente daquela que se seguiu à derrota da Primeira Guerra Mundial; ainda hoje, o avanço implacável da Otan na Europa oriental cria uma situação cheia de perigos. Temos assim um Terceiro Mundo alargado, que inclui os países emergentes e os próprios países de orientação socialista e que, no seu conjunto, caracteriza-se pela luta para alcançar ou completar a realização de dois direitos humanos fundamentais, a "liberdade da necessidade" e a "liberdade do medo". Esse Terceiro Mundo alargado, também ele cheio de contradições internas e com sérias dificuldades, representa uma alternativa à ordem existente em âmbito mundial, mas não tanto em âmbito interno de cada país, e sim em relação à divisão internacional de trabalho, que por muito tempo viu o Ocidente monopolizar a alta tecnologia e reduzir o resto do mundo a fornecedor de matérias-primas e mão de obra de baixo custo, bem como a mercado para as mercadorias mais sofisticadas provenientes dos países capitalistas avançados.

E assim chegamos ao Primeiro Mundo. Ele também certamente não foi poupado das convulsões que estão ocorrendo. E não me refiro apenas à globalização. É mais importante examinar duas dinâmicas opostas. O triunfo sobre o Segundo Mundo no fim da Guerra Fria fortaleceu ainda mais a orgulhosa autoconsciência do Ocidente. Isso explica o *flashback* neocolonial, especialmente porque a *Revolution in Military Affairs* [Revolução nos Assuntos Militares], da qual o uso geopolítico das novas mídias também é parte integrante, permite que os Estados Unidos e a Otan procedam de maneira quase imperturbável ao bombardeio militar propriamente dito e aos bombardeios multimídia de pequenos países (primeiro do Leste europeu e agora especialmente do Oriente Médio e da África), de tempos em tempos vítimas de agressão real ou de manobras de desestabilização. Ao mesmo tempo, o Primeiro Mundo está em dificuldade em relação ao Terceiro Mundo, que agora inclui também os países de orientação socialista e está obtendo importantes sucessos na segunda etapa (a político-econômica) da revolução anticolonial. A rápida ascensão (também tecnológica) é a demonstração mais clamorosa da mudança de época no equilíbrio de poder que está ocorrendo em todo o mundo.

É uma mudança, porém, que, longe de sugerir cautela, empurra os círculos mais aventureiros do Ocidente e sobretudo de seu país-líder para um excitado ativismo geopolítico e militar: é preciso apressar-se, antes que seja tarde demais, a fim de consolidar e estabilizar por décadas a vantagem da qual continuam a gozar o Primeiro Mundo capitalista-imperialista e, sobretudo, aquela que é considerada a "nação escolhida" por Deus e a única "nação indispensável". As diversas guerras locais, os golpes de Estado disfarçados de "revoluções coloridas", as tentativas de desestabilização implementadas contra este ou aquele país, as iniciativas mais relevantes de estratégia militar, política e até econômica (pense-se na "Otan econômica") de que o Ocidente é o protagonista, todos esses processos e todos esses movimentos, apesar de sua extrema diversidade, revelam, a um olhar mais atento, um traço comum: a intenção de colocar a Rússia e, sobretudo, a China em dificuldades cada vez maiores.

Quanto a esta última, analistas e estrategistas estadunidenses não hesitam em revelar seu plano: trata-se de garantir que o abastecimento energético do grande país asiático, desprovido de matérias-primas essenciais como petróleo e gás, seja o mais exposto possível aos golpes da esmagadora Marinha militar dos

Estados Unidos, que poderiam, assim, exercer um poder substancial de vida e morte sobre mais de 1 bilhão e 300 milhões de pessoas. Não faltam analistas e estrategistas que falam em guerra e que de fato já estudam os possíveis cenários de um conflito em larga escala e até de uma terceira guerra mundial.

A ideologia chamada a legitimá-la e consagrá-la já está pronta, aliás já vem sendo obsessivamente reafirmada e capilarmente difundida há algum tempo, graças ao monopólio da produção de ideias e sobretudo de emoções ainda detido pelo Ocidente e ao uso de técnicas subliminares capazes de suscitar o terrorismo da indignação e de paralisar o pensamento crítico em muitos casos. É a ideologia que acompanha a história dos Estados Unidos desde seus primórdios, que se gabavam de ser um "império para a liberdade" já nas décadas em que seus presidentes eram quase todos proprietários de escravos e o país constituía o ponto de referência dos defensores da instituição da escravidão no continente americano. Dessa ideologia, que passou com sucesso no teste de séculos de história e de guerras, é em grande parte vítima ou participante também a esquerda ocidental, que se acredita crítica e sem preconceitos, mas na realidade é chauvinista e reproduz o chauvinismo do Primeiro Mundo.

Falei da esquerda sem fazer distinções entre a "esquerda moderada" e a "esquerda radical". A razão para isso é simples. Tome-se a guerra contra a Líbia. O seu caráter neocolonial, a reproposição de um conhecido capítulo da história do colonialismo (o acordo franco-britânico Sykes-Picot de 1916) terminou com o surgimento das intervenções dos mais inescrupulosos analistas ocidentais e dos artigos de importantes órgãos de imprensa que, com exceção de duas personalidades ilustres na Itália, Camusso (secretária-geral da CGIL – Confederazione Generale Italiana del Lavoro [Confederação Geral Italiana do Trabalho]) e Rossanda, fundadora do jornal comunista *Il Manifesto*, tomaram posição a favor dessa infame guerra colonial que custou a vida de dezenas de milhares de pessoas e destruiu um país também em seu âmbito político.

Queremos considerar Rossanda propensa à moderação? Pois bem, vimos Hardt, junto a Negri um dos mais aclamados expoentes da "esquerda radical" no mundo, legitimar em 1999 a guerra contra a Iugoslávia, cujo caráter nada humanitário é tranquilamente reconhecido por um historiador conservador como Ferguson. Querer expulsar Hardt (e Negri) da esquerda radical "autêntica" faria pouco sentido: não faltam movimentos de inspiração trotskista que se posicionaram a favor dos rebeldes na Líbia e na Síria. E se alguém quisesse considerar os trotskistas estranhos ao movimento comunista "autêntico", deveria ter em mente que os lugares-comuns da ideologia e do poder dominante são às vezes dirigidos contra a China por organizações e partidos comunistas que elogiam Stálin.

Por outro lado, a ampla gama daqueles que saudaram o golpe de Estado disfarçado de "revoluções coloridas" como revoluções populares não respeitou os limites entre "esquerda moderada" e "esquerda radical".

Independentemente da posição tomada sobre este ou aquele problema imediato, deve-se pensar no fato de que a esquerda, muitas vezes até a "radical", mostra que introjetou acriticamente o calendário sagrado imposto pelo Ocidente: todos os anos a tragédia na Praça da Paz Celestial é solenemente lembrada, mas o mesmo não acontece com a de Kwangju, que ocorreu na Coreia do Sul de forma semelhante e com um número muito maior de vítimas. Além do calendário sagrado, a esquerda, às vezes até a "radical", deixa-se ditar também pela ideologia e pelo poder dominante da Declaração de Direitos: o discurso sobre essa questão e os julgamentos a esse respeito proferidos por vários atores da política internacional muitas vezes ignoram os direitos sociais e econômicos e a "liberdade da necessidade" e a "liberdade do medo". Mesmo quando se posiciona a favor dos direitos sociais e econômicos, a esquerda (mesmo a "radical") expressa ou promove uma cultura que muitas vezes está em contradição mais ou menos aguda com o objetivo que afirma perseguir.

Isso não significa que as distinções dentro da esquerda tenham se tornado insignificantes. No que diz respeito à política internacional, é preciso saber distinguir entre a esquerda imperial, subordinada ao imperialismo, e a esquerda realmente antagônica à esquerda imperial. Da mesma forma, é preciso saber distinguir entre a esquerda agora engolfada nas posições neoliberais e a esquerda que, de forma mais ou menos consequente e mais ou menos lúcida (no plano político e cultural), está comprometida com a defesa dos direitos sociais e econômicos. Obviamente, a situação varia de país para país, também de modo significativo. O fato é que, apesar dos sinais de recuperação aqui e ali do movimento comunista e, de forma mais geral, de uma esquerda verdadeiramente antagônica à ordem existente em âmbito doméstico e internacional, tomada em seu conjunto, a esquerda no Ocidente parece ser caracterizada por confusão e dispersão.

É uma situação preocupante que não pode ser superada apenas por denúncias de oportunismo e apelos ao rigor revolucionário. Em primeiro lugar, é necessária uma análise da nova situação mundial: se servir para abrir um debate sobre essa questão crucial, este livro terá alcançado seu propósito.

11. PODE UM ESTADO COLONIALISTA OU IMPERIALISTA CONSTITUIR UM BALUARTE DA DEMOCRACIA?[1]

A questão colonial e nacional emerge com força muito além do mundo colonial propriamente dito. Também nesse ponto Lênin revelava-se extraordinariamente lúcido.

Vimos seus acenos às tempestades que estavam se formando sobre a Europa oriental. Há mais. Em julho de 1916, depois de ver o Exército de Guilherme II avançar às portas de Paris, o grande revolucionário por um lado reafirmava o caráter imperialista da Primeira Guerra Mundial então em curso e, por outro, chamava a atenção para uma possível reversão: se o gigantesco confronto terminasse "com vitórias de estilo napoleônico e com a sujeição de toda uma série de Estados nacionais capazes de vida autônoma [...], seria então possível uma grande guerra nacional na Europa"[2]. Vale a pena reler neste contexto uma importante passagem do ensaio de Lênin dedicado à análise do imperialismo: o que o caracteriza é "a tendência à anexação não só das regiões agrárias [como afirmara Kautsky], mas mesmo das mais industriais", no mínimo com a finalidade de enfraquecer o "adversário"[3]. A corrida imperialista pela conquista da hegemonia mundial não conhecia fronteiras. Por mais industrializada ou antiga que fosse sua civilização, não havia país a salvo do risco de se transformar em colônia ou semicolônia; nem

---

[1] Trata-se do tópico 2 "La questione nazionale e coloniale nel cuore dell'Europa" de *Il marxismo occidentale: come nacque, come morì, come può rinascere* (Roma/Bari, Laterza, 2017) [ed. bras.: *O marxismo ocidental: como nasceu, como morreu, como pode renascer*, São Paulo, Boitempo, 2018, retraduzido aqui].

[2] Vladímir I. Lênin, *Opere complete*, v. 22 (Roma, Editori Riuniti, 1955), p. 308 [ed. bras.: *Imperialismo, estágio superior do capitalismo: ensaio de divulgação ao público*, trad. Edições Avante! e Paula Almeida, São Paulo, Boitempo, 2021, p. 166].

[3] Ibidem, p. 268.

mesmo uma potência colonialista e imperialista podia se considerar em segurança. De fato, após a vitória "napoleônica" de Hitler na primavera de 1940, a França tornava-se uma colônia ou semicolônia do Terceiro Reich.

É interessante notar que, mesmo antes da conquista do poder, Hitler procedia a uma "racialização" do povo francês, relegando-o aos povos coloniais e às raças inferiores: a França não fazia propriamente parte da comunidade mundial branca; estava no caminho do "enegrecimento" (*Vernegerung*), não evitava de forma alguma os casamentos e as relações sexuais interraciais e, portanto, estava descaradamente "enegrecendo seu sangue". Tão avançado estava esse processo ruinoso que se poderia "falar do surgimento de um Estado africano em solo europeu"; aliás, um "Estado mulato euro-africano" já estava em andamento[4]. Empurrado de volta ao mundo colonial, a fim de recuperar sua independência e dignidade nacional, o povo francês foi forçado a recorrer a uma revolução nacional e anticolonial.

Talvez ainda mais significativo tenha sido o que aconteceu na Itália: depois de entrar na Segunda Guerra Mundial agitando palavras de ordem explicitamente imperialistas (a conquista do lugar ao sol, o retorno do império "sobre as colinas fatais de Roma" etc.), no momento de sua queda, Mussolini deixou o país não só prostrado e derrotado, mas também amplamente controlado por um Exército que se comportava como um exército de ocupação e que considerava e tratava a população local como um povo colonial, membros de uma raça inferior. A nota do diário de Goebbels datada de 11 de setembro de 1943 é reveladora: "Por causa de sua infidelidade e traição, os italianos perderam qualquer direito a um Estado nacional de tipo moderno. Devem ser severamente punidos, como exige a lei da história"[5]. De fato, aos olhos de alguns líderes nazistas, os italianos eram agora "negroides", com quem a contaminação sexual devia ser evitada e que, terminada a guerra, deviam ser usados como mão de obra mais ou menos servil, como "trabalhadores a serviço dos alemães"[6]. Depois de participar do desencadeamento de uma

---

[4] Adolf Hitler, *Mein Kampf* (1925-7) (Munique, Zentralverlag der NSDAP, 1939), p. 730 [ed. bras.: *Minha Luta*, São Paulo, Geek, 2018]; Gerhard L. Weinberg (org.), *Hitler Zweites Buch: Ein Dokument aus dem Jahre 1928* (Stuttgart, Deutsche Verlags-Anstalt, 1961), p. 152.

[5] Joseph Goebbels, *Tagebücher* (org. Ralf George Reuth, Munique/Zurique, Piper, 1992), p. 1.951-2.

[6] Gerhard Schreiber, *La vendetta tedesca 1943-1945: le rappresaglie naziste in Italia* (trad. M. Buttarelli, Milão, Mondadori, 2000), p. 21-4.

guerra imperialista e da conquista de colônias na África e nos Bálcãs, a Itália via-se na necessidade de travar uma guerra de libertação nacional para livrar-se do jugo colonial imposto pelo ex-aliado e recuperar sua independência e dignidade nacional.

Em conclusão, como Lênin havia intuído em parte algumas vezes, no próprio coração da Europa, bem longe de ser "apenas proletária", a revolução acabou sendo anticolonial e nacional.

APÊNDICE
Economicismo ou dialética?
Uma abordagem marxista da questão europeia
Emiliano Alessandroni

1. Os Estados Unidos e a orientalização da Europa

Em períodos históricos caracterizados por profundas crises – de ordem econômica, política e cultural –, os raciocínios que regem o debate público, inclusive o espaço do dissenso, veem o campo da reflexão dialética enfraquecer-se, juntamente com o fortalecimento de perspectivas mecanicistas e lógicas binárias. Em tais períodos, portanto, são estas últimas que orientam os passos e traçam os caminhos de saída para os problemas que encontramos de tempos em tempos, são estas últimas que orientam os pensamentos gerais e forjam nossa *formae mentis* [estrutura mental]. Assim, por exemplo, em relação ao imperialismo, no mundo intelectual, não menos do que no senso comum, uma convicção tende a se afirmar: constitui um ato de subjugação política e militar que ocorre em detrimento de um país economicamente pobre e tecnicamente atrasado. Não por acaso, os Estados da Europa são mais frequentemente lembrados por sua dinâmica predatória e muito raramente pelos riscos de serem submetidos. No entanto, não faltaram à história episódios que negam tal paradigma. Entre a Primeira Coligação organizada contra o governo jacobino após a Revolução de 1789 e a Guerra Franco-Prussiana desencadeada por Bismarck, a França sofreu várias vezes a agressão de outras potências europeias, embora com as guerras napoleônicas os papéis tenham se invertido e esse Estado tenha assumido o disfarce de um invasor estrangeiro contra uma Alemanha que logo foi demolida e saqueada. Durante a Segunda Guerra Mundial, porém, as partes se invertem novamente e, com a República de Vichy, metade do território francês torna-se, em pouco tempo, uma espécie de colônia alemã.

Essa dinâmica volta a se repetir a partir de 1945 com a progressiva penetração dos Estados Unidos em território europeu, onde assistimos a um aumento cada vez mais massivo de posições, armas, veículos, exércitos e ogivas nucleares estadunidenses.

A trajetória do imperialismo estadunidense, por outro lado, sempre foi marcada por um *páthos* nacionalista baseado em mitos escatológicos, que visavam retratar os Estados Unidos como uma nação que recebeu da Providência a investidura de liderar o mundo. Dentro de tal trama, a imagem da Europa é então ressemantizada e submetida a um processo ideológico de orientalização[1]. Benjamin Franklin e George Washington rotulam os europeus, com a ocasional exceção dos britânicos, como naturalmente "sombrios" e predispostos à desordem social: um povo bárbaro que só pode ser comparado aos "peles-vermelhas" e, como tal, necessita ser educado ou castigado. A opinião de Franklin D. Roosevelt, inclinado a comparar os métodos europeus aos dos hunos e dos vândalos, não é diferente. Essa "pretensão de representar o Ocidente autêntico", como se percebe, "é expressão de uma filosofia da história radicada na tradição política estadunidense. O mito da *translatio imperii* da Europa e do Oriente para o outro lado do Atlântico atravessa essa filosofia em profundidade"[2].

Hoje, o processo de orientalização da Europa por parte dos Estados Unidos parece longe de terminar.

Repetidamente estigmatizado por Washington e seus simpatizantes como não suficientemente hostil ao comércio chinês[3] – "fábrica global de envenenamento" e "incubadora de doenças"[4] –, o Velho Mundo muitas vezes desencadeia a ira do presidente Trump, que declara peremptoriamente: "A Europa é pior que a China!"[5].

---

[1] Sobre os processos de "orientalização", ver Edward Said, *Orientalismo: l'immagine europea dell'Oriente*, [1978] (Milão, Feltrinelli, 2013) [ed. bras.: *Orientalismo: o Oriente como invenção do Ocidente*, trad. Rosaura Eichenberg, São Paulo, Cia. de Bolso, 2007].

[2] Domenico Losurdo, "L'America come autentico Occidente e la condanna dell'Europa come Oriente", em *Il linguaggio dell'Impero: lessico dell'ideologia americana* (Roma/Bari, Laterza), 2007 [ed. bras.: *A linguagem do império: léxico da ideologia estadunidense*, trad. Jaime A. Clasen, São Paulo, Boitempo, 2010, p. 251].

[3] "UE ambigua su commercio Cina, gelo Washington", *Ansa*, 12 ago. 2016.

[4] Ver o conhecido volume (um verdadeiro manifesto da sinofobia estadunidense) do professor chamado por Trump à Casa Branca como conselheiro para políticas econômicas e comerciais, Peter Navarro, *Death by China: Confronting the Dragon – A Global Call to Action* (Nova Jersey, Pearson Prentice Hall, 2011).

[5] "Trump a Macron, 'UE peggio della Cina'", *Ansa*, 11 jun. 2018.

O processo de orientalização anda de mãos dadas com a ideologia do *excepcionalismo americano*, para a qual a teologia desempenha um papel importante: se, após sua posse na Casa Branca, Bill Clinton relembrou com tons majestosos "o pacto feito entre 'nossos pais fundadores' e 'o Todo-Poderoso'", sublinhando a eternidade da "missão atribuída pelo Senhor aos Estados Unidos", por sua vez "George W. Bush conduziu sua campanha eleitoral proclamando um verdadeiro dogma: "Nossa nação é eleita por Deus e tem o mandato da história para ser um modelo para o mundo""[6]. Trata-se de uma tendência destinada a reapresentar-se com a presidência de Obama, que em 2006 resumia seu encontro com a fé nestes termos: "ajoelhando-me sob a cruz no lado sul de Chicago, senti o espírito de Deus me chamando. Curvei-me à sua vontade e dediquei-me a descobrir a sua verdade"[7]. Da mesma forma, Donald Trump, por sua vez, não hesitou em falar do povo estadunidense como um "povo escolhido", que "recebeu 'o sopro da vida' do mesmo 'Criador onipotente'"[8].

É evidente o papel desempenhado pela teologia na construção do paradigma americanista, ainda incapaz de se livrar das heranças do *Manifest destiny* [Destino manifesto]. Trata-se de um aspecto decisivo que mostra um distanciamento cultural em relação ao Velho Continente: "depois de ter sido profundamente marcada pelo grande período do Iluminismo", já "no final do século XIX a Europa conhece um processo ainda mais radical de secularização. Agora são tanto os seguidores de Marx quanto os seguidores de Nietzsche que consideram irrefutável a "morte de Deus""[9], de modo que "diante dessa ideologia, dessa teologia da missão, a Europa sempre se sentiu embaraçada"[10].

Mas a essa diferença entre os dois continentes acrescenta-se outra: ao contrário do que aconteceu nos Estados Unidos, "na Europa, os mitos genealógicos imperiais neutralizaram-se de maneira alternada; as famílias reais eram todas aparentadas entre elas de modo que, no âmbito de cada uma, se confrontavam ideias de missão e mitos genealógicos imperiais diferentes e contrastantes".

---

[6] Domenico Losurdo, *Il linguaggio dell'impero*, cit., p. 105-6 [ed. bras.: *A linguagem do império*, cit., p. 111].

[7] "Obama's 2006 Speech on Faith and Politics", *The New York Times*, 28 jun. 2006; ver também Alessandro Gisotti, *Dio e Obama: fede e politica alla Casa Bianca* (Cantalupa, Effata, 2010).

[8] Alberto Melloni, "Chi è Dio nell'America di Trump", *La Repubblica*, 21 jan. 2017.

[9] Domenico Losurdo, *Il linguaggio dell'impero* cit., p. 103 [ed. bras.: *A linguagem do império*, cit., p. 109].

[10] Ibidem, p. 112.

Além disso, "a experiência das duas guerras mundiais desacreditou ainda mais essas ideias e genealogias"[11].

Finalmente, há um último fator que vale a pena considerar aqui. A concepção parcial do homem na história dos Estados Unidos não conhece rivais. A Europa, por outro lado, foi abalada por pelo menos duas revoluções que desencadearam uma carga universalista jamais experimentada do outro lado do Atlântico, onde a Guerra da Independência se desenvolveu paralelamente a um processo de escravização de negros no Sul e de aniquilação dos indígenas no Oeste. A partir do território europeu, por outro lado, a Revolução Francesa desencadeou a revolta dos escravos de Santo Domingo, capitaneada por Toussaint L'Ouverture – leitor jacobino de Rousseau e Diderot –, e a Revolução Russa alimentou as lutas anticoloniais em todo o mundo, devidas, portanto, ao divisor de águas histórico aberto por Lênin – um líder que, por sua vez, construiu sua própria formação cultural sobre os textos de Marx e a filosofia clássica alemã[12]. As classes dominantes europeias são, portanto, obrigadas a lidar com esse ímpeto universalista, diferentemente do governo estadunidense, cuja narrativa etnocêntrica, além da escatológica, pode gozar de uma legitimidade muito mais ampla no país.

2. Hipóstase do antieuropeísmo

2.1. A remoção dos Estados Unidos

A cultura crítica do Velho Continente sempre deu pouca atenção ao etnocentrismo nacionalista que alimenta o *Project for the New American Century* [Projeto para o novo século americano]. De fato, o pensamento crítico europeu mostra que não considera os riscos de guerra planetária que sempre são reacesos pela propensão expansionista dos Estados Unidos, ao mesmo tempo que se concentra na dinâmica econômica que o crescente desequilíbrio nas relações de força desencadeado pela Guerra Fria colocou em movimento. Essa perspectiva escapa à dimensão política para se entrincheirar em métodos de leitura de caráter economicista e eurocêntrico. O mundo, o Todo, curva-se até se dissolver no perímetro da Europa, cuja direção agora assume

---

[11] Ibidem, p. 114.
[12] Sobre esse último ponto, ver Emiliano Alessandroni, "Nei quaderni filosofici di Lenin: lo studio della logica hegeliana e la lettura del tempo presente", *Materialismo storico*, v. 4, n. 1, 17 dez. 2018.

a forma da mais alta autoridade, do monarca absoluto. É, então, afirmado por muitos que "a União Europeia persegue um objetivo semelhante ao de Hitler"[13], um objetivo tirânico e absolutista[14], em virtude do qual já "se tornou o Quarto Reich"[15].

Atualmente, a península italiana é ocupada por "59 bases militares americanas" (trata-se do "quinto posto estadunidense avançado no mundo em número de instalações militares, atrás de Alemanha, com 179 bases, Japão com 103, Afeganistão com 100 e Coreia do Sul com 89"[16]), e por "90 bombas atômicas"[17] d'além-mar; seus governos oferecem sistematicamente "ao Pentágono o que ele quiser"[18], e o território é submetido a uma gigantesca operação de espionagem por parte da NSA e da CIA[19]. No entanto, há quem continue afirmando que "a Itália está se tornando uma colônia" da "diarquia franco-alemã"[20].

Fica evidente o afastamento do *Project for the New American Century*, bem como o esnobismo com que são ignorados ou minimizados os riscos de guerra mundial decorrentes do conflito entre as forças propulsoras das economias emergentes rumo a um mundo multipolar e a reivindicação da nação mais poderosa do mundo, em plena crise financeira, para manter seu domínio também em tempos futuros. Mesmo que assuma tons mais sóbrios, portanto não deturpados por referências ao nazismo ou aos absolutismos do passado, a maior porcentagem de antieuropeísmo em voga hoje tende a basear seu raciocínio nesse afastamento macroscópico.

---

[13] "Brexit, parole shock di Johnson: 'UE simile a Hitler'", *La Repubblica*, 15 maio 2016.

[14] Ver Giuseppe Palma, *La dittatura dell'Europa e dell'Euro: viaggio breve nel tessuto dell'eurocrazia* (Vaprio d'Adda, GDS, 2014) e Ida Magli, *La dittatura europea* (Milão, Rizzoli, 2010).

[15] Por exemplo, Alberto Bagnai, em Daniele Chicca, "Economista: 'Europa e diventata Quarto Reich'", *Wall Street Italia*, 14 fev. 2017.

[16] Vincenzo Leone, "Il Pentagono e le basi militari USA in Italia", *Atlante di Geopolitica Treccani*, 14 ago. 2013.

[17] "In Italia 90 bombe atomiche USA", *La Stampa*, 15 set. 2007.

[18] Vincenzo Leone, "Il Pentagono e le basi militari USA in Italia", cit.

[19] "Datagate in Europa, il Guardian: 'Cimici USA anche all'ambasciata italiana'", *Il Fatto Quotidiano*, 30 jun. 2013; e Stefania Maurizi, "Così la CIA ci spia: Wikileaks pubblica migliaia di file riservati sull'Agenzia", *La Repubblica*, 7 mar. 2017.

[20] Enrico Grazzini, "Italia, colonia di Francia e Germania – la lezione è una sola: non contare sull'Europa", *Il Fatto Quotidiano*, 4 ago. 2014.

2.2. A relação Estados Unidos-União Europeia como conflito entre potências imperialistas

Nos poucos casos em que o horizonte economicista e eurocêntrico deixa espaço para perspectivas políticas, o tema do nacionalismo beligerante de origem estadunidense penetra no discurso antieuropeu, dando origem, porém, a duas hipóstases contrastantes.

A primeira delas tende a descrever a União Europeia como "um polo imperialista em competição com os Estados Unidos"[21]. No entanto, diante dos inúmeros alertas lançados ao longo dos anos pelos Estados Unidos para a Europa aumentar seus gastos militares[22], uma pergunta se impõe: quando já se viu na história um conflito entre polos imperialistas em que uma das duas frentes incentiva o fortalecimento do aparato de guerra da outra? Evidentemente, pesa sobre essa leitura o escasso aprofundamento científico que o conceito de imperialismo teve após o estudo de Lênin em 1916. Procurou-se suprir essa falta chamando a atenção para as partes desse tratado que ficaram na maior parte do tempo na sombra. A equação entre "imperialismo" e "estágio monopolista do capitalismo" não deve ser isolada dos esclarecimentos adicionais que o próprio Lênin fornece sobre essa categoria. Segundo o dirigente russo, "a guerra entre as potências imperialistas ocorre quando a balança de poder se altera a favor da potência emergente e em detrimento da potência até aquele momento hegemônica"[23]. Será que podemos encontrar, neste momento, uma passagem de bastão dos Estados Unidos para a Europa em termos de poder

---

[21] "Unione Europea: un polo imperialista in concorrenza con gli USA", *L'Ernesto*, 1º set. 2003; ver também Luciano Vasapollo, Hosea Jaffe e Henrike Galarza, *Introduzione alla storia e alla logica dell'imperialismo* (Milão, Jaca Book, 2005); e "Unione Europea: uno spazio comune o un polo imperialista?", *Contropiano*, 10 mar. 2016.

[22] Orlando Sacchelli, "Obama agli alleati europei: aumentate le spese militari", *Il Giornale*, 3 jun. 2014; Silvia Morosi, "Nato, Trump chiede agli alleati di raddoppiare la spesa militare e chiede di destinare il 4% del Pil", *Corriere della Sera*, 11 jul. 2018. Nesse sentido, dois elementos devem ser destacados: por um lado, os Estados Unidos, por razões econômicas, incentivam os países europeus a comprar armas, F35s e veículos militares de fabricação estadunidense; por outro, pressionam a Europa por maiores investimentos financeiros na Otan. Esses dois elementos testemunham, respectivamente, a segurança que os Estados Unidos possuem da sua superioridade militar – como não temer, a curto e médio prazo, rivais externos na Europa – e a certeza de estar com a Europa em uma aliança da qual podem gabar-se de controle total.

[23] Domenico Losurdo, "Existe um imperialismo europeu hoje?", neste livro, p. 65.

econômico, político e militar, que vê avançar a hegemonia do Velho Mundo em detrimento da estadunidense? Na realidade, tendo em conta as múltiplas esferas em que se articulam as relações de poder,

> a distância que separa o poder hegemônico dos possíveis desafiantes é muito maior [...] [e] não faz sentido perscrutar o horizonte em busca de nuvens que anunciem uma futura tempestade militar e um futuro confronto entre os Estados Unidos e a União Europeia... Quem pensa que, com o desaparecimento da União Soviética, ou seja, do país que emergiu da Revolução de Outubro e da luta contra a carnificina da Primeira Guerra Mundial, o mundo voltou à situação anterior a 1914, deveria mudar de ideia.[24]

Em Lênin encontramos também um segundo esclarecimento da categoria em questão: "o que caracteriza o imperialismo", explica ele, é "a conquista de terras, o que serve menos ao benefício próprio que ao enfraquecimento do adversário"[25]. Podemos, sem dúvida, encontrar essa prática na política externa dos Estados Unidos: desde os primeiros ataques à Líbia, "os Estados Unidos visavam... 'controlar a produção do petróleo do Oriente Médio', mas também 'impedir o desenvolvimento das relações econômicas entre a Líbia e a Europa'"[26]. Uma situação semelhante reaparece com a Segunda Guerra do Golfo, desencadeada por Washington contra um Estado que acabava de decidir abandonar o dólar para assumir o euro como moeda de troca internacional[27], o que despertou a decepção de Chirac e Schröder (na ocasião, presidente da França e chanceler da Alemanha, respectivamente), que expressaram uma firme oposição à agressão militar estadunidense[28]. Os dois estadistas tinham entendido muito bem que a guerra contra o Iraque era também uma guerra contra a Europa e, embora o equilíbrio de poder fosse desfavorável a eles, eles tentaram evitar a operação colonial estadunidense.

---

[24] Ibidem.

[25] Domenico Losurdo, "La dottrina Bush e l'imperialismo planetario", *L'Ernesto*, nov.-dez. 2002 [ed. bras: "A doutrina Bush e o imperialismo planetário", em *Colonialismo e luta anticolonial: desafios da revolução no século XXI*, São Paulo, Boitempo, 2020, p. 89].

[26] Ibidem [ed. bras.: p. 88-9].

[27] "Petrolio: Iraq più vantaggioso passare dal dollaro all'euro", *Adnkronos*, 30 out. 2000.

[28] "Francia e Germania, no alla guerra in Iraq", *Corriere della Sera*, 22 jan. 2003; "Chirac e Schröder: al Consiglio la maggioranza è contro gli USA", *Il Sole 24 Ore*, 25 fev. 2003.

Mas se a dinâmica descrita por Lênin em relação ao imperialismo, como vimos, pode ser indubitavelmente encontrada na política externa estadunidense, podemos nos perguntar o quanto ela pode ser encontrada na política externa europeia: alguma vez assistimos, nas últimas décadas, a uma invasão de um Estado do Terceiro Mundo por um Exército europeu, orquestrada com a intenção de enfraquecer os Estados Unidos? O resumo das guerras em que a União Europeia e seus países-membros participaram revela exatamente o contrário: não só não conseguem se opor à agressão militar desejada pelos Estados Unidos, como na maioria das vezes parecem inteiramente submissos a eles.

Portanto, mais do que uma relação competitiva, parece haver uma relação de subordinação entre os Estados Unidos e a União Europeia. Uma subordinação que limita as soberanias nacionais dos países europeus num sentido unilateral e particularista. Os comunistas deveriam concentrar suas lutas contra tal violação, contra a arrogância expressa no plano diplomático, a interferência política, as tentativas de opressão econômica e de invasão militar que sofrem.

2.3. A União Europeia como um desdobramento do imperialismo americano

A última forma de antieuropeísmo, a segunda entre aquelas que não retiram a existência dos Estados Unidos, cai em uma hipóstase igual e oposta à que acabamos de observar. A União Europeia não aparece então como uma força tão poderosa a ponto de constituir uma polaridade imperialista em competição com os Estados Unidos, mas como uma formação tão fraca que não pode ser outra coisa senão seu satélite. A capital da União Europeia, segundo essa leitura, continua sendo Washington, o autêntico condutor de todas as políticas revestidas com as bandeiras de Bruxelas. O território estadunidense se estenderia, portanto, para além do Atlântico e atingiria as fronteiras com a Rússia. Nessa perspectiva, a dissolução da União Europeia aparece ao mesmo tempo como a dissolução do Império Americano[29]. Se no caso observado anteriormente era hipostasiada a diferença (até se tornar uma contradição), aqui é hipostasiada a identidade. A hipóstase em questão, no entanto, é mais uma vez baseada em uma série de repressões.

---

[29] Por exemplo, ver Morris Mottale, "L'Unione europea? È un prodotto americano", *Il Giornale*, 4 dez. 2015. Mottale é docente de relações internacionais, política comparada e estudos estratégicos na Faculdade de Ciências Políticas da Universidade Franklin.

Quando os Estados Unidos planejam invadir o Iraque em 2003, encontram forte oposição da Alemanha. O chanceler alemão denuncia a política estadunidense como fomentada por uma nova forma de *Manifest destiny*, pela ideologia do *excepcionalismo americano* e por uma nova escatologia da guerra. Denuncia aquela "espécie de semântica bíblica" que compõe a narrativa dos Estados Unidos: "o problema começa quando se quer dar a impressão de que as decisões políticas são resultado de uma conversa com Deus"[30]. A distância que distingue o mundo político europeu do estadunidense é cultural, surgida na história em mais de uma ocasião. Quando, em 8 de janeiro de 1918, o presidente Wilson pronunciou os famosos *Quatorze pontos* diante do Senado estadunidense, do outro lado do Atlântico, o primeiro-ministro francês Clemenceau comentou a notícia nestes termos: pelo menos "o bom Deus teve a modéstia de limitar-se a dez mandamentos!"[31]. E se "em uma carta, John Maynard Keynes define Wilson como 'o maior impostor da terra'", após a Segunda Guerra do Golfo, Gehrard Schröder acusa o presidente dos Estados Unidos de ter mentido, de ter espalhado a ideia completamente "falsa e fabricada" de um relacionamento entre o governo iraquiano e a Al-Qaeda. É com essa motivação que "a Alemanha" se junta "à Rússia e à França", tornando-se um dos "mais importantes adversários da invasão estadunidense". Já em 2002, a então ministra da Justiça Herta Daubler-Gmelin declarou a um jornal alemão, referindo-se às políticas iraquianas da Casa Branca, que "Bush quer distrair a população de suas dificuldades, é um método popular, Hitler fez a mesma coisa". O presidente estadunidense se declara "chocado e furioso": é difícil, em sua opinião, "pensar em algo mais ofensivo do que ser comparado a Hitler por um líder alemão"[32]. Isso foi pouco antes de vários primeiros-ministros e funcionários de governo europeus denunciarem a prática de *Waterboarding* [afogamento simulado, forma de tortura] ordenada pelo governo Bush e a tortura perpetrada pelos militares dos Estados Unidos no Iraque, na prisão de Abu Ghraib.

Se essas fraturas diminuem, certamente não desaparecem com a ascensão de Angela Merkel ao governo.

---

[30] Charles von Hawley, "Bush-Schröder Enmity Continues in Memoirs", *Spiegel online*, 10 nov. 2010.

[31] Georges Clemenceau, citado em Domenico Losurdo, *Il linguaggio dell'Impero*, cit., p. 107 [ed. bras.: *A linguagem do império*, cit., p. 112].

[32] Charles von Hawley, "Bush-Schröder Enmity Continues in Memoirs", cit.

A história do TTIP [Acordo de Parceria Transatlântica de Comércio e Investimento] é eloquente, uma espécie de tentativa dos Estados Unidos de colonizar o mercado europeu em desacato a suas regulamentações. As negociações, explicou Sigmar Gabriel, vice-chanceler alemão e ministro da Economia, "de fato fracassaram porque nós, europeus, não podemos aceitar tranquilamente os pedidos americanos". Uma história no decorrer da qual, além da Alemanha, "nem mesmo a França escondeu suas perplexidades diante do que parecia ser um instrumento unilateral americano"[33]. Portanto, se a própria Itália conseguiu evitar "uma invasão de produtos geneticamente modificados e de carne com antibióticos"[34], de "carne de vaca enriquecida com hormônios" e de "frangos químicos"[35], isso se deve principalmente à teimosia da França e da Alemanha, que tiveram força para fazer cumprir as restrições europeias.

Esses atritos entre os dois mundos não são casos isolados: em janeiro de 2015, "o Banco Central do Irã anunciou o abandono do dólar nas transações com países estrangeiros… as moedas que serão utilizadas no futuro na celebração de contratos comerciais incluem o yuan, o euro e o rublo russo"[36]. Em 18 de abril de 2018, mais um avanço nessa direção é oficializado:

> O governo iraniano ordenou que todas as organizações e empresas estatais substituíssem o dólar americano pelo euro em seus demonstrativos financeiros… O governo também confiou ao banco central a tarefa de administrar e anunciar continuamente a taxa de câmbio do rial/euro.
> A decisão é tomada como parte dos esforços do país para reduzir sua dependência da moeda dos Estados Unidos.
> O presidente do Banco Central, Valiollah Seif, afirmou em 9 de abril que o líder supremo, o aiatolá Ali Khamenei, acolheu sua sugestão de substituir o dólar pelo euro no comércio exterior do Irã.[37]

Compreendemos também, então, quais são as razões econômicas, bem como as políticas, por trás dos ataques lançados pelo governo Trump ao Irã. Ataques

---

[33] "La Germania: 'Fallito il negoziato tra Usa e Ue sul TTIP'", *La Stampa*, 28 ago. 2016.
[34] "I timori: un'invasione di OGM e danni alle piccole e medie imprese", *La Stampa*, 29 ago. 2016.
[35] "TTIP: Il trattato commerciale tra Stati Uniti e UE è un patto avvelenato", *L'Espresso*, 26 maio 2016.
[36] Elena Holodny, "Iran Is Ditching the Dollar in Foreign Trade", *Business Insider*, 27 jan. 2015.
[37] "Iran replaces US dollar with euro in financial reporting", *Tehran Times*, 18 abr. 2018.

aos quais a União Europeia se opôs firmemente, denunciando as "decisões unilaterais" de Washington e tentando "tanto arrancar uma revogação permanente das últimas medidas comerciais, como salvaguardar o acordo com Teerã, protegendo as empresas europeias de sanções extraterritoriais americanas"[38].

Em julho de 2018, o Irã decidiu apresentar "uma denúncia contra os Estados Unidos perante o Tribunal Internacional de Justiça da ONU, para pedir o ressarcimento pelos prejuízos causados pela "reimposição ilegal de sanções" e por "insistir em violações da lei em âmbito internacional", incluindo "a retirada dos Estados Unidos do acordo nuclear"[39]. A luta travada pelo Irã para fazer respeitar o direito internacional contra os objetivos expansionistas do eixo Estados Unidos-Israel é uma espécie de batalha de Davi contra Golias. Na sequência desse confronto desigual, o porta-voz da União Europeia expressou-se nestes termos:

> vamos continuar a fazer tudo o que estiver ao nosso alcance para evitar que este acordo [o acordo com o Irã] seja desmantelado... essa é a determinação da União Europeia unida, China, Federação Russa e de outros parceiros internacionais que estão mantendo seus compromissos econômicos com o Irã em conformidade com o que fazemos.[40]

Observamos, em geral, que, enquanto o governo Trump tenta desestabilizar o governo iraniano, a União Europeia entra em acordos mutuamente benéficos com ele.

Permanecendo no âmbito do Oriente Médio, os atritos entre os dois mundos em relação à questão palestina não se mostraram menos relevantes. A mudança da embaixada dos Estados Unidos para Jerusalém realizada pelo governo Trump não obteve o consentimento da União Europeia, que congelou pela segunda vez as pretensões de Netanyahu[41], depois de, apenas quatro anos antes – embora ainda apenas "em princípio" – ter reconhecido o Estado da Palestina[42].

---

[38] Beda Romano, "Vertice di Sofia: Iran, i leader UE difendono l'accordo dallo strappo di Trump", *Il Sole 24 Ore*, 17 maio 2018.
[39] "Iran denuncia gli USA all'Aja", *Ansa*, 17 jul. 2018.
[40] "Iran: Mogherini, non cancellare accordo", *Ansa*, 16 jul. 2018.
[41] "Gerusalemme, l'UE gela Netanyahu: 'Non seguiremo gli USA'; Putin: 'Trump sbaglia'", *Rai News*, 11 dez. 2017; "La UE: Gerusalemme è anche palestinese", *Corriere della Sera*, 9 dez. 2017.
[42] Ver Massimiliano Sfregola, "L'UE 'riconosce' lo Stato di Palestina, Israele s'infuria", *Il Fatto Quotidiano*, 17 dez. 2014; "Parlamento UE, riconoscere la Palestina", *Ansa*, 17 dez. 2014.

Sem dúvida, a política da União Europeia em relação a essa população registra enormes lacunas em termos de democracia, bem como uma excessiva subordinação ao poder dos Estados Unidos. Mas a subordinação, que com razão deve ser denunciada, não deve obscurecer os elementos de divergência: enquanto Washington aprova a construção do colonialismo levado adiante por Israel e o confisco de terras, a União Europeia denuncia essa política como uma vergonha para qualquer propósito de paz[43]. Em novembro de 2015, a Comissão Europeia aprovou uma lei sobre os rótulos dos produtos israelenses: eles agora devem indicar os bens que têm origem em territórios ocupados, uma vez que a "União Europeia reconhece" a legitimidade do Estado israelense apenas dentro "das fronteiras de 1967". Diante dessa escolha, "dura" foi "a reação de Israel, que decidiu suspender alguns diálogos diplomáticos com a União Europeia, especialmente sobre questões políticas e de direitos humanos"[44]. Enquanto a Casa Branca também reduz pela metade (de 125 milhões para 60 milhões de dólares) os recursos destinados à agência da ONU que atende refugiados palestinos[45], a União Europeia critica abertamente a escolha dos Estados Unidos e tenta compensar o corte alocando um plano de ajuda aos palestinos no valor de 42,5 milhões de euros[46]. A subordinação do Velho Continente ao poder de Washington também em relação à Palestina deve ser duramente criticada, não menos, porém, do que deve ser julgada positivamente qualquer tentativa, ainda que tímida, de se distanciar. Desprezar ou negligenciar essas tentativas equivale a privá-las da força e do apoio para que aumentem. Por outro lado, não há dúvida que, para o povo palestino, a União Europeia é um interlocutor menos insensível do que Israel e os Estados Unidos.

Aos atritos observados até agora soma-se a chamada "guerra tarifária". Já iniciado na era Obama[47], com a administração Trump assistimos a uma intensificação do embate, não só econômico, mas também verbal: "as relações comerciais com Bruxelas são 'muito difíceis' e... a União Europeia tem

---

[43] "UE condanna nuove case a Gerusalemme est", *Ansa*, 3 out. 2014.
[44] "Cambia la norma UE sulle etichette dei prodotti israeliani: si saprà se arrivano dagli insediamenti", *La Stampa*, 11 nov. 2015.
[45] "Gli USA tagliano a metà i fondi all'agenzia ONU che assiste i profughi palestinesi", *La Stampa*, 16 jan. 2018.
[46] "UE, aiuti da 42,5 mln per i palestinesi", *Ansa*, 31 jan. 2018.
[47] "La guerra commerciale USA-UE non nasce con Trump, ma nell'era Obama", *Investire Oggi*, 2 abr. 2017.

barreiras comerciais inaceitáveis", sentenciou o presidente estadunidense em seu encontro com seu homólogo francês. Se não houvesse a União Europeia, tudo seria melhor para o *Project for the New American Century*: "prefiro lidar apenas com a França"[48], concluiu Trump. A partir de então, o governo norte-americano imporá à Europa uma série de impostos[49] que, como se observou, têm o sabor de verdadeiras sanções[50]. Mas a reação do Velho Continente não tardou. Além da réplica sobre mercadorias americanas, vimos Angela Merkel correr para Pequim com o objetivo de fortalecer as relações com a China:

> A Alemanha, do ponto de vista diplomático, busca um acordo entre Berlim e Pequim com base em algumas questões-chave, como o clima, o livre-comércio e o acordo nuclear com o Irã, do qual os Estados Unidos anunciaram sua retirada em 8 de maio. Durante um telefonema com Angela Merkel, em março de 2017, Xi afirmou que a China e a Alemanha devem "tornar-se apoiadores de um novo tipo de relações internacionais" e fortalecer a parceria apesar das diferenças ideológicas entre os dois países.[51]

Ao mesmo tempo, Macron foi para São Petersburgo. Depois de convidar Putin a "superar as dificuldades" que surgiram e "que vão surgir", a não esquecer que "a Rússia tem o seu próprio caminho, as suas particularidades, mas é parte inseparável da Europa", depois de sublinhar a importância de "combater pela nossa soberania" ao reiterar que "a Europa deve ter sua soberania financeira"[52] não afetada pelos Estados Unidos, ele está prestes a assinar com Moscou

> mais de 50 acordos e tratados comerciais… alguns verdadeiramente estratégicos, como a participação da Total – com uma cota de 10% – na próxima planta da Novatek para extração e liquefação de gás do Ártico. Um movimento semelhante ao da chanceler alemã Angela Merkel, que na semana passada [maio de 2018], em Sochi, efetivamente encerrou a construção do gasoduto Nord Stream 2.[53]

---

[48] "Asse Trump-Macron alla Casa Bianca, ma resta il nodo Iran", *Ansa*, 25 abr. 2018.
[49] "Dazi, da mezzanotte scattano quelli USA con la UE. Juncker: 'È protezionismo'", *Corriere della Sera*, 31 maio 2018.
[50] "Putin, dazi USA sono 'sanzioni' per l'UE", *Ansa*, 7 jun. 2018.
[51] "Merkel a Pechino, rafforzata l'intesa Germania-Cina", *Rai News*, 24 maio 2018.
[52] "Iran: Macron, gli accordi si rispettano", *Ansa*, 25 maio 2018.
[53] "La strana alleanza tra Macron e Putin contro Trump", *Ansa*, 26 maio 2018.

Trata-se de acordos inevitavelmente destinados a repercutir também no plano ideológico e político.

Por outro lado, como observado, "se o acordo entre Total e Novatek coroou a reaproximação entre Putin e Macron, a vontade comum de salvar os acordos com Teerã" constitui "uma oportunidade para aprofundar o vínculo"[54]. A indignação de Trump é profunda. Segundo ele, "a União Europeia age de forma brutal em relação aos Estados Unidos"[55].

Finalmente, uma última questão deve ser considerada: se por um lado "o Departamento de Estado" estadunidense adota medidas contra Cuba, "retirando 60% do pessoal da embaixada... emitindo um alerta que desaconselha os cidadãos americanos a irem à ilha", bloqueando "a emissão de vistos para cubanos que pretendem viajar para os Estados Unidos"[56] e reiterando seu isolamento comercial, por sua vez a União Europeia condena o embargo estadunidense contra a ilha como uma medida antidemocrática que tem o único efeito de "piorar a qualidade de vida de mulheres, homens e crianças cubanos"[57]. Depois de ter assinado um acordo diplomático em dezembro de 2016, no qual se afirma que "para Cuba e todo o Caribe a União Europeia é amiga e parceira"[58], em 2018 "uma delegação do banco europeu" assina em Havana "acordos de 49 milhões de euros" relativos a "agricultura sustentável, energias renováveis, cultura"[59].

Não há dúvida de que não só para o povo palestino, mas também para Cuba, a União Europeia é um interlocutor mais razoável do que os Estados Unidos.

Os governos russo e chinês compartilham a mesma opinião. Com o crescente atrito entre Bruxelas e Washington, "a Rússia" está cada vez mais "interessada em uma União Europeia unida... e próspera"[60], ou "em uma União Europeia

---

[54] Antonella Scott, "Macron, da San Pietroburgo sfida a Trump, Total raddoppia in Russia", *Il Sole 24 Ore*, 25 maio 2018; sobre as relações entre Alemanha, França e Rússia para uma política de independência da Europa, ver o volume de Henri de Grossouvre, *Parigi, Berlino, Mosca: geopolitica dell'indipendenza europea* (Roma, Fazi Editore, 2004).

[55] "Trump: 'Europa brutale con USA'", *AdnKronos*, 9 jun. 2018.

[56] "USA, nuove tensioni con Cuba: stop a visti e viaggi, via il 60% dello staff ambasciata", *Il Messaggero*, 29 set. 2017.

[57] "Mogherini a Cuba: 'l'embargo non è la soluzione'", *Il Sole 24 Ore*, 4 jan. 2018.

[58] "UE-Cuba, firmato nuovo accordo per normalizzazione rapporti", *Ansa*, 12 dez. 2016.

[59] Cristiano Tassinari, "Mogherini incontra Castro, bacchetta Trump e annuncia accordi con Cuba per 49 milioni di euro", *Euronews*, 5 jan. 2018; ver também Roberto Livi, "L'Europa 'indipendente e sovrana' investe su Cuba", *Il Manifesto*, 6 jan. 2018.

[60] "Putin, 'vogliamo Unione Europea forte'", *Ansa*, 4 jun. 2018.

sólida que atue como um parceiro construtivo e previsível, e busca uma política externa com base nos interesses europeus"[61]. O próprio presidente Putin, depois de desejar encontrar-se com Angela Merkel para discutir "a implementação de grandes projetos comerciais conjuntos e ameaças provenientes" dos Estados Unidos[62], manifestou a esperança "de que o Nord Stream 2 melhore a distribuição de gás na Europa e contribua para o seu desenvolvimento", lembrando como "a Alemanha" é um dos "principais parceiros comerciais" da Federação Russa[63].

A posição da República Popular é ainda mais clara: sem a União Europeia ou com uma União fraca "a China é obrigada a celebrar acordos com cada país europeu individualmente", o que "torna mais lenta e complicada a obtenção de bons resultados", possíveis somente por meio de "relações mais simplificadas em âmbito supranacional". Além disso, a "União Europeia" pode constituir para a China "um bom aliado no plano internacional para equilibrar o poder dos Estados Unidos"[64]. Não há dúvida que, como disse o primeiro-ministro Li Keqiang, "é do interesse da China ter um euro forte e uma Europa forte"[65].

Desde os dias do debate sobre o Grexit, a liderança da República Popular tem feito questão de reiterar a sua posição: "para a China é de grande importância que a Grécia permaneça no euro e que o euro continue a ser uma moeda forte"[66]. Depois de reafirmar essa concepção por ocasião do Brexit[67], após o aumento dos atritos entre os Estados Unidos e a Europa, e da "aplicação indiscriminada que Trump faz do princípio "America First", a liderança do PCCh afirmou estar pronta "para financiar um *Global Partnership Centre* [Centro de Parceria Global] em Sofia que ajude as empresas chinesas a compreender as normativas europeias"; para então reiterar: "Pequim é a favor de uma Europa unida e próspera e de um euro forte... Uma Europa enfraquecida seria uma má notícia para nós"[68].

---

[61] "Lavrov: la Russia è interessata ad un'Unione Europea solida", *SputnikNews*, 10 maio 2018.
[62] "Putin-Merkel discuteranno minacce USA", *Ansa*, 17 ago 2018.
[63] "Putin, Nord Stream 2 rafforzerà Europa", *Ansa*, 19 ago 2018.
[64] F. L. Grotti, "I rapporti Europa-Cina in chiaroscuro: come Pechino percepisce la UE", *Asian Waves*, 14 maio 2014.
[65] Eugenio Buzzetti, "Li a Bruxelles promette sostegno a UE e Grecia", *Agi*, 30 jun. 2015.
[66] Ilaria Maria Sala, "La Cina tifa per la Grecia nell'euro: 'Trovate un accordo'", *La Stampa*, 30 jun. 2015.
[67] "Brexit: Cina, serve UE stabile e unita", *Ansa*, 27 jun. 2016.
[68] Stefano Carrer, "Dazi, la Cina rilancia l'offensiva economica dai Balcani: 'Vogliamo un'Europa forte'", *Il Sole 24 Ore*, 8 jul. 2018.

A mesma perspectiva está impulsionando a política do Vietnã: em novembro de 2016, a República Socialista assinou um tratado com o Velho Continente estabelecendo que "71% das exportações vietnamitas entrarão na União Europeia com tarifa zero, em troca da revogação de 65% das tarifas de importação vietnamitas sobre produtos europeus". O mesmo tratado prevê ainda "que, após sete anos, a Europa liberalize quase todas as importações do Vietnã, e o Vietnã, por sua vez, 97% das importações europeias"[69].

A política estadunidense em relação à Europa parece seguir na direção diametralmente oposta: "Ninguém crê nisso na União Europeia, mas eles são nossos inimigos", setenciou Donald Trump em entrevista à CBS, inimigos tal qual a Rússia e a China[70]. Compreendemos então as injúrias contra a "Alemanha... prisioneira da Rússia"[71], e as reiteradas tentativas do inquilino da Casa Branca de perturbar a União Europeia, pressionando ora Macron[72], ora Theresa May[73]. E também compreendemos as diferentes reações de Rússia e Estados Unidos em relação à hipótese ventilada pelo presidente francês e endossada pelo chanceler alemão de dar vida a um Exército europeu: essa hipótese é "um insulto!", sentenciou Donald Trump em tons furiosos. E vendo nisso uma tentativa de se libertar do Pacto do Atlântico e adquirir autonomia em âmbito militar, chamou imediatamente à obediência os países do Velho Continente, lembrando-lhes de pagar suas dívidas à Otan[74]. A opinião de Putin é diametralmente oposta: o Exército europeu parece uma hipótese "sensata" e constitui um "desenvolvimento positivo". De fato, "a Europa é uma associação econômica poderosa, uma união econômica poderosa e é bastante lógico que queira ser independente, autossuficiente e soberana no setor de defesa e segurança", afirmou o presidente da Federação Russa[75].

---

[69] "UE-Vietnam, come funziona l'accordo sul libero scambio", *Agi*, 23 nov. 2016.

[70] "Trump: 'UE nostro nemico, e in parte anche Russia e Cina'", *Corriere della Sera*, 15 jul. 2018; "Trump: 'UE nostro nemico, rapporti con la Russia mai peggio di così'", *Il Sole 24 Ore*, 15 jul. 2018; "Trump contro Russia, UE e Cina: 'Sono nostri nemici'", *AdnKronos*, 15 jul. 2018.

[71] "Trump, Germania prigioniera della Russia", *Ansa*, 11 jul. 2018.

[72] Marco Valsania, "L'invito di Trump a Macron: 'Perché non esci dalla UE?'. E gli propone un'intesa USA-Francia", *Il Sole 24 Ore*, 29 jun. 2018.

[73] "Trump, la Brexit è una benedizione", *Ansa*, 13 jul. 2018; "May, Trump m'ha detto: 'Denuncia l'EU'".

[74] "Trump attacca Macron: insulto esercito UE", *Ansa*, 9 nov. 2018.

[75] "Vladimir Putin: 'Positiva idea di Macron su un esercito europeo'", *Corriere della Sera*, 11 nov. 2018; sobre esse tema, ver o importante artigo de Fulvio Scaglione, "Esercito europeo, Merkel e Macron sfidano Trump (e l'Italia sovranista se la fa sotto)", *Linkiesta*, 14 nov. 2018.

2.4. A relação Estados Unidos-União Europeia: nem desdobramento nem competição imperialista

Pelo que observamos até agora, vemos que a União Europeia não é uma extensão do imperialismo estadunidense nem um polo imperialista em competição com ele. Para refutar ambas as teses – uma das quais tende a esconder os atritos, a outra a enfatizá-los – e a tipologia de contradições existente entre as duas frentes: os únicos pontos em que a União Europeia se encontra em conflito com os Estados Unidos fazem sobressair o caráter *particularista* dos americanos e a carga *universalista* da Europa. Nos Estados Unidos se vê a tendência evidente de preservar a dominação planetária ao impedir qualquer democratização das relações internacionais, enquanto na União Europeia observa-se uma tendência a promovê-las. Isso não significa que a União Europeia seja *per se* um veículo da democracia, mas sem dúvida o é em determinadas ocasiões – lembre-se aqui, para além das relações com a Rússia e a China, as questões iranianas e palestinas, as relações com Cuba e o Vietnã –, nas quais colide com a política expansionista do eixo Estados Unidos-Israel. Esse aspecto é válido por si só para refutar as duas hipóstases observadas: a União Europeia não está nem em perfeita sintonia nem em absoluto conflito com os Estados Unidos da América. Nunca na história dos Estados houve uma harmonia de projetos com um número tão elevado de contradições, nem nunca se viu uma competição entre equipotências imperialistas em que todos os contrastes mostrassem um impulso particularista de um lado e uma tendência universalista de outro.

No entanto, neste ponto, surge uma questão: como avaliar o papel da Europa no cenário mundial?

3. A República Popular da China e a *Teoria dos Três Mundos*

Em entrevista à jornalista estadunidense Anna Louise Strong, em agosto de 1946, Mao Tsé-Tung afirma o seguinte sobre o papel desempenhado no cenário geopolítico pela primeira potência mundial: "Os Estados Unidos controlam atualmente áreas mais amplas do que todas as antigas esferas de influência britânicas juntas" e, além disso, "tentam colocar sob seu controle" também "a Europa ocidental". Olhando mais de perto, "sob vários pretextos", os sucessivos governos estadunidenses "adotam medidas militares em grande escala e estabelecem bases militares em muitos países". Sem dúvida, continua ele, essas posições "são dirigidas contra a União Soviética. Atualmente, porém, não a União Soviética, mas os países em que essas bases militares estão instaladas são os primeiros a sofrer a agressão dos Estados Unidos"[76].

É uma dinâmica que se repete ainda hoje: os Estados Unidos instalam postos militares com função preeminentemente antirrussa e antichinesa. No entanto, são principalmente os países onde essas bases estão instaladas que sofrem a agressão, ou seja, a ocupação militar – em primeiro lugar os países europeus.

A análise de Mao está repleta de repercussões no plano teórico. O xadrez geopolítico não oferece uma competição entre diferentes forças imperialistas, aproximadamente equivalentes entre si, como aconteceu durante a Primeira Guerra Mundial, mas registra uma situação muito mais parecida com a dos grandes impérios do passado. Assim, segundo o então presidente da República Popular em conferência realizada em Zhengzhou, em março de 1959:

> Os mongóis tiveram o primeiro grande império do mundo: exceto o Japão e a Indonésia, toda a Ásia e grande parte da Europa foram ocupadas por eles. O segundo foi a Grã-Bretanha, um império onde o sol nunca se punha. O terceiro pertencia a Hitler: ele ocupou toda a Europa, metade da União Soviética e o norte da África. Agora, o maior império é o de Eisenhower. De fato, ele controla toda a Europa ocidental, toda a América, a Austrália, a Nova Zelândia, o Sudeste asiático, a Índia e também investe cada vez mais contra a Indonésia.[77]

Não há dúvida, de acordo com Mao, que "mesmo em relação a seus aliados da Europa ocidental, da América do Norte e da Oceania, o imperialismo dos Estados Unidos segue a política do 'peixe grande que engole o peixe pequeno', tentando por todos os meios esmagá-los sob seus pés". Esse não é um aspecto contingente da administração estadunidense, concernente apenas a este ou àquele governo: "O plano agressivo do imperialismo norte-americano visando à dominação mundial segue uma linha ininterrupta, de Truman passando por Eisenhower e Kennedy até Johnson"[78].

Com base nessa perspectiva, em fevereiro de 1974, Mao formula os princípios do que mais tarde será chamado de *Teoria dos Três Mundos*:

---

[76] Mao Tsé-Tung, *Opere*, v. 10 (Milão, Rapporti Sociali, 1991-1994), p. 53.
[77] Ibidem, v. 17, p. 135-6.
[78] Ibidem, v. 20, p. 29-30.

> Sou da opinião de que os Estados Unidos e a União Soviética constituem o Primeiro Mundo. Japão, Europa e Canadá, partidários da linha de centro, pertencem ao Segundo. Nós pertencemos ao Terceiro Mundo. O Terceiro Mundo tem uma grande população. Com exceção do Japão, toda a Ásia pertence ao Terceiro Mundo, toda a África pertence ao Terceiro Mundo e a América Latina igualmente.[79]

Essa passagem não constitui um discurso isolado em contraste com o pensamento geral, mas seu coroamento: a *Teoria dos Três Mundos*, em última análise, nada mais é do que a reelaboração linguística da *Teoria da Zona Intermediária*, já formulada pelo revolucionário chinês em mais de uma ocasião. Este, por exemplo, é o quadro que se desenha nas "Propostas sobre a linha geral do movimento comunista internacional", de 1963:

> Aproveitando a situação criada após a Segunda Guerra Mundial e substituindo os fascistas alemães, italianos e japoneses, os imperialistas dos Estados Unidos tentam fundar um imenso império mundial sem precedentes. O objetivo estratégico sempre foi invadir e dominar a zona intermediária entre os Estados Unidos e o campo socialista, sufocar a revolução dos povos e das nações oprimidas, destruir os países socialistas e assim colocar todos os povos e todos os países do mundo, incluindo os aliados dos Estados Unidos, sob o domínio e a escravidão do capital monopolista estadunidense.[80]

E uma vez mais, no ano seguinte, Mao lança nova luz sobre essa posição, que já defendia havia mais de uma década:

> Dissemos que existem duas zonas intermediárias. Ásia, África e América Latina compõem a primeira; Europa, Canadá, Austrália, Nova Zelândia e Japão compõem a segunda. Os capitalistas monopolistas japoneses foram enganados pelos Estados Unidos; somos contra tal engano. Um grande número de pessoas aceita essa concepção das zonas intermediárias. Não estou dizendo isso hoje pela primeira vez, mas já o disse em 1946. Naquela época eu não distinguia entre uma primeira e uma segunda zona, mas falava apenas de uma zona intermediária entre a União Soviética e os Estados Unidos que também incluía a China. 1946, 1956, 1964... são dezoito anos; já faz dezoito anos que eu disse isso.[81]

---

[79] Ibidem, v. 25, p. 91.
[80] Ibidem, v. 20, p. 91.
[81] Ibidem, v. 21, p. 184.

A análise do Grande Timoneiro será fundamental para estabelecer a linha política do PCCh e a atitude que o governo de Pequim adotará em relação à Europa nas próximas décadas.

Quando em setembro de 1973 (ainda estamos sob a presidência de Mao) o primeiro-ministro francês Pompidou visita a China, é recebido com todas as honras por Zhou Enlai que, por sua vez, faz um discurso fortemente crítico em relação aos Estados Unidos e a seus objetivos hegemônicos:

> Há um pequeno número de indivíduos no mundo que sempre tiveram prazer em atacar a independência dos outros. Embora vivam nos anos 1970, acariciam os sonhos dos imperadores feudais do século XVIII. "Nós somos o mundo": essa é a sua doutrina e a sua palavra de ordem... Atacam quem se recusa a obedecer-lhes e infiltram-se onde podem.

Não há dúvida, continua Zhou Enlai, que "o hegemonismo e a política dos mais fortes serão, mais cedo ou mais tarde, relegados ao museu da história pelos povos do mundo". E é com o objetivo de acelerar esse resultado que "apoiamos todas as lutas justas travadas pelos povos dos diferentes países", incluindo "os povos europeus que se unem para preservar a sua soberania e a sua independência". Portanto, conclui, "somos a favor deste ponto de vista: a causa da unidade europeia, se concretizada, contribuirá para a melhoria da situação na Europa e em todo o mundo"[82].

É uma posição reafirmada oficialmente e colocada, preto no branco, como princípio político: no *Relatório dos trabalhos do governo*, apresentado por Zhou Enlai em 13 de janeiro de 1975, está escrito o seguinte: "apoiamos a luta dos países e dos povos do Segundo Mundo contra o controle, as ameaças e o assédio" de qualquer superpotência e apoiamos "os esforços realizados pelos países da Europa ocidental para se unirem a essa luta"[83].

No ano anterior – em abril de 1974 –, Deng Xiaoping havia apresentado um documento à Assembleia Geral das Nações Unidas no qual teorizava a divisão do mundo em três blocos, seguindo o que havia sido afirmado por Mao alguns meses antes. Mas foi somente em 1977, um ano após sua morte, que a redação do *Renmin Ribao*, órgão de imprensa de distribuição planetária

---

[82] Zhou Enlai, "Appoggio alle lotte dei paesi e popoli del secondo mondo", em *Scritti e discorsi* (Milão, Editrice Popolare), 1978.

[83] Idem, "Rapporto sulle attività di governo", em Mao Tsé-Tung, *Opere*, cit., v. 25, p. 140.

liderado pelo Comitê Central do Partido Comunista Chinês, publicou *A teoria do presidente Mao sobre a divisão em três mundos, importante contribuição para o marxismo-leninismo*.

Trata-se de uma teoria, é preciso especificar, que contém um grave erro de avaliação: a União Soviética está incluída no Primeiro Mundo junto aos Estados Unidos e classificada na categoria de social-imperialismo. Esse mesmo Estado que, apesar das limitações e do obscurantismo que o havia distinguido no passado, apoiou as lutas de libertação nacional da África à América Latina, do Vietnã à Palestina, ou seja, todos os processos emancipatórios contra as políticas coloniais do Ocidente. O próprio Deng Xiaoping logo percebeu isso e, na década de 1980, submeteu a duras críticas as concepções políticas que indicavam a União Soviética como uma "superpotência" imperialista. No entanto, a análise sobre a Europa que a *Teoria dos Três Mundos* nos oferece mantém ainda hoje sua vitalidade.

Japão, Canadá e Europa, como já explicado por Mao Tsé-Tung, compõem o Segundo Mundo na leitura do *Renmin Ribao*. Estas são as suas características fundamentais: os Estados a ele pertencentes "oprimem e exploram as nações oprimidas, mas ao mesmo tempo são vítimas da interferência e do assédio das superpotências", encontrando-se assim "em contradição tanto com o Primeiro quanto com o Terceiro Mundo". Esse aspecto permite-lhes manter "um duplo caráter", mas também permite ao "Terceiro Mundo conquistar ou atrair [essa força] na luta contra o hegemonismo".

Deve-se ter em mente que a teoria em questão não quer ter um valor particular, não se dirige, vale dizer, apenas ao povo chinês, mas pretende-se uma teoria geral de emancipação para todos os povos dentro dessas determinadas circunstâncias históricas: "A luta de classes que se desenvolve em todos os países está, de fato, inextricavelmente ligada a essa luta de classes em âmbito mundial. Consequentemente, a divisão em três mundos é um balanço completo das contradições fundamentais do mundo de hoje"[84]. São inúmeras as análises que apresentam semelhanças singulares com os cenários atuais:

> A fundação do Mercado Comum da Europa ocidental... o colapso do sistema monetário mundial capitalista baseado no dólar, a intensificação da guerra

---
[84] Renmin Ribao, "La divisione in tre mondi, una tesi scientifica marxista sulla situazione mondiale attuale", em *La teoria del presidente Mao sulla divisione in tre mondi: un importante contributo al marxismoleninismo* (Pequim, Casa Editrice in Lingue Estere, 1977).

comercial e monetária entre a Europa ocidental e o Japão, de um lado, e os Estados Unidos, de outro, todos esses fatos marcaram a desintegração deste campo imperialista com os Estados Unidos à frente. Claro, o capital monopolista da Europa ocidental, do Japão e de outros países ainda tem mil ligações com os Estados Unidos... Mas também é certo que, enquanto estes últimos continuarem sua política de interferência, a luta que os países mencionados travam contra tal política e por relações de igualdade continuará inabalável.[85]

Hoje se pensa tanto na Segunda Guerra do Golfo quanto nos repetidos ataques estadunidenses ao Irã. Em ambos os casos, como observamos anteriormente, trata-se da mesma forma de ataque dos Estados Unidos ao poder da moeda única europeia. Mas as semelhanças com o passado retratadas na análise da liderança chinesa não param por aí:

Grã-Bretanha, França, Alemanha Ocidental e Japão ainda se esforçam... para manter numerosos países do Terceiro Mundo sob a influência e a exploração deles, recorrendo a meios políticos, econômicos e outros; mas considerando a situação como um todo, pode-se afirmar que eles não podem voltar a ser a força principal capaz de controlar e oprimir o Terceiro Mundo. Em certas circunstâncias, movidos por seus próprios interesses, são mesmo obrigados a fazer algumas concessões aos países do Terceiro Mundo, ou expressar seu apoio ou observar a neutralidade em relação à luta destes contra o hegemonismo.[86]

Se pensarmos hoje nos atritos entre a União Europeia e os Estados Unidos relativos às questões palestina e iraniana, relembrarmos as relações econômicas e diplomáticas que a União Europeia manteve com Cuba e Vietnã, bem como com a Rússia e a China[87] (na 20ª Reunião de Cúpula entre China e União Europeia realizada em Pequim, os dois blocos se comprometeram a construir uma "parceria estratégica global" que abordasse conjuntamente uma série de desafios como "mudanças climáticas, ameaças comuns à segurança, promoção do

---

[85] Idem, "Il Secondo mondo è una forza suscettibile di essere attratta nella lotta contro l'egemonismo", em ibidem, p. 20.
[86] Ibidem.
[87] Stefano Carrer, "La UE stringe con Cina e Giappone in chiave anti Trump", *Il Sole 24 Ore*, 16 jun. 2018; Paolo Mastrolilli, "Dazi, Pechino chiama Bruxelles: 'Facciamo un patto contro Trump'", *La Stampa*, 5 jul. 2018.

multilateralismo e promoção de um comércio aberto e equitativo"[88]) e evocarmos a progressiva aproximação entre a União Europeia e Estados como Sri Lanka e Peru, a constatação feita há pouco ressoa profundamente atual: os países do Segundo Mundo "movidos por seus próprios interesses, são mesmo obrigados a fazer algumas concessões aos países do Terceiro Mundo, ou expressar seu apoio ou observar a neutralidade em relação à luta destes contra o hegemonismo".

A crença de que o Ocidente não perfaz um bloco homogêneo e a Europa não pertence ao Primeiro Mundo, a ideia de que o Velho Continente não é um simples desdobramento do imperialismo estadunidense nem uma superpotência equivalente a ele, a certeza de que não deve aproximar a Europa dos Estados Unidos para combatê-la, mas afastá-la dos Estados Unidos para aproximá-la de si, tudo isso caracteriza a política externa de Pequim desde a fundação da República até os dias atuais. As palavras pronunciadas em uma entrevista de 2009 pelo então presidente Hu Jintao são eloquentes: "Pequim atribuiu grande importância às relações com a União Europeia e a considera uma das prioridades de sua política externa". Suas afirmações não querem deixar margem para dúvidas: "A China apoia o processo de integração europeia e saúda o seu papel cada vez mais útil e relevante nos assuntos internacionais". Segundo Sergio Romano, as razões por trás dessa política são evidentes: a República Popular da China "deseja uma Europa forte porque prefere um mundo multipolar em que existam forças capazes de conter e controlar o avassalador poder americano"[89].

Alguns anos depois, a linha adotada pelo novo presidente Xi Jinping não mostra mudanças substanciais nessa frente: seu compromisso na política externa também visa construir "com nossos amigos europeus, uma ponte de amizade e cooperação", ou seja, "uma parceria estratégica sino-europeia global, que tenha maior influência global". A China "deseja garantir que, juntamente com a União Europeia, o sol da paz dissipe as sombras da guerra". Nesta perspectiva, conclui Xi Jinping, "não importa o quanto o cenário internacional mude, a China apoia o processo de integração europeia e defende uma União Europeia unida, estável e próspera, que desempenhe um maior papel nos assuntos internacionais"[90].

---

[88] "Vertice UE-Cina: approfondire il partenariato strategico globale", *Comunicato stampa – Commissione europea*, 16 jul. 2018.

[89] Sergio Romano, "La mano tesa di Hu all'Europa", *Corriere della Sera*, 4 jul. 2009.

[90] Xi Jinping, "Costruire un ponte di amicizia e cooperazione attraverso il continente eurasiatico", em *Governare la Cina* (Florença, Giunti, 2016), p. 352-4.

De Pequim, portanto, recebemos um contributo de vital importância para enquadrar com maior precisão a função da União Europeia no xadrez mundial. Deve-se situá-la na órbita do Segundo Mundo e, nessa posição, mostra contradições tanto com países anti-imperialistas quanto com os objetivos hegemônicos da superpotência americana. Por essa mesma razão, seria necessário desencorajar aqueles comportamentos políticos que tendem a empurrá-la para o seio do Primeiro Mundo, para, ao contrário, apoiar aqueles que a empurram para se libertar da interferência estadunidense e de atos de submissão a ela. Colocar-se em acordo e não em contraste com a linha política do Partido Comunista Chinês constitui, portanto, para qualquer marxista que pretenda ver derrotadas as reivindicações hegemônicas estadunidenses e que se preocupe com a democratização das relações internacionais, uma espécie de imperativo categórico; tanto mais que do resultado do jogo entre Estados Unidos e China dependerá não apenas o destino do mundo, mas também o grau de incidência do movimento comunista internacional.

4. Isolar e combater o inimigo principal

Hoje em dia, mesmo as vozes mais críticas à Europa não seguem a tese da existência de um imperialismo europeu. Uma vez que, de fato, essa organização padece "da falta de um Estado unitário, de uma política externa, de forças armadas e de polícia própria" é bastante "difícil" sustentar "que exista hoje um imperialismo europeu capaz de atuar como polo imperialista autônomo ou que existam as bases para que isso seja alcançado em um tempo historicamente breve"[91].

Sendo assim, as narrativas que tendem a falar de conflitos interimperialistas, evocando cenários que remetem diretamente à Primeira Guerra Mundial, revelam-se ainda mais inoportunas. Claro, às vezes são feitas referências ao imperialismo quando se fala de Estados como França, Alemanha e Japão. No entanto, são países que, além de serem significativamente mais fracos em âmbito econômico, político e ideológico, têm uma forte presença militar estadunidense em seu próprio território ou próxima de suas fronteiras. Quantas, no entanto, são as bases francesas, alemãs e japonesas nos Estados Unidos? É evidente que, em todo caso, "referir-se... à dialética que presidiu a eclosão da

---

[91] Domenico Moro, *La gabbia dell'euro* (Reggio Emilia, Imprimatur, 2018), p. 81.

Primeira Guerra Mundial não nos ajuda em nada a compreender as relações internacionais hodiernas"[92].

Pelo contrário, como Mao Tsé-Tung havia sugerido, é com a Segunda Guerra Mundial que a situação geopolítica hodierna apresenta maiores semelhanças: depois do império de Hitler, que "ocupou toda a Europa, metade da União Soviética e o norte da África", atualmente "o maior império" é o americano, que "de fato controla toda a Europa ocidental, toda a América, a Austrália, a Nova Zelândia, o Sudeste asiático, a Índia e também investe cada vez mais contra a Indonésia"[93].

Mao pronuncia esse discurso em março de 1959, mas ainda hoje o quadro geral da situação não parece ter sofrido grandes mudanças. Um simples fato o atesta: "no mundo, 96% das bases militares localizadas em países estrangeiros são americanas". Os Estados Unidos têm "cerca de 800" postos militares "localizados em cerca de oitenta nações", alguns dos quais "são quase cidades, como o assentamento da *US Air Force* [Força Aérea dos Estados Unidos] em Ramstein, na Alemanha, ou a gigantesca base conjunta *US Navy/US Air force* [Marinha dos Estados Unidos/Força Aérea dos Estados Unidos] na ilha de Diego Garcia, no Oceano Índico"[94].

É, portanto, ao cenário da Segunda Guerra Mundial que devemos nos referir para compreender mais adequadamente as contradições geopolíticas de nosso presente. Esse cenário nos lembra um acontecimento histórico bastante significativo: quando Hitler move seu Exército contra a França, vários comunistas daquele Estado e não poucos argelinos, apesar de estarem submetidos à opressão colonial havia mais de um século, se alistam sem hesitação no Exército do imperialismo francês para combater o avanço alemão. A União Soviética não se comporta de maneira diferente e faz alianças contra a Alemanha com os imperialismos francês e inglês.

Trata-se de uma experiência da qual Mao Tsé-Tung extrai um importante ensinamento de natureza militar. Um ensinamento capaz, por sua vez, de repercutir também no plano político:

> No desdobramento de forças para uma batalha, quando concentramos uma força absolutamente superior e cercamos uma das colunas inimigas... nossas

---

[92] Domenico Losurdo, "Existe um imperialismo europeu hoje?", neste livro, p. 66.
[93] Mao Tsé-Tung, *Opere*, cit., v. 17, p. 136.
[94] James Hansen, "Gli USA hanno 800 basi militari in tutto il mondo (in 80 nazioni)", *Italia Oggi*, 6 out. 2015.

formações (ou unidades) de ataque não devem tentar aniquilar todas as forças inimigas simultaneamente, de uma só vez, porque assim elas seriam levadas a dividirem-se e atacar em todas as direções, mas em nenhum lugar com ataques fortes o suficiente, razão pela qual se perderia tempo e seria mais difícil alcançar o sucesso. Ao contrário, é necessário concentrar uma força absolutamente superior, ou seja, uma força seis, cinco, quatro ou pelo menos três vezes maior do que a do inimigo, concentrar toda ou o grosso da artilharia, escolher um ponto bastante fraco (não dois) nas posições inimigas, para atacar violentamente, a fim de vencer sem falhar. Feito isso, devemos explorar rapidamente a vitória e destruir as forças inimigas da coluna, uma a uma.[95]

Trata-se de uma questão de caráter teórico na qual Mao insiste particularmente: "em nosso Exército", explica ele, "ainda há numerosos quadros que... aprovam o princípio de concentração de forças para aniquilar um inimigo de cada vez, mas que, na prática, muitas vezes não sabem aplicá-lo". A que se deve esse comportamento? Essencialmente, o líder do PCCh responde: "à subestimação do inimigo e à falta de intenso trabalho educacional e de um estudo aprofundado sobre ele"[96]. É uma dinâmica que se repete hoje: a eurofobia, que aquece o peito de muitos militantes da esquerda ocidental, se dá, muitas vezes, pela falta de um estudo aprofundado das relações de força em âmbito geopolítico que leva a subestimar o poder do Estados Unidos, a vastidão de seu império, o princípio da *America first* e o perigo do *Project for the New American Century*.

Mas um ensinamento adicional, para se mover adequadamente dentro do quadro geopolítico atual, pode ser extraído da lição de Palmiro Togliatti. No VII Congresso da Internacional Comunista (dez anos antes da *Svolta di Salerno* [Virada de Salerno]* e de um conflito mundial ainda não eclodido), o secretário do PCI insiste na importância de colocar "os problemas da guerra e da luta contra a guerra... no centro das atenções da Internacional Comunista, no centro do trabalho de nossos partidos". E depois de ter "apoiado com todas

---

[95] Mao Tsé-Tung, "Concentrare una forza superiore per distruggere le forze nemiche una alla volta", *Opere*, cit., v. 10, p. 58.
[96] Ibidem.
* A "Virada de Salerno" foi um ponto de inflexão na política do PCI, caracterizado pela busca de um governo de unidade nacional, que implicou na renúncia a algumas posições históricas do partido, como a luta contra a monarquia. (N. T.)

as nossas forças todos os movimentos de massa que se desenvolviam no terreno de uma luta eficaz contra a guerra imperialista", recorda:

> fomos criticados. Fomos atacados. Todos os tipos de teorias e pseudoteorias foram criadas com base nas quais esforços foram feitos em vão para demonstrar que uma nova era havia começado, na qual o capitalismo se desenvolveria "pacificamente", sem cair no erro de uma nova catástrofe mundial. Fomos ridicularizados. Dizia-se que éramos como o menino que grita lobo sem o lobo estar ali. Todos os esforços foram feitos para desacreditar e sabotar nossa agitação e a nossa agitação contra a guerra.[97]

Àqueles que polemicamente apontaram à Internacional que durante todo o período em que os comunistas estavam empenhados em denunciar os perigos da guerra nenhuma guerra havia eclodido, Togliatti respondia que "se o desencadeamento da guerra tinha sido adiado, se o ataque contra a União Soviética [...] pôde ser evitado, isso também se deve ao fato de termos dado o alarme e de uma parte considerável da classe trabalhadora ter ouvido e seguido nosso apelo"[98]. No entanto, continua ele, isso não deve desviar a atenção dos perigos constantemente à espreita: o mundo capitalista está no meio de uma crise que causou um "caos monetário", um "verdadeiro estado de guerra econômica, premissa e preparação para a guerra travada com armas"[99]. E nessa situação, a primeira tarefa dos comunistas consistia em isolar "os fomentadores da guerra", isto é, sobretudo, "o nacional-socialismo alemão" que ansiava pela "hegemonia no continente europeu" e desejava "conquistar essa hegemonia colocando-se à frente da cruzada reacionária contra a União Soviética"[100], país que, por sua vez, constituía "a única força estável, firme e segura" a atuar como "baluarte de uma política de defesa da paz"[101].

É um cenário que parece se repetir hoje: em meio a uma crise sistêmica que afeta o mundo capitalista, os Estados Unidos, por um lado, desencadeiam uma guerra ideológica e comercial contra a União Europeia e, por outro, já prometem solenemente para o futuro próximo a agressão contra a China: "nos

---

[97] Palmiro Togliatti, *Opere scelte* (Roma, Editori Riuniti, 1974), p. 180.
[98] Ibidem, p. 181.
[99] Ibidem, p. 185.
[100] Ibidem, p. 196.
[101] Ibidem, p. 190.

próximos 5 ou 10 anos entraremos em guerra no Mar do Sul da China, não há dúvidas sobre isso!"[102], disse Steve Bannon, ex-assessor do presidente Trump[103].

Em uma situação com essa, dizia Togliatti, é necessário fazer todos os esforços para sabotar "os planos de conquista e de guerra contrarrevolucionária"[104], para "tentar modificar o curso" dos acontecimentos "ou pelo menos desacelerar a corrida para a guerra"[105], para impedir "tudo o que constitua uma ameaça imediata à paz"[106]. A esse respeito, o comunista italiano sublinhava, "cada mês, cada semana que ganhamos tem um valor imenso para a humanidade"[107].

Por outro lado, observava, "cada ano, cada mês ganho é também uma garantia para nós de que a União Soviética será mais forte para responder ao ataque dos imperialistas. Assim, nossa luta pela paz está diretamente ligada à política de paz conduzida pela União das Repúblicas Socialistas Soviéticas"[108]. Seja como for, deve-se ter bem claro um princípio indicado por Togliatti: "há uma identidade de objetivos entre a política de paz da União Soviética e a política da classe trabalhadora e dos partidos comunistas nos países capitalistas. Essa identidade de propósito não pode ser questionada em nossas fileiras"[109].

Hoje, *mutatis mutandis*, existe uma identidade de propósitos entre as classes trabalhadoras do mundo ocidental, entre as forças políticas que remetem à tradição marxista, entre os comitês antiguerra e a política de paz promovida pela República Popular da China. Uma identidade de propósitos que, como naquela época, não deveria ser questionada.

Mas para efetivamente travar uma luta contra a eclosão de um conflito mundial é necessário isolar os "fomentadores da guerra" e aproveitar uma última lição de Togliatti: "uma das qualidades fundamentais dos bolcheviques [...], um dos pontos fundamentais de nossa estratégia revolucionária é a capacidade de entender a qualquer momento qual é o inimigo principal e

---

[102] "Steve Bannon: 'We're going to war in the South China Sea... no doubt'", *The Guardian*, 2 fev. 2017.

[103] A esse respeito, a própria imprensa chinesa prevê uma escalada das tensões entre os Estados Unidos e a China no futuro, com resultados imprevisíveis. Sobre isso, ver "China will not surrender to US threatening tactic", *People's Daily*, 6 ago. 2018.

[104] Palmiro Togliatti, *Opere scelte*, cit., p. 198.

[105] Ibidem, p. 201.

[106] Ibidem, p. 207.

[107] Ibidem, p. 213.

[108] Ibidem, p. 217.

[109] Ibidem, p. 227.

poder concentrar todas as forças contra esse inimigo"[110]. Seu julgamento é inequívoco: "hoje concentramos o foco de nossa luta no inimigo principal da paz, o fascismo alemão"[111].

Algumas considerações se aplicam aqui: a luta que Togliatti e a Internacional Comunista lideraram conseguiu atrasar a eclosão da guerra por quatro anos. Foram esses anos decisivos que permitiram à União Soviética desenvolver suas indústrias e seu sistema defensivo a ponto de resistir ao confronto com a *Wehrmacht* de Hitler. Não há dúvida de que hoje são os Estados Unidos que no mundo desencadeiam, um após o outro, focos de guerra que podem facilmente explodir e assumir uma dimensão planetária. Por outro lado, somente por meios militares eles podem hoje interromper um processo histórico que tende a um mundo multipolar, que pressiona por um aumento da democracia nas relações internacionais e, portanto, inevitavelmente, por uma redução do poder do Império Americano. As mesmas guerras de que a União Europeia participou e nas quais esteve mais envolvida – pense-se em primeiro lugar no conflito contra a Líbia de Gaddafi e no golpe contra a Ucrânia de Yanukovich – foram guerras em que participou de forma não homogênea e, de qualquer forma, não como liderança. A verdadeira liderança dessas guerras estava, de fato, baseada em Washington, não em Bruxelas. Os Estados Unidos não seguiram uma decisão europeia, a Europa seguiu uma decisão estadunidense. É claro que isso não diminui as responsabilidades da União Europeia em relação aos massacres cometidos, à violação do direito internacional e aos danos devastadores que essas guerras causaram; no entanto, constitui mais um elemento que nos ajuda a compreender quais são as autênticas relações de poder no plano internacional. Hoje, é

> contra o risco de uma guerra desencadeada pela superpotência – que continua considerando-se a única "nação escolhida por Deus", que há algum tempo aspira a garantir a si própria "a possibilidade de um primeiro ataque [nuclear] impune", que instalou até mesmo em nosso país bases militares e armas nucleares direta ou indiretamente controladas por Washington –, contra esse risco concreto de guerra que somos chamados a lutar.[112]

---

[110] Ibidem, p. 197.
[111] Ibidem, p. 201.
[112] Domenico Losurdo, "'Concentrare tutte le forze' contro 'il nemico principale': Togliatti e la lotta per la pace ieri e oggi", *Marx XXI*, 8 mar. 2017 [ed. bras.: "Palmiro Togliatti e a luta pela paz ontem e hoje", em *Colonialismo e luta anticolonial*, cit., p. 68].

5. A União Europeia e a questão social

Mas a concentração de forças contra o inimigo principal, ou seja, em termos concretos, a aceitação da "linha Xi Jinping" na União Europeia contra a "linha Trump", não pode arriscar ver iludida a questão social no coração da Europa?

5.1. Grexit e Brexit

Dado que o destino dos trabalhadores europeus pode realmente ser separado do destino do maior Estado do mundo com um projeto socialista, surge outra questão. Temos certeza de que a saída de um país da União Europeia constitui em si uma operação política emancipatória destinada a beneficiar a condição das classes mais baixas? Esta é a situação que um professor de economia da Universidade de Bolonha tinha previsto no caso de a Grécia sair da zona do euro:

> O processo do Grexit poderia ser complicado de governar: no curto prazo, é provável que produza uma reação em cadeia de falências bancárias e corporativas, um colapso do mercado imobiliário e de ações, perda de riqueza devido a ativos de depósito ou inflação, queda na produção e uma explosão de desemprego e pobreza.[113]

Sem dúvida, o quadro aqui apresentado pode parecer catastrófico, bem como viciado por uma perspectiva unilateral. No entanto, trata-se de um quadro que, em vários aspectos, não difere muito daquele do partido antieuropeu mais radical da Grécia. Segundo Dimitris Koutsoumpas, secretário-geral do KKE [Partido Comunista Grego], "a solução chamada Grexit, que é a saída do euro e a criação de uma moeda nacional, que prevê a continuação no nosso país das leis bárbaras da exploração capitalista, não pode constituir uma saída a favor do povo"[114]. Se para o Partido Comunista Grego o acordo-memorando ocorreu sob a bandeira de uma "política antipopular", no entanto, "a saída do euro" poderia determinar "a falência do país".

Seja como for, aqueles que defendem "que a saída da Grécia da zona do euro, com uma moeda desvalorizada, impulsionará a competitividade e o crescimento, com consequências positivas para o povo, estão deliberadamente enganando o povo". É, portanto, completamente ingênuo, segundo o KKE, "escolher" ir à

---

[113] Paolo Manasse, "Grexit, chi ci guadagna?", *Il Sole 24 Ore*, 5 jul. 2015.
[114] Do site oficial do KKE: "24º Weekend Antimperialista della Gioventù Comunista di Grecia (KNE): I comunisti in prima linea nelle lotte", 13 jul. 2015.

falência "sob o euro ou sob o dracma, por meio de uma desvalorização interna ou externa", ou seja, escolher "entre o memorando e o Grexit"[115].

Por outro lado, foi pensando nos preocupantes cenários produzidos pela eventual saída do euro que o povo grego embarcou numa corrida às agências bancárias, retirando "mais de 3 bilhões de euros"[116] em apenas quatro dias. Foi uma verdadeira fuga de dinheiro com "saques massivos... transferências de capitais para o exterior de forma lícita ou ilícita, problemas de caixa para as finanças públicas", tudo "acompanhado... de falta de dinheiro para os hospitais"[117], com consequências facilmente imagináveis.

Vimos o KKE afirmar "que uma Grécia capitalista com o dracma não é uma solução alternativa para o povo"[118], ou que uma saída capitalista da Grécia da União Europeia não ofereceria aos trabalhadores daquele país mais oportunidades de melhorar suas condições sociais nem garantiria sua permanência capitalista. Em ambos os casos, a classe trabalhadora está destinada a uma verdadeira exsanguinação. Apenas uma solução poderia ser buscada: iniciar uma saída do euro e da União Europeia que tivesse um caráter marcadamente socialista. Para o KKE, portanto, não é absolutamente preferível deixar a União Europeia em vez de permanecer lá, mas é preferível deixá-la seguindo uma rota socialista do que permanecer mantendo-se na rota capitalista. Esse princípio, porém, convincente na medida em que postula maior justiça social em um sistema de economia planificada, e não em um sistema capitalista, parece negligenciar o ato prático: que tipo de socialismo poderia ser construído em um país totalmente insolvente, com os bancos nacionais esgotados, os cofres do Estado quase vazios e o valor da renda popular reduzido à metade? Por quais classes a crise se espalharia? Há, sem dúvida, inúmeras acusações que podem ser feitas a Aléxis Tsípras, mas a menos convincente de todas parece ser a de traição[119]: do fundo de sua inexperiência, o

---

[115] Ibidem, "NO al memorandum di 'sinistra'", disponível em: <http://it.kke.gr/>, acesso em: 29 dez. 2022; ver também, no mesmo site: "Il KKE si oppone al pieno accordo antipopolare dei partiti borghesi", 7 jul. 2015.

[116] "Grecia, è corsa agli sportelli bancari. La BCE aumenta liquidità di emergenza", *Il Fatto Quotidiano*, 19 jun. 2015.

[117] Beppe Scienza, "Uscita dall'euro, ovvero l'inizio di un disastro", *Il Fatto Quotidiano*, 21 ago. 2016.

[118] "Nessuna resa! La lotta del popolo lavoratore è la via d'uscita!", 16 jul. 2015.

[119] Para uma crítica dessa categoria, ver Domenico Losurdo, "'Fallimento', 'tradimento', 'processo di apprendimento'. Tre approcci nella lettura del movimento comunista", em *Fuga falla storia? La rivoluzione russa e la rivoluzione cinese oggi* (Nápoles, La Scuola di Pitagora, 2012).

líder do Syriza conseguiu fazer uma escolha que, com todos os limites do caso, ao menos conseguiu afastar o espectro do *default* [moratória].

Outra experiência bastante eloquente é a do Brexit. Se a China manifestou sua preocupação política a esse respeito, reiterando o desejo de "uma União Europeia unida e estável"[120], de "uma Europa unida para um mundo multipolar"[121], por sua vez já vimos o presidente dos Estados Unidos Donald Trump falar do Brexit como "uma bênção" e instigar o governo britânico a "um Brexit duro"[122]. No Velho Continente, a figura mais proeminente a apoiar a saída da Grã-Bretanha da Europa foi Marine Le Pen, líder na batalha pelo *ius sanguinis* [direito de sangue] e engajada em uma luta ideológica pela naturalização das identidades nacionais. No território inglês, foi Boris Johnson, porém, quem levantou a bandeira do Brexit: o ex-prefeito de Londres homenageado por Trump, figura de destaque do Partido Conservador, que trovejou várias vezes contra a Rússia, a ponto de comparar a Copa do Mundo de 2018 às Olimpíadas promovidas por Hitler em 1936[123]. Do lado oposto, não encontramos apenas o mundo liberal alinhado: por ocasião do referendo de 2016 vimos também "os sindicatos britânicos" em pé de guerra, com um apelo "conjuntamente endereçado pelos dirigentes de vários sindicatos a 6 milhões de membros para convidá-los a votar no referendo de 23 de junho contra o divórcio de Bruxelas"[124]. Sim, desde o início, "a associação sindical britânica TUC (Trade Union Congress) alertou que a saída da Grã-Bretanha poderia colocar em risco 4 milhões de empregos e ameaçar os direitos dos trabalhadores". E não apenas por razões econômicas – "os riscos para todos os setores relacionados à exportação", entre os quais o "setor químico" e o "setor "automobilístico", com a probabilidade "de que o preço dos produtos a serem exportados aumente em caso de saída da União Europeia" e com o alegado declínio dos "investimentos" por "países estrangeiros" como consequência da perda de "acesso aos mercados europeus" – mas também por razões políticas. De fato, prosseguem os sindicatos, "os que apoiam o Brexit não escondem o desejo de anular as regras europeias sobre o limite máximo de

---

[120] "Brexit: Cina, serve UE stabile e unita", *Ansa*, 27 jun. 2016.

[121] "Pechino avverte Londra, la Brexit non ci piace", *Agi*, 22 jun. 2016.

[122] Luigi Ippolito, "La spallata di Trump a May: 'Meglio Brexit dura, Boris ottimo premier'", *Corriere della Sera*, 13 jul. 2018.

[123] "Boris Johnson compares Russian World Cup to Hitler's 1936 Olympics", *The Guardian*, 21 mar. 2018.

[124] "Brexit: appello pro-UE dei sindacati", *Ansa*, 6 jun. 2016.

horas de trabalho" para que "os trabalhadores possam ser obrigados a trabalhar 60-70 horas por semana"[125].

Não é de admirar, então, que um diretor de cinema como Ken Loach, que certamente não é economista ou sociólogo, mas sem dúvida é uma figura sensível aos problemas do trabalho, ao mesmo tempo que denunciava um "projeto neoliberal" da "União Europeia", visse, no entanto, no Brexit um "perigo" para as classes subordinadas muito maior do que o constituído pela União Europeia, pois, com a saída, "os governos individuais" tenderão a se mover "o mais para a direita possível", bloqueando pela raiz o único caminho viável para uma luta emancipatória voltada para a extensão de direitos: uma luta política em escala continental que começasse a "forjar alianças com outros movimentos de esquerda europeus"[126]. Na convicção de que o Brexit se dirige a objetivos bastante diferentes, "os maiores sindicatos britânicos assinaram uma declaração pedindo ao Reino Unido que se mantenha no mercado único da União Europeia", apelando ao governo para "apoiar a livre circulação de trabalhadores qualificados e os princípios da regulamentação do horário de trabalho", mantendo "a adesão do Reino Unido à Agência Europeia para a Segurança da Aviação (Easa) e à Agência Espacial Europeia (ESA)"[127].

Uma dinâmica semelhante se repete hoje na Itália. Não faltam na esquerda eurocéticos que simpatizam com o atual governo e que estariam dispostos a apoiar um possível referendo desejado por Salvini para a saída da União Europeia. No entanto, tem sido apontado, a "desvalorização da nova lira" e o consequente aumento da "taxa de inflação" determinariam "na ausência de mecanismos de indexação salarial… uma redução dos salários reais" e uma acentuação das "altas desigualdades de distribuição de renda na Itália". Não só, mas a "redistribuição das transferências públicas com base no 'melhor cenário regional'" que o governo gostaria de promover, parece ser uma evidente "referência ao federalismo fiscal", de modo que "a saída acentuaria problemas já existentes e relevantes, acelerando ainda mais as diferenças regionais". Nesse sentido, deve-se ter em mente que

---

[125] "Gran Bretagna: sindacati contro Brexit 'quattro milioni di posti di lavoro sono in pericolo. Rischi legati all'esportazione'", *Tribuna Politica*, 16 maio 2016.

[126] "Ken Loach: I'm pro-EU, but it's 'not doing us any favours at the moment'", *The Guardian*, 13 maio 2016.

[127] Denis MacShane, "Trade unions are speaking out against Brexit – when will Labour start to listen?", *Independent*, 1º fev. 2018.

20% das empresas italianas representam 80% do total das exportações italianas e que essas empresas estão quase todas localizadas no Norte [do país]. Nesse cenário, é razoável esperar um maior empobrecimento das regiões meridionais e, como sempre aconteceu na Itália com o recurso às desvalorizações competitivas, um novo freio às inovações. De fato, se as empresas são colocadas em condições de ganhar competitividade nos mercados internacionais por meio da depreciação da taxa de câmbio, o incentivo a ganhar competitividade pelo aumento da produtividade e, portanto, pela introdução de inovações, deixa de existir.

Em essência, este "*exit* italiano", longe de constituir "uma vantagem para a nação", levaria a um drástico agravamento das condições das áreas geográficas e das classes sociais mais fragilizadas[128].

5.2. Renunciar à luta de classes?

Mostrar os perigos, bem como os retrocessos políticos e sociais que ocorreriam em caso de dissolução do projeto da União Europeia, significa aceitar ou glorificar sua equipe atual? Os primeiros a rejeitar essa abordagem foram os editores do *Renmin Ribao*, já mencionados anteriormente:

> Não há dúvida de que afirmar que o Segundo Mundo é uma força que pode ser atraída para a luta contra o hegemonismo não significa de modo algum dizer que podem ser apagadas as contradições entre ele e o Terceiro Mundo, assim como as contradições de classe no interior dos países do Segundo Mundo.[129]

O reconhecimento das "contradições de classe" no interior do Segundo Mundo por parte do *Renmin Ribao* implica a admissibilidade de uma luta social dentro desse perímetro. Por outro lado, postulando implicitamente a impossibilidade dessa luta, estão as posições a favor da saída, que vislumbram uma estrutura irreformável, ou seja, não transformável na União Europeia. O caminho da fuga é, portanto, preferível ao da luta: as tentativas de organizar o mundo do trabalho europeu em torno de um conflito de classes deixam espaço para o espírito de abandono e as tentações separatistas.

---

[128] Guglielmo Forges Davanzati, "Come la Lega ci porterebbe fuori dall'euro e con quali conseguenze", *MicroMega*, 30 maio 2018.
[129] Renmin Ribao, *La teoria del presidente Mao sulla divisione in tre mondi*, cit.

Trata-se, em retrospectiva, da mesma lógica a partir da qual em 1943 Giovanni A. Mura e Antonio Cassitta deram vida ao Partido Comunista da Sardenha na província de Sassari. Postulando a não reformabilidade do Estado italiano, então vítima de uma rígida jurisdição fascista, o partido recém-nascido acreditava que o único caminho para a emancipação dos camponeses e trabalhadores insulares era o da separação da Sardenha da Itália[130]. É uma posição que nunca se extinguiu e que ressurge com particular insistência nos momentos mais críticos da vida da nação. Uma nação que segundo os separatistas estabelece uma relação de tipo colonial com a Sardenha, destinada a aumentar a especulação financeira em detrimento dos trabalhadores insulares, do território, dos direitos e da soberania nacional do povo sardo. Sim, de acordo com o partido separatista Unidos, "o Estado nega direitos fundamentais à Sardenha, como transporte e energia, trata-a como uma colônia subjugada, lança sobre nossas terras as atividades mais invasivas e perigosas, desde bases militares até empreendimentos poluidores", mas, continua o Partido de Ação da Sardenha, "o sentimento sardista agora cresceu dramaticamente. Tanto o declarado quanto o difuso. Hoje podemos e devemos trabalhar principalmente para promover uma nova formação sardista, soberana e com mentalidade independente"[131]. No entanto, desde o início, o PCd'I estava empenhado em se opor em todos os sentidos ao nascimento do Partido Comunista da Sardenha, cujas ambições tendiam a romper a unidade social da classe trabalhadora, então em construção. A tensão chegou até a ocupação da sede dos Sassari do PCS por alguns militantes do PCI[132]. Por outro lado, a perspectiva geral do Partido Comunista Italiano era radicalmente diferente: para ele não havia formação política imutável, e a direção nacional estava firmemente convencida de que os processos de emancipação desenvolver-se-iam não separando, mas unindo, ou seja, não por meio de fugas, mas por meio de lutas.

O mesmo princípio pode valer hoje, tanto para o Estado italiano quanto para a estrutura europeia.

O axioma da não reformabilidade, que orienta as posições políticas tanto do independentismo sardo como do antieuropeísmo, deixa de lado uma importante

---

[130] Ver Giovanni Antioco Mura, *Sardegna irredenta* (Milão, Gastaldi Editore, 1953).
[131] Laura Secci, "La Sardegna che vorrebbe l'indipendenza come i catalani", *La Stampa*, 9 nov. 2015.
[132] Ver Paolo Pisu, *Partito Comunista di Sardegna: storia di un sogno interrotto* (Nuoro, Insula, 1996).

lição que podemos deduzir das análises de Marx e Gramsci: os ordenamentos jurídicos não têm natureza divina, nem estão gravados no tempo, mas refletem de alguma forma as relações de poder existentes nos planos político e social. Somente pela transformação dessas relações é possível mudar também esses ordenamentos. Naturalmente, esta última perspectiva goza de menos prestígio do que a favorável à saída. Com efeito, a transformação das relações políticas e sociais pressupõe uma organização das classes mais baixas que só a esquerda e os comunistas podem criar. Por outro lado, deixar a União Europeia é um expediente que a esquerda e os comunistas também podem confiar a outros; nesse sentido, essa segunda via dispensa os militantes do trabalho ativo: com ela não há mais necessidade de se estar presente e participar, organizar e lutar, basta instigar e acompanhar as batalhas dos outros. Não há mais necessidade alguma de se trabalhar politicamente, de tecer as fileiras de uma organização: basta pedir aos Salvinis de plantão que façam um referendo, o que qualquer um pode fazer, qualquer pessoa, mesmo sem conhecimento social. Vivenciamos, portanto, nesse caminho, não apenas a renúncia à luta de classes, mas também a renúncia a um processo de construção e fortalecimento da consciência política.

A GUE/NGL [Gauche Unitaire Européene/Nordic Green Left – Esquerda Unitária Europeia/Esquerda Nórdica Verde], por outro lado, tenta ir nessa direção, cuja estrutura, sem dúvida, precisa ser aprimorada tanto do ponto de vista da capacidade organizativa e da presença nas lutas sociais quanto da linha política. No entanto, essa formação constitui uma primeira tentativa de coordenar uma luta de classes em escala continental, de tecer uma rede que conecte as lutas dos trabalhadores no interior dos vários Estados nacionais. Paralelamente, deveria ser construída uma rede sindical europeia, capaz de contestar a hegemonia na CES[133], de propor diálogos sobre a realidade dos trabalhadores de cada país e alertar os representantes das instituições por meio de greves, manifestações, ocupações, comunicados de imprensa e outras disputas. A estreita coordenação entre uma esquerda anticapitalista europeia e uma rede de sindicatos desse tipo constituiria a pedra angular da luta de classes e de um reacendimento do conflito social. Por outro lado, as posições divisivas que pressionam por uma saída da Europa constituem o primeiro obstáculo para a criação de tal amálgama.

Este é um ponto em que o Partido Comunista Francês insiste particularmente. Foi um erro, explica, tomar uma posição apenas "em relação às

---

[133] A Confederação Europeia dos Sindicatos, que mantém posições bastante moderadas.

consequências das políticas europeias, em vez de tentar mudá-las"[134]. Trata-se de um atraso enorme que trouxe grandes prejuízos em termos de direitos sociais: "o Partido Comunista Francês… levou muito tempo para considerar que era necessário, desde o início, desde a identificação da política europeia, intervir com um projeto global e comum enquanto estávamos em um declínio unicamente nacional"[135]. Mas, a partir de certo momento, sentiu-se na pele a urgência de enfrentar tal atraso, sentiu-se a necessidade

> de que as forças progressistas se organizassem em outro plano além do nacional sem medo de que uma se tornasse hegemônica sobre as demais, e foi essa a ideia que levou à criação do Partido da Esquerda Europeia, nascido da constatação de que "já não podemos, país a país, levar adiante uma luta ou uma reflexão sobre questões da União Europeia, em face do 'rolo compressor' instaurado, sobretudo a partir dos anos 1980, pela aliança entre a direita democrata-cristã e a social-democracia".

É, pois, necessário "dentro da própria instituição" tentar "demonstrar que é possível ter outra construção europeia". Claro, continua o PCF, não devemos esconder "que se trata de uma operação difícil e delicada porque o equilíbrio de forças não está a nosso favor", mas "é a única maneira de mostrar que há espaço para cooperação, que existe a possibilidade de ter um espaço europeu para fazer uma política diferente" e que "deve ser feita estando dentro, não estando fora". Sair, de fato, "seria a demonstração de que, a esta altura, não podemos mais mudar essa instituição"[136]. Ao mesmo tempo, se por um lado o equilíbrio de poder está atualmente em notável desvantagem para a esquerda, as classes mais baixas e as classes trabalhadoras, por outro deve-se considerar que a União Europeia também está passando por uma forte crise de credibilidade, ou seja,

> a União Europeia, tal como nos foi "vendida"…, nem sequer tem a capacidade de mobilizar positivamente as multidões e podemos ver bem que o apoio tanto sociológico como político à atual União Europeia é reduzido ao mínimo. Eis

---

[134] Gilles Garnier, "Il PCF e la questione europea", em Paolo Ciofi e Gennaro Lopez, *Berlinguer e l'Europa: i fondamenti di un nuovo socialismo* (Roma, Editori Riuniti, 2016), p. 123.
[135] Ibidem, p. 125.
[136] Ibidem, p. 124.

por que na maioria dos países se propõe que a centro-esquerda trabalhe com a centro-direita para garantir a estabilidade. E eis por que os grupos de liderança europeus trabalham para que seus interlocutores ou oponentes sejam apenas a extrema direita ou a direita populista, que querem deixar a União Europeia: é mais fácil dialogar com pessoas que não querem fazer parte desse jogo, ao passo que nós queremos fazer dele porque somos uma alternativa tanto no âmbito nacional como no âmbito europeu.[137]

Podemos facilmente perceber, pelo que se viu, como o Partido Comunista Francês se recusa obstinadamente a desistir da luta de classes e a aceitar a lógica da não reformabilidade como um pressuposto indiscutível.

Nesse ponto, porém, surge uma pergunta: qual é a gênese histórica dessa lógica? Quais condições sociais ela reflete?

6. Gramsci, Lukács e o fascínio pelo "pequeno mundo"

Além das contradições observadas até agora, o antieuropeísmo de nosso tempo tende a replicar em seu próprio raciocínio mais um erro teórico que consiste em sobrepor a dimensão econômico-social e a dimensão monetária. A crise pela qual estamos passando, portanto, não se apresenta mais como uma crise do sistema capitalista, mas apenas como uma crise do sistema do euro[138].

A memória de um passado mais feliz em termos de condições de vida dos trabalhadores é muitas vezes apresentada como uma lembrança de um passado em que a União Europeia ainda não havia intervindo para perturbar suas vidas.

Mas, olhando mais de perto, os processos de privatização desenfreada e desmantelamento do *Welfare state* [Estado de bem-estar social] começaram bem antes da introdução do euro e são o resultado não da União Europeia, mas da ardente derrota histórica que o mundo socialista sofreu na Guerra Fria[139]. A União Europeia, em última análise, não constitui uma emanação

---

[137] Ibidem, p. 125-6.
[138] Ver Joseph E. Stiglitz, *Euro: How a Common Currency Threatens the Future of Europe* (Nova York/Londres, W. W. Norton & Company, 2016).
[139] Ver Domenico Losurdo, *Democrazia o bonapartismo: trionfo e decadenza del suffragio universale* (Turim, Bollati Boringhieri, 1993) [ed. bras.: *Democracia ou bonapartismo: triunfo e decadência do sufrágio universal*, trad. Luiz Sérgio Henriques, Rio de Janeiro/São Paulo, Ed.

direta e muito menos uma substituta do sistema capitalista, mas um projeto de muitos séculos, que o sistema capitalista em sua fase regressiva tem governado, imprimindo-lhe o conteúdo das novas relações de poder surgidas a partir de 1989 e a partir de então reequilibradas em detrimento das classes subalternas, agora desprovidas de qualquer barreira de proteção. A nostalgia do passado se revela, portanto, não a nostalgia de um mundo ainda não invadido pelo euro, mas de uma época em que as relações de forças no plano político e social ainda mantinham certo equilíbrio.

Voltemos, porém, à pergunta feita anteriormente: quais são as causas históricas e sociais das quais surgiu a lógica da não reformabilidade? Em seus estudos sobre o *Fausto* de Goethe, György Lukács formula algumas reflexões histórico-sociológicas bastante interessantes:

> A luta da burguesia em ascensão implica, no âmbito do tema artístico, um violento repúdio ao "grande mundo" absolutista-feudal, ao qual se opõe polemicamente o "pequeno mundo", moralmente mais puro e humanamente superior da vida burguesa [...] Mas a Revolução Inglesa e a Revolução Francesa colocaram na ordem do dia a conquista do "grande mundo" pela burguesia.

Essas reflexões, em retrospecto, não dizem respeito apenas ao "âmbito do tema artístico". Se, numa primeira fase, o chamado Terceiro Estado contrasta a humildade e a inocência de seus próprios pequenos microcosmos existenciais com a arrogância invasiva e opressora do macrocosmo feudal, especialmente após a Revolução Francesa cresce gradualmente a consciência da necessidade de se opor à ordem feudal no plano do grande mundo. À medida que o Terceiro Estado subtrai partes do macrocosmo do *Ancien Régime* [Antigo Regime], introduzindo-as no novo organismo com uma nova gestão econômica, serão os resquícios da velha galáxia social que oporão pequenas posses e pequenas vidas individuais ao avanço imponente do universo organizacional recém-nascido. Mas há mais: enquanto a burguesia não foi capaz de lutar com a aristocracia pelo controle do Estado, travando lutas apenas no nível do pequeno mundo, esteve inexoravelmente fadada à derrota.

Trata-se de uma questão da qual Gramsci se ocupará em diversas conjunturas nos *Cadernos do cárcere*, quando denuncia na Itália das *comuni* a falta de

---

UFRJ/Ed. Unesp, 2004]; e Angelo d'Orsi, *1989: del come la storia è cambiata ma in peggio* (Florença, Ponte alle Grazie, 2009).

"desenvolvimento das forças nacionais (burguesas) para além do campo puramente econômico-municipal" e o fato de que "as 'forças' nacionais só se tornaram 'forças' nacionais depois da Revolução Francesa"[140]. Sim, explica o intelectual sardo, "a burguesia municipal não conseguiu ultrapassar a fase econômico-corporativa, ou seja, criar um Estado 'com o consenso dos governados' e passível de desenvolvimento. O desenvolvimento do Estado só poderia ocorrer como principado, não como república comunal"[141]. Estamos lidando com uma forma de impotência que Gramsci mais uma vez identifica no economicismo do século XX: "a questão do chamado" economicismo... assume diferentes formas e tem diferentes manifestações concretas". Elas incluem "o caso do sindicalismo teórico, no que se refere a um agrupamento subalterno, que... é impedido de se tornar dominante, de sair da fase econômico-corporativa para ascender à fase de hegemonia político-intelectual na sociedade civil e tornar-se dominante na sociedade política"[142].

Quando um grupo social se mostra impotente e não consegue ascender ao seu estágio organizacional e político, ele tende a ficar preso em reivindicações de natureza puramente territorial; ao fazê-lo, deixa a outros a tarefa da gestão política. Após o fim da Guerra Fria, de fato, as classes subalternas europeias foram progressivamente relegadas à fase econômico-corporativa. No entanto, em vez de tentar elevá-las à fase intelectual e política, os antieuropeus preferem deixá-las na fase embrionária e limitar-se a opor o pequeno campo do Estado-nação ao grande campo do continente europeu. Mas, como na experiência das *comuni* medievais, até que venham a competir politicamente naquele grande mundo a que a história as trouxe e que as classes proprietárias administram por meio de suas expressões políticas, ainda que conflitantes, estarão sempre, inexoravelmente, fadadas à derrota. A lógica da não reformabilidade revela-se então, em última instância, uma lógica da impotência, reflexo intelectual da fase de regressão econômico-corporativa.

7. O PCI e a Europa

Como sublinhamos anteriormente, a ideia de uma Europa unida para a qual os Estados-nação individuais deveriam convergir está longe de ser uma ideia recente. Ela começa a circular na era moderna logo após a eclosão da Revolução

---

[140] Antonio Gramsci, *Cadernos do Cárcere,* caderno 5, § 55.
[141] Ibidem, caderno 6, § 13.
[142] Ibidem, caderno 4, § 38.

Francesa. Uma das personalidades mais ilustres a falar sobre isso é Napoleão Bonaparte, em Santa Helena, não muito antes de 1831, ano em que o cientista polonês Wojciech Jastrzębowski publica um tratado, composto por várias dezenas de artigos, intitulado *The Treatise on the Eternal Union among the Civilized Nations: The Constitution for Europe* [O tratado sobre a união eterna entre as nações civilizadas: a Constituição para a Europa][143]. Na França, Victor Hugo incentiva essa ideia, a ponto de plantar, para fins simbólicos, uma árvore na ilha de Guernsey cujo crescimento deveria acompanhar o nascimento dos Estados Unidos da Europa, enquanto na Alemanha Mikhail Bakunin vê com bons olhos a ideia de uma convergência política continental. Na Itália, Carlo Cattaneo lança o projeto de uma Europa federativa, enquanto Luigi Einaudi publica um artigo intitulado "Os Estados Unidos da Europa" no jornal *La Stampa* de 20 de agosto de 1897. Em 1922, Richard Nikolaus de Coudenhove-Kalergi dá vida à associação Paneuropa, na qual foi adotada pela primeira vez a expressão União Europeia. Um membro honorário dessa associação logo se torna o primeiro-ministro da República francesa, Aristide Briand, que em setembro de 1929, diante da Assembleia da Liga das Nações, faz um discurso destinado a encorajar a construção de uma União Federal Europeia, projeto ao qual tentará também dar vida o seu sucessor Édouard Herriot, publicando em 1930 um volume que, como o artigo de Einaudi, também terá o título de *Os Estados Unidos da Europa*[144].

Podemos, portanto, observar como o processo de convergência europeia não é o resultado de circunstâncias meramente contingentes, mas o produto de uma necessidade histórica de longa data. No mesmo período em que Herriot publica seu volume, Antonio Gramsci na prisão escreve estas reflexões:

> A história contemporânea oferece um modelo para compreender o passado italiano: hoje há uma consciência cultural europeia e há uma série de manifestações de intelectuais e políticos que defendem a necessidade de uma união europeia: pode-se dizer também que o processo histórico tende a essa união e existem muitas forças materiais que só nesta união poderão desenvolver-se: se em "x" anos essa

---

[143] Ver Patrick Pasture, *Imagining European Unity since 1000 AD* (Nova York, Palgrave Macmillan, 2015).

[144] Sobre tudo isso, ver Heikki Mikkeli, *Europa: storia di un'idea e di un'identità* (Bolonha, Il Mulino, 2002); Giuseppe Mammarella e Paolo Cacace, *Storia e politica dell'Unione Europea (1926-2005)* (Roma/Bari, Laterza, 2013); Carlo G. Lacaita (org.), *Grande guerra e idea d'Europa* (Milão, Franco Angeli, 2017); Emilio R. Papa, *Storia dell'unificazione europea* (Florença, Giunti Editore, 2017).

união se concretizar, a palavra "nacionalismo" terá o mesmo valor arqueológico que tem atualmente o "municipalismo".[145]

Algumas questões devem ser mantidas em mente: quando Gramsci escreve essas notas, as relações de poder no âmbito europeu eram tudo menos vantajosas para as classes subalternas. O processo de convergência que o ex-secretário-geral do PCd'I acolhe alegremente foi tudo menos um processo socialista.

A unificação europeia poderia ter naquele momento, na melhor das hipóteses, apenas uma matriz liberal. No entanto, o intelectual sardo vê nesse projeto uma tendência histórica da modernidade, em conformidade com o processo de unificação do gênero humano, em si independente do liberalismo. Em segundo lugar, a nota em questão encontra-se num parágrafo dos *Cadernos* intitulado *"O Risorgimento italiano"*, que inicia com uma profunda reflexão sobre esse tema. Esse parágrafo estabelece, portanto, um paralelismo entre o projeto de convergência europeia e o processo de unificação do Estado italiano.

Processo, este último, que se deu – diríamos hoje – "a duas velocidades", com a clara hegemonia das regiões mais ricas e industriais do Norte, em detrimento das regiões meridionais, e com a especulação por parte dos latifundiários e industriais na pele de camponeses e trabalhadores. Como Gramsci aponta no mesmo parágrafo:

> A unidade nacional teve certo desenvolvimento e não outro, e o Estado piemontês e a dinastia de Saboia foram a força motriz por trás desse desenvolvimento... depois de [18]48, ou seja, após a derrota da direita e do centro político piemontês e o advento dos liberais com Cavour... Mas os liberais de Cavour não são jacobinos nacionais: na verdade superam a direita de Solaro, mas não qualitativamente, porque concebem a unidade como uma ampliação do Estado piemontês e do patrimônio da dinastia, não como um movimento nacional desde baixo, mas como uma conquista régia.[146]

A unificação da Itália se deu, portanto, promovendo desequilíbrios territoriais e divergências sociais, e é justamente por isso que Gramsci desenvolve toda uma série de notas críticas contra as formas como a unificação foi construída. No entanto, liquidar o processo de unidade nacional reduzindo-o apenas a suas modalidades,

---

[145] Antonio Gramsci, *Cadernos do cárcere*, caderno 6, § 78.
[146] Ibidem.

seria uma forma, em sua opinião, de jogar a criança fora junto com a água do banho. O fenômeno do banditismo, que tem suas raízes na "ausência daquela unidade social capaz de unificar em torno do Estado todas as classes sociais, da cidade e do campo", ou melhor, nas modalidades de construção da unidade da Itália, acabou por assumir um conteúdo político objetivamente reacionário quando, em vez de se projetar para uma forma diferente de unidade nacional, acabou por combatê-la em sua própria natureza, em sua própria tendência histórica, como no "clamoroso exemplo da República Napolitana de 1799, quando o cardeal Fabricio Ruffo, expoente da grande nobreza reacionária bourbônica, hábil e agudamente explorou e liderou a insurreição antijacobina da Itália meridional, manipulando sabiamente a aversão que os camponeses, sobretudo os despossuídos e aqueles mais assediados pelos latifundiários de Cosenza e Catanzaro, nutriam pelos proprietários burgueses e pelos senhores feudais"[147]. Apesar dessa dura crítica à forma como a unificação foi construída, Gramsci não se manifesta politicamente a favor das tentações vendianas, que, em sua opinião, poderiam dificultar muito mais o caminho da modernidade do que os desequilíbrios territoriais e as divisões sociais que caracterizaram o processo do *Risorgimento*.

Essa abordagem será progressivamente adotada pelo PCI na sua relação com o percurso de construção da União Europeia. Em 1º de janeiro de 1958, entraram em vigor os tratados (de natureza neoliberal) para a criação do Mercado Comum Europeu (MCE). Em 17 de maio do mesmo ano, foi publicado na revista *Vie Nuove* do PCI um artigo de Antonio Pesenti, economista do partido, membro da Assembleia Constituinte e professor titular de economia política nas universidades de Pisa e Roma. O julgamento sobre as formas neoliberais de construção do mercado comum é fortemente negativo: "O MCE... do ponto de vista econômico nacional significa uma grave ruína para a Itália".

Mas sua abordagem, veja bem, é crítica, não liquidatária: a denúncia diz respeito, na verdade, aos métodos de construção do MCE, não ao projeto em si. De fato, uma vez constatada sua natureza classista e neoliberal, como se comportar? "Existe uma solução, ou devemos permanecer ancorados no protecionismo do passado e no nosso atraso econômico?", ele pergunta. "Somos nós comunistas, como muitas vezes nos acusam, conservadores tenazes no campo econômico? Certamente não: a solução existe", e certamente "não consiste na

---

[147] Antonella Agostino, "Briganti, brigantaggio", em Guido Liguori e Pasquale Voza, *Dizionario gramsciano* (Roma, Carocci, 2009), p. 84. [ed. bras.: "Bandidos/banditismo", em *Dicionário gramsciano*, trad. Leandro de Oliveira Galastri, São Paulo, Boitempo, 2017, p. 60-1].

pura e simples suspensão da aplicação do MCE"[148]. O artigo continua com uma série de propostas econômicas para transformar profundamente a fisionomia do processo de integração europeu.

Em dezembro de 1959, Eugenio Peggio aponta em *Politica ed economia* [Política e economia] como "o governo americano" havia "passado de uma atitude decididamente favorável para um julgamento mais reservado em relação ao MCE, enquanto foram se manifestando o declínio da indústria americana no mercado capitalista e os elementos de crise no sistema da Aliança Atlântica", de modo que "hoje a diplomacia americana, enquanto pede o fim da discriminação europeia contra as exportações americanas" (uma espécie de questão TTIP *ante litteram*, poderíamos dizer) "e a expansão da liberalização da zona do dólar, propõe", ao mesmo tempo, que o entendimento entre os países-membros do MCE "ocorra no âmbito de um acordo mais amplo que inclua todos os países da Otan"[149].

Finalmente, em *Rinascita*, de 1963, Togliatti publicou uma intervenção indubitavelmente muito dura contra o europeísmo liberal. Este último deu origem, em sua opinião, a uma série de movimentos que "nunca foram efetivamente movimentos que lutaram no terreno da democracia e, portanto, não conseguiram animar e implementar, nos países da Europa ocidental, um verdadeiro progresso democrático". Nos organismos políticos que a Europa construiu, como o seu Parlamento, "os grandes monopólios capitalistas privados não encontraram e não podiam encontrar nenhuma força que se opusesse à sua dominação". Pelo contrário: encontraram "um instrumento por meio do qual esse domínio tem sido cada vez mais fortalecido"[150]. No entanto, ao longo do artigo, Togliatti não prevê uma saída da Itália deste Parlamento e do processo de construção da futura União Europeia. Se já em novembro de 1948 ele havia ressaltado "que a soberania dos Estados não pode nem deve ser entendida de forma absoluta", e que "as limitações à soberania absoluta dos Estados remontam ao dia em que começou a existir uma 'comunidade' de Estados", se já tinha falado de algumas "limitações à soberania absoluta dos Estados que podem

---

[148] Antonio Pesenti, em Mauro Maggiorani e Paolo Ferrari (orgs.), *L'Europa da Togliatti a Berlinguer: Testimonianze e documenti 1945-1984* (Bolonha, Il Mulino, 2005), p. 251.

[149] Eugenio Peggio, em Mauro Maggiorani e Paolo Ferrari (orgs.), *L'Europa da Togliatti a Berlinguer*, cit., p. 255-6.

[150] Palmiro Togliatti, "Un Europeismo democratico", em Mauro Maggiorani e Paolo Ferrari (orgs.), *L'Europa da Togliatti a Berlinguer*, cit., p. 267-8.

servir para preparar o desenvolvimento pacífico"[151], no artigo de 1963, como se depreende do título (*"Un europeismo democratico"*), Togliatti não se inclina a uma saída do Estado italiano do processo de convergência, mas a uma luta em vista de sua redefinição. Ele se inclina, portanto, não a um antieuropeísmo, mas à construção de "uma corrente democrática europeísta" que, depois de denunciar o caráter classista da construção em curso, estude e se comprometa a "criar uma situação diferente", tendo em vista que os comunistas não podem apoiar "um possível regresso aos fechamentos aduaneiros e às rivalidades econômicas nacionais que, aliás, estão longe de desaparecer". Não, os comunistas acreditam "que o processo objetivo de aproximação e integração econômica deve ser acompanhado por um processo paralelo de desenvolvimento econômico democrático" e que o "instrumento desse processo devem ser as reformas estruturais... deve ser um movimento sindical internacional" e "deve ser um movimento democrático de opinião pública, no qual as classes trabalhadoras, com todos os seus partidos políticos, tenham um papel decisivo". A tal "visão orgânica e completa dessa necessidade" o nacionalismo antieuropeu não consegue chegar, mas tampouco o conseguem "os movimentos europeístas que existem hoje", como aponta Togliatti, inclinados como são a continuar "pelo velho caminho, que não é o caminho da democracia", mas "de uma burocracia subserviente ao grande capital monopolista"[152].

Trata-se de uma convicção compartilhada também por Luigi Longo, como sobressai de seu convite aos companheiros de partido para dar "mais organicidade às reivindicações que fazemos e por meio das quais passamos a reivindicar a transformação dos endereços e da estrutura do MCE"[153].

A perspectiva de Enrico Berlinguer – não por acaso também endossada por Nilde Iotti[154] –, que nas eleições europeias de 1979 pressionou pela candidatura de Altiero Spinelli como independente nas listas do PCI, também se coloca nessa linha. Este último, embora reconhecendo o hiato entre a construção da Europa em curso e a sua própria visão de colaboração continental, bem como os desequilíbrios que estavam sendo produzidos, nega firmemente "que a saída

---

[151] Palmiro Togliatti, "Federalismo europeo?", em Mauro Maggiorani e Paolo Ferrari (orgs.), *L'Europa da Togliatti a Berlinguer*, cit., p. 217-8.

[152] Ibidem, p. 268-9.

[153] Luigi Longo, em Mauro Maggiorani e Paolo Ferrari (orgs.), *L'Europa da Togliatti a Berlinguer*, cit., p. 275.

[154] Ver ibidem, p. 304.

da crise da Comunidade Europeia" pudesse "consistir no recuo de cada Estado individual à sua identidade particular, fechando-se nas particularidades de seus próprios interesses... não faz sentido para quem tem um mínimo de visão e sabe pensar não só em termos de curto prazo, mas também de médio e longo prazo"[155].

Em setembro do ano anterior, Berlinguer havia manifestado ao Parlamento europeu profunda preocupação com "a tendência de declínio crescente da Comunidade como potência econômica e comercial em comparação a décadas anteriores". O setor mais afetado por esse declínio, salientava, que colocava a Europa numa posição significativamente mais atrasada do que os Estados Unidos e o Japão, "em primeiro lugar é o das tecnologias mais avançadas, decisivas para um futuro que já começou, como as relacionadas a informação, comunicações, automação, biotecnologia". Um declínio que corre o risco de "relegar toda a Europa" no espaço de alguns anos "a um papel de suplência econômica de outras áreas mais desenvolvidas". A conotação liberal e capitalista do processo de construção é apontada como a principal causa desse declínio, continua Berlinguer:

> pensamos que a principal causa da crise que afeta a Comunidade e os seus Estados-membros seja a prevalência de uma concepção de curto prazo, que levou e leva os governos a colocar a defesa de interesses imediatos restritos acima dos interesses mais profundos e duradouros dos seus povos e da Europa ocidental como um todo. Deriva daí uma linha de conduta que não vai além de compromissos de baixo nível. Confirma-se, assim, que as velhas classes dominantes, os grupos econômicos e políticos que até agora prevaleceram na Comunidade não são capazes de liderar um processo que dê à Europa o impulso à inovação e, portanto, a autonomia de iniciativa necessária para enfrentar os grandes desafios da década de 1980 e afirmar sua função de progresso e paz no mundo. Pensamos que, para atingir esse objetivo, tornou-se indispensável que tais desafios sejam enfrentados pelas classes trabalhadoras em todas as suas expressões.

Mas se o atual processo de convergência europeia é caracterizado por concepções de "curto prazo", pelo domínio dos "interesses imediatos", pelos "compromissos de baixo nível" e pela incapacidade de assumir "a autonomia de iniciativa" (e este último ponto é uma referência evidente à subordinação da Europa ocidental ao poder dos Estados Unidos), não menos deplorável é em sua opinião o euroceticismo:

---

[155] Entrevista de Altiero Spinelli, em *Critica Marxista*, n. 1-2, jan.-abr. 1984.

Compreendemos as desconfianças que existem em certos setores da esquerda diante da atual realidade social e política da Comunidade, mas parece-nos que tal desconfiança deveria ser superada diante de tantos fatos e dados que comprovam que uma maior cooperação e integração correspondem aos interesses mais vitais da Europa e, em primeiro lugar, aos da classe operária, das obras intelectuais, das mulheres, dos jovens. A dimensão comunitária é a adequada para enfrentar os desafios e as transformações do nosso tempo com real força econômica, política e cultural. E é também uma dimensão que cria um novo terreno, certamente, mas mais amplo e mais favorável à unidade das classes trabalhadoras e à sua luta para transformar o atual estado de coisas, caracterizado pela prevalência substancial dos interesses dos grandes grupos monopolistas.[156]

As reflexões de Enrico Berlinguer sobre a Europa apresentam uma série de analogias com aquelas formuladas por Gramsci nos *Cadernos do cárcere*. Uma das preocupações que move Berlinguer, em virtude do qual ele se inclina para um processo de convergência europeia, é o atraso econômico e tecnológico que os países do Velho Continente no seu isolamento podem contrair, em primeiro lugar, no que diz respeito à superpotência americana; atraso que pode constituir um elemento de subordinação. De fato, assistimos ao alerta lançado ao Parlamento europeu sobre o atraso em que a Europa ainda vivia em relação aos Estados Unidos e ao Japão em termos de tecnologias de ponta, "como as relacionadas a informação, comunicações, automação, biotecnologia"[157].

Da mesma forma, nos *Cadernos* Gramsci coloca o problema de como "criar as condições gerais" para que as forças econômicas possam "nascer e se desenvolver a partir do modelo de outros países". É nessa perspectiva que saúda a emergência de "uma consciência cultural europeia" e a "série de manifestações de intelectuais e políticos que defendem a necessidade de uma união europeia": não só porque "o processo histórico tende a esta união", mas também por existirem "muitas forças materiais que só podem se desenvolver nesta união"[158].

No entanto, há outro aspecto das reflexões de Berlinguer que parece remeter a Gramsci. No Parlamento europeu, o secretário do PCI apresenta duas ideias opostas de Europa. A primeira, que dominava os cenários políticos, definida

---

[156] Enrico Berlinguer, "Discorso al Parlamento europeo", em Mauro Maggiorani e Paolo Ferrari (orgs.), *L'Europa da Togliatti a Berlinguer*, cit., p. 326-7.

[157] Ibidem, p. 326.

[158] Antonio Gramsci, *Cadernos do cárcere*, caderno 6, § 78.

como a "concepção de curto prazo"[159], e uma segunda destinada a promover "um processo de longo prazo"[160]. As categorias de curto e longo prazo aqui utilizadas mostram uma objetiva afinidade semântica com a distinção feita por Gramsci entre *pequena política* e *grande política*:

> Grande política (alta política) – pequena política (política do dia a dia, política parlamentar, de corredor, de intrigas). A grande política compreende as questões ligadas à fundação de novos Estados, à luta pela destruição, pela defesa, pela conservação de determinadas estruturas orgânicas econômico-sociais. A pequena política compreende as questões parciais e cotidianas que se apresentam no interior de uma estrutura já estabelecida em decorrência de lutas pela predominância entre as diversas frações de uma mesma classe política. Portanto, é grande política tentar excluir a grande política do âmbito interno da vida estatal e reduzir tudo a pequena política.[161]

Nesse sentido, apontou-se não só como hoje é por meio da "exclusão da grande política que a hegemonia burguesa se apresenta na era do neoliberalismo"[162], mas também como o "esmagamento dos movimentos sociais nas diversas lutas setoriais – que, quando desconectados de sua relação com uma perspectiva universal, não questionam a denominação do capital e, consequentemente, podem ser assimilados por ele" – constitui "uma importante contribuição para o triunfo da pequena política"[163]. Portanto, no cenário atual do Ocidente, em grande parte "a ofensiva neoliberal […] não tem […] como pano de fundo nenhuma questão de grande política: na disputa entre republicanos e democratas nos Estados Unidos", por exemplo, "não está em jogo nenhuma alternativa entre os diferentes modelos de sociedade" e os "contrastes não ultrapassam os limites da 'pequena política'"[164].

O esforço de Berlinguer para iniciar uma luta baseada em uma perspectiva de longo prazo também foi uma forma de trazer a grande política para o teatro do confronto europeu.

---

[159] Ibidem, p. 327.
[160] Ibidem, p. 328.
[161] Ibidem, caderno 13, § 5.
[162] Carlos Nelson Coutinho, "L'epoca neoliberale e l'egemonia della 'piccola politica'", em Stefano. G. Azzarà, Paolo Ercolani e Emanuela Susca (orgs.), *Dialettica, storia e conflitto* (Nápoles, La Scuola di Pitagora, 2011), p. 279.
[163] Ibidem, p. 281.
[164] Ibidem, p. 293.

Por outro lado, a exaltação do europeísmo neoliberal e do antieuropeísmo, que muitas vezes une em seu campo de batalha as almas da direita e da esquerda em nome da luta contra a tirania das doze estrelas, constituem duas maneiras de cortar as asas no nascimento de uma grande política no cenário europeu e da reorganização de uma esquerda classista em escala continental. O projeto do PCI, portanto, sempre teve e ainda hoje tem dois inimigos complementares contra os quais combater para poder realizar-se ou pelo menos começar a reampliar seu espaço de influência.

8. Uma fênix das cinzas?

Uma última concepção que anima o antieuropeísmo hoje em voga na esquerda ocidental é aquela segundo a qual a eventual reconstrução de uma Europa social deve passar por um *reset* da atual estrutura política da União. Nos *Cadernos do cárcere*, Gramsci critica o "economicismo" e a atitude cética "em relação às expressões da vontade, de ação e de iniciativa política e intelectual, como se estas não fossem uma emanação orgânica de necessidades econômicas, ou melhor, a única expressão eficiente da economia". No entanto, especifica, "nem sempre o economicismo é contrário à ação política e ao partido político, mas esse é considerado como mero organismo educativo de tipo sindical [...] Ao economicismo está ligada a fórmula do 'quanto pior, melhor' e também a fórmula da chamada 'intransigência'"[165]. Esta é evidentemente considerada por Gramsci uma forma de economicismo, pois não leva em conta que a anulação de determinado quadro político-econômico não pode ocorrer sem alterar o nível de consciência vinculado a esse determinado quadro. Ainda que a construção da unidade da Itália tenha ocorrido por meio de desequilíbrios territoriais e divergências sociais, a destruição dessa unidade recém-nascida teria feito retroceder assustadoramente até a consciência política unitária e do *Risorgimento*. Em essência, nada garantiria que uma fênix, mais forte e robusta que a anterior, pudesse renascer das cinzas: as cinzas, ao contrário, só poderiam produzir lama. Assim, no que diz respeito ao processo de construção da União Europeia, na recusa da liderança do PCI em substituir a lógica da transformação pela da destruição e regeneração parece existir também a ideia de que a eventual anulação do processo de convergência determinaria em todos os Estados um recuo assustador da consciência europeia – e da mesma *forma mentis* das

---

[165] Ibidem, caderno 4, § 38.

massas – que inevitavelmente seria dividida e diminuída. Não é por acaso que Gramsci acusa o economicismo de raciocinar em termos mecanicistas e de não saber fazer uso do raciocínio dialético, em cuja base está o princípio de que a síntese não constitui uma anulação da situação anterior, mas sua *Aufhebung*, sua superação, entendido isso como um processo que põe fim e ao mesmo tempo preserva os elementos mais elevados da etapa histórica precedente.

9. Conclusões

Pelo que se observou até aqui, compreende-se bem a necessidade, por parte de uma esquerda que não quer assumir configurações particularistas – tornando-se vítima ideológica de sua própria impotência –, mas que pretende promover um universal concreto, instaurar a luta relativa à questão europeia de forma diferente. Há três procedimentos políticos que essa esquerda deve implementar. Em primeiro lugar, é preciso travar uma batalha contra o *Project for the New American Century*, que tenda a isolar o eixo Estados Unidos-Israel e empurrar a Europa para uma maior "autonomia de iniciativa", ou seja, para um distanciamento da Otan, do poder dos Estados Unidos e de suas repetidas ingerências, que se manifestam por via diplomática ou pela instalação de bases militares. Em segundo lugar, deve-se lançar uma luta política pela extensão da União Europeia, que não se limite ao perímetro ocidental, mas inclua todo o "espaço entre o Atlântico e os Urais"[166]; como sugere Togliatti, uma luta destinada a estreitar relações com as economias emergentes e em particular com a Rússia e a China para a construção de um mundo multipolar e maior democracia nas relações internacionais. Em terceiro lugar, convém organizar as energias em vista de uma maior coordenação política entre a esquerda anticapitalista europeia, a fim de iniciar uma luta de classes na Europa por mais direitos sociais, por dignidade do trabalho, por um planejamento econômico voltado ao desenvolvimento das forças produtivas do continente.

Esses três procedimentos abrem caminho para que a esquerda e as forças comunistas se oponham à atual euromania liberal, sem conceder um único passo às formas de eurofobia que hoje, no perímetro do Velho Mundo, caracterizam os tradicionalismos nacionalistas da extrema direita.

---

[166] Palmiro Togliatti, "Un europeismo democratico", em Mauro Maggiorani e Paolo Ferrari (orgs.), *L'Europa da Togliatti a Berlinguer*, cit.

POSFÁCIO
A emergência de uma democracia bonapartista pós-moderna e plebiscitária e a revolta "soberana" contra a Grande Convergência e contra a Europa

Stefano G. Azzarà

1. Uma gigantesca concentração de poder neoliberal na esteira do bonapartismo pós-moderno

Observou-se que a Itália muitas vezes desempenhou o papel de um laboratório capaz de antecipar tendências que mais tarde se manifestariam em outros países, às vezes marcando toda uma época histórica. Isso ocorreu no plano intelectual, como afirmou Roberto Esposito já nos anos 1980 e ainda mais recentemente, referindo-se aos nomes de Maquiavel e Vico e a um constante impulso de mundanidade finalmente explicitado no conceito de biopolítica[1]. Mas também no plano político em sentido estrito, ou seja, no das formas de governança e, antes mesmo, das formas de conflito.

Sem termos de voltar ao período posterior à Primeira Guerra Mundial, quando a súbita emergência do fascismo após o Biênio Vermelho 1919-1921 foi a premissa para a guerra civil na Alemanha e a afirmação do nazismo (é sempre apropriado, aliás, a esse propósito, evitar analogias fáceis, mas equivocadas porque anacrônicas), basta pensar na complicada alquimia – digna de um manual de ciência política – que na fase da Guerra Fria, na jaula da divisão da Europa em blocos opostos, sancionou a centralidade inabalável da democracia cristã e a contenção do Partido Comunista Italiano. Ou, mais recentemente, na longa temporada marcada por Silvio Berlusconi, isto é, a primeira experiência de exercício direto do poder político em um país avançado por um expoente do grande capital, em oposição àquele "velho" sistema

---

[1] Roberto Esposito, *La politica e la storia: Machiavelli e Vico* (Nápoles, Liguori, 1980); *Pensiero vivente: origine e attualità della filosofia italiana* (Turim, Einaudi, 2010). Ver Dario Gentili, *Italian Theory: dall'operaismo alla biopolitica* (Bolonha, Il Mulino, 2012).

partidário que a ordem capitalista tinha garantido até aquele momento, mas que, com o fim da Guerra Fria e seus constrangimentos, se mostrou muito oneroso e completamente incapaz de governar a crise sistêmica do país. Ou ainda nas Grandes Coalizões com geometria variável entre peças de centro-esquerda e centro-direita que administraram a fase do governo Monti, uma espécie de comissário das forças sociais hegemônicas na União Europeia que se manteve em parte também na última legislatura.

Visto em sua continuidade, estamos perante um processo de longa duração que ocorre há décadas sob o signo de uma deterioração irrefreável em uma chave bonapartista e neoliberal das instituições parlamentares republicanas; um processo que tem levado gradualmente a uma alteração *de facto* da Constituição vigente e a uma superação à direita da democracia moderna (isto é, a uma revogação daqueles elementos que tornam a democracia moderna e não puramente formal, a partir de um reequilíbrio conflituoso das relações de força entre as classes)[2]. É uma tendência que Domenico Losurdo já havia começado a analisar no início dos anos 1990[3] e é justamente na continuidade desse contexto que, apesar das proclamações de ruptura e inversão de tendência, o governo *gialloverde* [amarelo-verde] atualmente em exercício deve ser colocado. E é assim que nasce o governo – depois de um retorno ousado ao sistema eleitoral proporcional que, mesmo após o desaparecimento dos partidos de massa, não mudou a persistência de uma mentalidade ainda majoritária dos atores políticos e do próprio eleitorado –, da convergência de duas forças até então consideradas marginais e laterais no jogo político nacional.

É um governo certamente alheio às habituais combinações parlamentares e que à primeira vista pode parecer indecifrável em sua natureza híbrida. Na verdade, reúne classes sociais e interesses muito diversos, porque atrai as simpatias de desempregados e trabalhadores precários interessados em renda básica, bem como de trabalhadores autônomos com Pessoa Jurídica e pequenos empreendedores que visam à evasão fiscal à espera do *Flat Tax* ou da proteção

---

[2] Ver Stefano G. Azzarà, *Democrazia cercasi: dalla caduta del Muro a Renzi – Sconfitta e mutazione della sinistra, bonapartismo postmoderno e impotenza della filosofia in Italia* (Reggio Emilia, Imprimatur, 2014).

[3] Domenico Losurdo, *Democrazia o bonapartismo: trionfo e decadenza del suffragio universale* (Turim, Bollati Boringhieri, 1993) [ed. bras.: *Democracia ou bonapartismo: triunfo e decadência do sufrágio universal*, trad. Luiz Sérgio Henriques, Rio de Janeiro/São Paulo, Ed. UFRJ/Ed. Unesp, 2004.]; *La Seconda Repubblica: liberismo, federalismo, postfascismo* (Turim, Bollati Boringhieri, 1994).

da manufatura *Made in Italy*, sem, no entanto, excluir o funcionalismo público e privado, exasperados por décadas de bloqueio de *turnover*, salários e pensões. Mas é também um governo que, por isso mesmo, quis desde o início delinear uma identidade reconhecível em âmbito simbólico e traçar uma fronteira – de forma grosseira, mas inequívoca em suas intenções –, marcando uma clara descontinuidade com o decepcionante *establishment* que o havia antecedido e com os seus laços internacionais, e reivindicando, pelo contrário, uma proximidade com experiências semelhantes, elas próprias "novas" e aparentemente fora dos esquemas. Experiências como os sucessos do "milionário do povo" Trump, nos Estados Unidos (outro caso de um grande empresário que, como expoente excêntrico do *establishment* econômico consolidado, conseguiu subir ao topo do poder e tomá-lo diretamente), e depois Bolsonaro, no Brasil. Ou o decisionismo de Putin, ou as críticas cada vez mais difundidas que de várias frentes sociais se dirigem aos constrangimentos de Maastricht e ao projeto pró-europeu. Ou ainda o próprio referendo bipartidário sobre o Brexit e, mais recentemente, a revolta complicadíssima dos coletes amarelos na França.

Justificam-se, portanto, o interesse e a curiosidade que esse estranho hipogrifo desperta mesmo no exterior[4], tanto mais que, à medida que as forças populistas de direita crescem, poderiam colocar-se ao lado de governos semelhantes em outros lugares, a ponto de envolver a própria governança europeia. E isso talvez – predizem vários analistas – até o ponto de determinar uma nova maioria política continental, que com um eixo inédito na comissão entre as forças populares e emergentes sancionaria a crise final da social-democracia. Precisamente por isso, deve ser explicado que o governo "*gialloverde*" é um governo que não surge do nada, mas que, sem prejuízo de suas bases materiais e seus pressupostos enraizados nas mudanças nos sistemas políticos continentais, foi precedido por um intenso debate que atravessou a Itália nos últimos vinte anos. Um debate que se concentrou na crise nacional e supranacional da democracia representativa em relação às transformações sociais em curso, mas

---

[4] Ver o n. 117, mar. 2019, de *Z. Zeitschrift Marxistische Erneuerung*, com o título "Kontrollverlust? Krise der Parteien und sozialer Protest", no qual o caráter dos protestos "populistas" e "soberanistas" em toda a Europa é debatido em várias contribuições. Sobre o surgimento da nova direita na Alemanha, o recente livro de Gian Enrico Rusconi é exemplar das leituras liberal-democratas e da autocrítica intempestiva das elites estabelecidas, segundo as quais essa tendência "trouxe à tona, exasperando-os, os aspectos críticos e problemáticos do sistema que haviam sido removidos ou permaneciam latentes"; *Dove va la Germania? La sfida della nuova destra populista* (Bolonha, Il Mulino, 2019), p. 14.

que também enfrentou, por meio de uma gigantesca concentração de poder, a crescente obsolescência das formas organizacionais históricas (*in primis* os partidos políticos e os sindicatos) como estruturas da participação dos cidadãos e de mediação e composição dos interesses sociais.

Em suma, um debate sobre a pós-democracia e suas possíveis formas, do qual a atual equipe ministerial parece tirar hoje as consequências mais extremas. E o faz justamente quando se identifica retoricamente com a restauração de uma soberania popular que, depois de muito tempo coagida por indefinidos centros de poder nacionais e supranacionais, seria finalmente reconquistada graças ao novo "Governo da Mudança", após a derrota definitiva do Partido Democrata e o fracasso do projeto de modernização proposto por seu ex-*enfant prodige* [menino prodígio] Matteo Renzi.

2. Direita e esquerda, em cima e embaixo: o "populismo" europeu

A premissa teórica a que se referem os partidários dessa aliança inovadora entre parcelas da sociedade e "empreendimentos políticos" aparentemente tão distantes é, portanto, a discussão sobre o populismo. Isso se esse termo for entendido no sentido que assumiu nas últimas décadas na Europa e que é muito diferente daquele de ascendência latino-americana, com antecedentes muito peculiares, a que se referiram Ernesto Laclau e Chantal Mouffe na discutível hipótese "gramsciana" de uma nova forma de democracia radical (e que inspirou movimentos ainda claramente da esquerda clássica, como o Syriza na Grécia e o Podemos na Espanha)[5].

"As velhas ideologias propunham uma *Weltanschauung*, uma visão de mundo, e o declínio desses sistemas levou a uma mudança de perspectiva e à desatualização das anteriores", explicou o presidente do Conselho de Ministros Giuseppe Conte à Escola Política da Liga em outubro passado [2018], razão pela qual direita e esquerda "são categorias políticas obsoletas"[6]. É claro que elas expressam "dois valores" que permanecem "fundamentos para qualquer sistema democrático", que em todo caso "deve garantir ao mesmo tempo li-

---

[5] Sobre Laclau-Mouffe, ver meu *Nonostante Laclau: populismo ed egemonia nella crisi della democrazia moderna* (Milão, Mimesis, 2017).

[6] Alessandro Solda, "Giuseppe Conte alla Scuola della Lega: 'Destra e sinistra sono categorie superate'", *Secolo Trentino*, 19 out. 2018; disponível em: <https://secolo-trentino.com/>; acesso em: 29 dez. 2022.

berdade e igualdade para todos". No entanto, o tempo dos "antigos sistemas ideológicos", que "tinham a ambição de ser abrangentes", passou, e hoje "traçar uma distinção tão clara não é indicativo" e liberdade e igualdade tornaram-se, quando muito, "formas de restituir a ação política tanto em âmbito individual quanto comunitário". "Fazer o bem para a nossa sociedade" é de fato o objetivo muito simples da política, um compromisso que exige "atenção à *res publica* e luta pelo bem comum". Nesse sentido, certamente "criou-se uma fratura entre as elites políticas e a sociedade civil", mas felizmente "as novas forças políticas, que estão na base da experiência deste governo, souberam interpretar fortemente o sentido da mudança" e com a sua "nova forma de fazer política" mostraram-se capazes de "entender as necessidades do povo". É por isso que, "quando alguém nos acusa de soberanismo e populismo", deve-se lembrar que "soberania e povo são referidos no artigo 1º da Constituição italiana"[7], em cumprimento do qual me "proponho a ser o advogado do povo italiano"[8].

De acordo com a tese explícita e orgulhosamente reivindicada pelo governo na fala do próprio premiê, como se pode ver, o campo político não mais se orientaria segundo o tradicional eixo esquerda-direita, agora ultrapassado, mas partindo de uma nova fratura que passa transversalmente às classes sociais e se organiza horizontalmente separando tudo o que está embaixo de tudo o que está em cima, ou seja, o "povo" entendido em sua totalidade e indeterminação e as "elites" de todas as cores políticas, também entendidas como um todo. Após cerca de dois séculos de vigência das categorias políticas usuais, desde a Revolução Francesa até hoje, estaríamos, portanto, subitamente diante de um evento de relevância histórica, ou seja, um verdadeiro terremoto. Uma mudança que depois de ter alterado drasticamente o corpo social impõe agora, no plano teórico e político, novas ferramentas interpretativas e novas bússolas de leitura dos conflitos que o agitam, mas também novos mecanismos institucionais sob a bandeira da desintermediação e da democracia direta[9], dos quais o Executivo atuaria como porta-voz. Uma nova "revolução", portanto, que marca o fim de toda uma época histórica e dos protagonistas que a atravessaram, tanto em

---

[7] "Governo, Conte: 'sovranismo e populismo sono nella Costituzione' (dichiarazione all'Assemblea generale dell'ONU)", *La Repubblica*, 26 nov. 2018.
[8] Nicola Barone e Alessia Tripodi, "Conte riceve l'incarico da Mattarella: 'governo del cambiamento, confermata collocazione europea dell'Italia'", *Il Sole 24 Ore*, 23 maio 2018.
[9] Ver Massimiliano Panarari, *Uno non vale uno: democrazia diretta e altri miti d'oggi* (Veneza, Marsilio, 2018).

termos da configuração objetiva das classes e da relação entre classes e indivíduos quanto em termos de suas formas de consciência, de seu círculo de identificação e pertencimento e de suas orientações e, finalmente, sobre o significado das políticas públicas e da intervenção (ou não intervenção) por parte do Estado.

Em primeiro lugar, de acordo com esse discurso, o conflito deixaria de ocorrer de forma predominante entre as classes sociais, que teriam se desintegrado completamente em sua consistência habitual e se misturado em seus interesses após décadas de expansão do bem-estar e de processos de empobrecimento. Tal conflito teria se tornado secundário, passando a disputa entre nações à cena principal. Ou melhor, a disputa entre as nações subjugadas e algumas nações dominantes, sobretudo a Alemanha, que podem usar os organismos supranacionais para seus próprios interesses, ou para os interesses daqueles centros políticos e econômicos dos quais seriam mandatários. Em segundo lugar, não haveria mais correspondência entre as classes decadentes e as formações políticas históricas que tradicionalmente as representaram, tanto que a esquerda, por muito tempo expressão da força auto-organizadora das classes populares, primeiro em sua luta pelo sufrágio universal e depois em sua luta por inclusão social, há muito implementa políticas de direita quanto está no governo – isto é, políticas que redistribuem poder e renda para as classes altas por meio de "reformas" de privatização dos serviços públicos e da compressão de custos do trabalho –, enquanto a direita teria se mostrado mais atenta à questão social (ao menos em chave caritativa) e ainda atuaria como intérprete de um discurso cultural mais tranquilizador em defesa dos valores tradicionais e da ideia de comunidade e povo, oferecendo uma proteção também identitária contra o medo do desconhecido representado pela civilização global.

É um discurso que chamo de "mito transpolítico" e que, na verdade, surgiu há vários anos em uma chave predominantemente tecnocrática. Já Clinton, mas também Blair e Schröder e outros expoentes do que era enfaticamente chamado de "*L'Ulivo Mondiale*" [A oliveira do mundo, referência à oliveira que é símbolo do PDS, sucessor do PCI] na Itália, por exemplo, argumentavam que "não há soluções políticas de direita ou de esquerda, mas apenas soluções eficazes capazes de resolver os problemas das pessoas"[10]. Afirmando, assim,

---

[10] "Tony Blair: 'Destra e sinistra non esistono più'", *Il Sole 24 Ore*, 1º dez. 2007; Francesca Paci, "Cacciari: 'Basta con il mondo di ieri, nessuna sinistra oggi puo vincere in Europa'", *La Stampa*, 31 jan. 2017; Tommaso Albertini, "Rassegnatevi, destra e sinistra in Europa non esistono piu", *Il Foglio*, 11 maio 2017.

a primazia da pura técnica de governo em relação às orientações meramente ideológicas, que em sua opinião se tornaram ineficazes e imaginárias em um mundo como o descrito por Fukuyama, no qual as oposições sistêmicas já haviam desaparecido e os princípios fundamentais eram compartilhados por todos os atores envolvidos (ou seja, em um mundo em que, na realidade, se impôs uma única visão de mundo, a liberal, agora capaz, após uma vitória sistêmica, de cobrir todas as necessidades ideológicas: da extrema direita à extrema esquerda).

Tendo em conta esse precedente, a tese propagandística da superação de direita e esquerda que o populismo de hoje prenuncia não passa, em primeira instância, de uma nova versão daquela retórica neoliberal que, erigida como um consenso indiscutível, legitimou de forma preventiva a adoção cada vez mais intensa de políticas de direita por todas as forças políticas do pós-Guerra Fria: uma mutação que hoje podemos ver em plena operação, por exemplo, em um líder como Emmanuel Macron, que nesse esquema representaria perfeitamente, segundo os populistas, a "esquerda" globalista e ultrailuminista. Sua recepção hodierna no contexto teórico, portanto, embora manifeste-se como oposição à tecnocracia, já é por isso completamente equivocada, enganosa e deletéria no plano cognitivo: porque, postulando o desaparecimento dessas categorias basilares, essa tese impede a compreensão do que realmente aconteceu nas décadas após 1989, ou seja, o gigantesco processo global de deslocamento e arrastamento para a direita de todo o quadro político. Uma mudança determinada no momento em que justamente esse lado, a direita, venceu um conflito histórico de classes que durou 150 anos, finalmente impondo suas prioridades a seu antigo adversário e a seus seguidores, depois de tê-los reduzido a um apêndice seu no terreno dos valores, por meio de uma longa revolução passiva.

Direita e esquerda, nessa perspectiva, não desaparecem completamente, mas são drasticamente redistribuídas e redefinidas, pois a direita vencedora absorveu e reconduziu a si quase todo o espectro político e eleitoral, deixando à esquerda – derrotada e desorientada – um papel, um espaço político de proposta e uma cota de consenso decididamente marginal. O PD, o herdeiro final do PCI, propôs e implementou na última legislatura uma plataforma programática quase idêntica ao programa eleitoral de Berlusconi de dez anos antes: o PD deve ser considerado, nesta perspectiva, uma força de esquerda ou uma força que, movendo-se da esquerda, agora se aninhou de maneira estável na direita e, portanto, deve agora ser classificada nesse campo? Ao contrário, posições que até vinte anos atrás seriam consideradas moderadíssimas ou mesmo reacionárias, como as da Igreja católica, são hoje percebidas como extremismo de esquerda porque permaneceram idênticas e ancoradas nas tradições da doutrina social em um mundo que, nesse meio-tempo, mudou e tem fome de reação: estamos diante do desaparecimento da alternativa entre direita e esquerda ou do sintoma de uma guinada geral à direita, ou de uma hegemonia quase total da direita, que se tornou tão esmagadora a ponto de fazer até o papa parecer revolucionário?

Portanto, não é difícil refutar o raciocínio transpolítico já a partir de uma consideração elementar (especialmente porque não é a primeira vez que o marxismo enfrenta essas questões): existe realmente o "povo" como os populistas o configuram, ou seja, como uma entidade compacta, mesmo em suas articulações, e caracterizada por um interesse comum predominante? Ou esse nome, "povo", é antes de mais nada a evocação de uma ausência, de uma falta de povo, ou seja, do desaparecimento de uma configuração histórica da dimensão popular – a aliança potencial entre as classes subalternas (isto é, as verdadeiras classes populares) e as classes médias – e de sua desintegração tão dramática que é necessário exorcizá-la, por mais dilacerantes que tenham se tornado os conflitos entre os membros agora completamente dispersos e não relacionados da sociedade após a vitória capitalista do conflito de classes? Mesmo que as classes tradicionais tivessem desaparecido, afinal, não faltam estratificações e diferenças sociais na Itália de hoje e, portanto, é inevitável que o suposto interesse do "povo" na verdade esconda o interesse predominante de uma *parte* desse povo, a qual consegue o milagre de elevar a universais e dar o nome de "populares" a suas próprias demandas, ou seja, a instâncias que permanecem particularistas e de classe, depois de ter mobilizado e arrastado atrás de si toda uma combinação de segmentos sociais.

No entanto, por um lado esse discurso é muito difundido e por isso não é possível ignorar a sua relevância, sendo necessário refletir sobre as tendências e mesmo sobre as razões parciais que expressa. Por outro, suas consequências também são potencialmente muito extensas, pois a tese da superação da direita e da esquerda apela explicitamente a uma reconfiguração integral do campo político em que as antigas filiações são chamadas a se superar e conflitos antigos são declarados agora superados, a fim de criar uma nova frente única. Uma frente popular, de fato, em que identidades muito diferentes lutam juntas, colocando lado a lado os inimigos do passado e restaurando a unidade coletiva de nações individuais contra um novo adversário comum (a UE, os migrantes, o ordoliberalismo alemão...), a ponto de superar até mesmo contradições consideradas permanentes e constituintes, como aquela – na opinião de alguns já fora de tempo – entre fascistas e antifascistas. O povo de todas as classes e de todos os pertencimentos contra as elites globalistas de todas as orientações e em busca de uma nova forma de representação, portanto: estas são as teses já expostas há algum tempo por Sapir, Michéa e ainda antes por Alain de Benoist na França[11] e hoje difundidas também na Itália, mesmo dentro do que já foi a tradicional área cultural e política da esquerda, mas que hoje é irresistivelmente atraída pelas prioridades propostas por um governo que se apresenta como o "governo do povo", artífice de uma "manobra econômica do povo" (o filósofo Costanzo Preve ofereceu com suas reflexões àqueles que não tinham sua experiência e consciência política o pretexto para iniciar uma corrente transformista, mais recentemente teorizada por outros autores, como o cientista político Giorgio Galli)[12].

3. Uma gigantesca crise de legitimação da fração estabelecida das elites capitalistas

Por ocasião da aproximação às costas maltesas de um navio carregado de refugiados do norte de África, o ministro do Interior Salvini, que há anos faz da luta contra a imigração (sobretudo islâmica) uma bandeira "nacional" de enorme sucesso entre todas as classes sociais, recusou-se a aceitar qualquer hipótese de acolhimento, zombando com arrogância a cada pedido de resgate das 49 pessoas que estavam desaparecidas em alto-mar. Aos protestos de muitos prefeitos, como os de Palermo e Nápoles, prontos para a desobediência civil, o ministro do Trabalho Di Maio, do Movimento 5 Estrelas – pressionado pela permanente concorrência com o aliado inconveniente –, respondeu por sua vez de forma irônica, rechaçando qualquer crítica de cunho humanitária

---

[11] Jacques Sapir, *La Démondialisation* (Paris, Points, 2012); Jean-Claude Michéa, *I misteri della sinistra:. dall'ideale illuminista al trionfo del capitalismo assoluto* (Milão, Neri Pozza, 2015) e *Il nostro comune nemico: considerazioni sulla fine dei giorni tranquilli* (Milão, Neri Pozza, 2018); Alain de Benoist, *Pensiero ribelle: interviste, testimonianze, spiegazioni al di là della destra e della sinistra*, v. 1 (Nápoles, Arianna Controcorrente, 2008); *Populismo: la fine della destra e della sinistra* (Bolonha, Arianna Editrice, 2017).

[12] Costanzo Preve, *Destra e sinistra: la natura inservibile di due categorie tradizionali* (Pistoia, CRT, 1998); Giorgio Galli, "Convergenza tra i due anticapitalismi", em Giorgio Galli e Francesco Bochicchi, *Oltre l'antifascismo? Come rinnovare la sinistra non moderata – Due voci per un confronto critico* (Milão, Biblion, 2016).

ao governo como propaganda eleitoral de políticos que tentam vender uma imagem de esquerda, mas que não são de esquerda, porque, se o fossem de fato, deveriam preocupar-se com as condições dos trabalhadores italianos, ou com as vítimas italianas do terremoto, e certamente não com os imigrantes, estranhos à comunidade popular. Alguns dias depois, Di Maio mudará de ideia, dizendo-se disposto a receber pelo menos mulheres e crianças, mas não os náufragos do sexo masculino. De repente, suas contas nas redes sociais são invadidas pelos protestos de milhares de pessoas, que o atacam, acusando-o não de estar atrasado diante do drama que se desenrolava no Mediterrâneo, mas, ao contrário, de ser muito sensível. Isto é, de ter sucumbido, por excessivo espírito humanitário e "bondade", ao *Diktat* [imposição] da Igreja e aos financiadores globais que, de acordo com os humores populares orientados ou alimentados por técnicas precisas de manipulação digital do consentimento, organizariam o contrabando de imigrantes da África em conluio com a esquerda e as ONGs. A partir desse momento, quase todas as intervenções imediatamente se alinharam às posições intransigentes e "más" de Salvini, eleito como o único representante autêntico do povo e de sua vontade infalível.

O que nos ensina esse episódio, em que o resgate ou o abandono de imigrantes – que na verdade nada têm a ver com as dificuldades econômicas italianas – tornou-se o significante (de novo Laclau) de um conflito hegemônico e a oportunidade para uma possível reconfiguração reativa do corpo social? Qual é a natureza dessa rebelião coletiva contra os velhos governantes e as velhas práticas políticas, que em sua raiva às vezes se assemelha a uma rebelião contra os sentimentos morais (a "bondade" do politicamente correto) e contra a humanidade mais elementar? "A crise consiste... no fato de que o velho morre e o novo não pode nascer: nesse interregno se verificam os fenômenos mórbidos mais variados", escrevia Antonio Gramsci em 1930, numa circunstância que apresenta evidentes analogias estruturais e cuja memória pode ser útil, mas que hoje não podem ser assimilados *tout court* [sem mais] pelo fato de não podermos reiterar o otimismo revolucionário do grande intelectual comunista (não é de modo algum certo que o "novo" a que Gramsci se referia, ou seja, a transformação social e o socialismo, pode ter futuro na Europa; por outro lado, é possível que a própria pós-democracia neoliberal represente um "novo" perturbador com o qual teremos que lidar por muito tempo).

Estamos, sem dúvida, diante da erupção de um gigantesco colapso de legitimidade dos grupos dirigentes que governaram o país – e a União Europeia – por um longo período. Devido a uma crise econômica crônica e à crescente competição no ambiente capitalista e geopolítico circundante, as elites estabelecidas, ou as frações até então predominantes das classes dominantes, há tempos não são mais capazes de garantir as condições de reprodução da sociedade italiana por direito próprio. Ou seja, não são mais capazes de salvaguardar as hierarquias e as relações de propriedade vigentes, com os lucros que lhes estão vinculados, operando, porém, uma distribuição relativamente equilibrada que mantenha toda a estrutura societária unida, evitando que conflitos excessivos causem sua explosão. Há algum tempo essa síntese já não é possível no âmbito desses estratos superiores, ou entre as diferentes frações das classes dominantes, por isso atravessadas por um conflito feroz que opõe as elites estabelecidas às elites *outsiders* até então isoladas dos circuitos mais rentáveis, ou prejudicadas pela introdução do euro e pela abertura das fronteiras e da mesma forma colocadas sob pressão. Menos ainda, porém, esses grupos conseguem reafirmar sua primazia ao mesmo tempo que garantem o apoio das classes médias, ou seja, aqueles estratos sociais que durante o pós-guerra estavam firmemente inseridos no bloco histórico hegemônico e usufruíam das vantagens que a sociedade burguesa assegura a seus partidários, absorvendo abundantemente seus valores individualistas e competitivos, mas que em certo momento – limitados pela disponibilidade dos recursos – foram inevitavelmente sacrificados e abandonados em meio à crise.

Dissolva as linhas! Essa é a raiz da nossa crise histórica e do levante do "povo" que estamos testemunhando na Itália, mas também em outros lugares. Essas classes subordinadas percebem hoje a desintegração do antigo bloco histórico operado do alto. Rebelam-se contra qualquer disciplina anterior e, diante da incapacidade dos estratos superiores de exercer seu papel de liderança, contestam a sua legitimidade com raiva e frustração, rejeitando a responsabilidade direta pela crise.

Fazem-no, em primeiro lugar, em âmbito político: é a notória revolta contra a "casta" dos partidos (que usurparam a soberania popular e respondem apenas às necessidades da sua própria autorreprodução, separada do resto da sociedade) e contra a União Europeia (que drena recursos de pessoas comuns em favor das elites corruptas e impõe os interesses de poucos grupos de poder). Fazem-no, além disso, em âmbito econômico: é a revolta contra a "casta" dos bancos, das finanças apátridas que se reúnem em grandes clubes como o Bilderberg, dos mercados internacionais sem rosto – talvez manipulados por alguma potência maçônica –, desprovidos de restrições e referências territoriais, geram dinheiro de dinheiro e se opõem tanto ao simples cidadão (talvez um trabalhador), quanto ao pequeno empresário e ao capitalista produtivo vinculado à nação ou às realidades territoriais individuais, expropriando a todos. Finalmente, fazem--no em um âmbito cultural[13]: é a luta das massas medianamente alfabetizadas e aculturadas contra a "casta" das universidades e dos meios de comunicação de massa pré-digitais, jornais e emissoras de televisão em geral, ambos subservientes ao poderes estabelecidos da política e da economia e, portanto, megafones pós-modernos dos valores globalistas e humanitários (*"o espírito do maio de 68"*) das elites outrora bem-sucedidas, mas agora minadas; mas é também a luta contra a ciência "oficial", considerada antidemocrática por ser superior ao senso comum, e seu entrelaçamento com a indústria multinacional (é o caso da disseminação dos movimentos *No-Vax*, isto é, hostis à vacinação obrigatória das crianças em idade pré-escolar e escolar).

Main Street versus Wall Street, portanto, e nessa oposição não há pacto a quebrar porque o pacto já foi quebrado pelos líderes do *establishment* [ordem estabelecida] e por seu egoísmo. A rebelião da pequena burguesia abandonada a si mesma, no entanto, é certamente o aspecto mais visível e pitoresco dessa "revolução" nascida em nome do homem da rua, pois é amplificada por um processo contínuo de autorreflexão e inevitavelmente atende ao interesse também mórbido da mídia. Essa, no entanto, é decididamente secundária em relação a outra rebelião, menos sentida e estudada, mas que na verdade constitui a rebelião principal: a da fração marginal das próprias classes dominantes, que é, portanto, em minha opinião, *a verdade* da insurreição populista.

Expliquemos melhor. Incapazes de obter e fornecer uma direção política e se institucionalizar, as classes médias e a pequena burguesia dão início a protestos de massa, mas em certo ponto devem necessariamente dar um passo atrás e voltar-se novamente para a grande burguesia, como sempre fizeram na história contemporânea. Orientando-se nesse ponto – depois de uma primeira fase de retórica movimentista e de protagonismo do "homem comum", bem visível no início do Movimento 5 Estrelas ("um vale um") e ainda hoje nos coletes amarelos franceses – em direção àquela ala mais atrasada das classes dominantes que foram derrotadas ou ofuscadas pela vanguarda do capital e seu perfil globalista e glamoroso; aquela ala que hoje – parecendo "nova" para a maioria das pessoas e livre de toda culpa em sua devoção patriótica – mostra-se capaz de aproveitar as oportunidades da crise. Para cavalgá-la, ou seja, para conter ou minar os concorrentes econômicos mais temíveis e redesenhar os equilíbrios internos

---

[13] Ver Vincenzo Costa, *Élites e populismo* (Soveria Mannelli, Rubbettino, 2019).

das classes hegemônicas a seu favor, tanto em escala nacional quanto global, a partir da contraposição – ela própria "nova", mas, na verdade, muito antiga – entre o capital produtivo nacional e o capital financeiro parasitário, usurário e desenraizado. Mesmo no terreno cultural, por fim, a revolta populista não é um fenômeno puramente espontâneo, mas traz à tona, concedendo-lhes uma vingança inesperada, segmentos de uma classe intelectual *inferior* que muito tempo antes havia semeado nesse sentido. Um *subestablishment* que – ligado ao tradicionalismo e ao fundamentalismo católico, ou à direita social, ou a toda uma série de interesses esotéricos e espiritualistas que beiram o bizarro – fora colocado à margem da academia, das editoras mais proeminentes ou das grandes audiências dos meios de comunicação de massa em uma época que combinava um relativismo difuso com a retórica do Iluminismo, e que em certo momento pôde ostentar sua natureza "alternativa" até mesmo como forma de virgindade e genuinidade política.

Essa é a raiz estrutural que explica o sucesso de Trump na América, ou seja, um bilionário inimigo do politicamente correto e de mentalidade *liberal* que explorou a multiplicação dos *Tea Parties* para finalmente se tornar um ícone de identificação para grandes camadas populares. E é isso que explica, estruturalmente, a progressiva e inevitável subordinação do 5 Estrelas italiano, ou seja, do cartel da pequena burguesia – bem-intencionada, mas sem capacidade técnica e experiência política – à Liga. Este, por outro lado, um partido muito estruturado (reacionário em seu conteúdo, mas até "leninista" em seu funcionamento), que está no governo há muito tempo junto com Berlusconi, mas que, acima de tudo, tem raízes de classe muito profundas nos setores produtivos da pequena e média indústria do Norte e nas empresas familiares. E que, com sua atitude solidária com a evasão fiscal, mas feroz ao enfrentar os imigrantes e marginais, encarna não uma simples rebelião, e sim um modelo político verdadeiramente inovador, embora de molde totalmente neoliberal. Um modelo que prefigura uma mudança institucional duradoura sob a bandeira do Estado forte, mas mínimo, ou seja, de um Estado policial como um vigia noturno do que resta da acumulação capitalista.

4. A Grande Convergência e seus reveses globais. A reação do Ocidente

Mas de onde vem essa crise de legitimidade, se queremos traçar sua gênese ainda mais profundamente sem descartá-la em uma chave desnecessariamente aristocrática como uma "Grande Regressão"[14]? De onde vêm as dificuldades históricas nas quais as elites estabelecidas tropeçaram? Olhando mais de perto, foi precisamente o sucesso esmagador de seu próprio projeto político e econômico, ou seja, o sucesso daquele projeto das classes dominantes que coincidiu em grande parte com o projeto do século estadunidense, que paradoxalmente constituiu a premissa de sua crise atual: o triunfo da globalização estadunidense é seguido, em certo ponto, pela explosão simultânea de suas múltiplas contradições internas.

Não pode haver dúvidas sobre a natureza política da chamada globalização, isto é, da construção de um ambiente internacional sob a bandeira do livre-comércio centrado durante toda uma fase nos acordos de Bretton Woods e nas instituições que implementaram suas diretrizes, como o Banco Mundial e o Fundo Monetário Internacional: para os Estados Unidos tratava-se de consolidar em âmbito econômico, mas indiretamente político, um bloco supranacional compacto, ou seja, uma área atlântica de contenção da União Soviética, ao mesmo tempo em que reafirmava a liderança da nação americana como garantidora da arquitetura político-econômica internacional[15]. É um projeto que não negligenciou o seu lado cultural e até estético e que parecia encontrar plena realização após 1991, quando a divisão bipolar do mundo deu lugar à unipolaridade do poder estadunidense sancionado com a Primeira Guerra do Golfo e a simultânea disseminação do *American Way of Life* como um estilo de vida agora verdadeiramente global, mas que naquele momento estava inadvertidamente se transformando em algo completamente diferente.

De fato, nem sempre as coisas dão certo, e muitas vezes, em virtude da heterogênese de fins, as consequências das ações e dos projetos humanos não são totalmente controláveis, com todo o devido respeito aos teóricos da conspiração que hoje estão na crista da onda. E, assim, as instituições e os procedimentos que deveriam ter tornado perpétua a ordem mundial centrada no Ocidente e na América, por toda uma série de caminhos tortuosos, acabaram estimulando processos muito diferentes. Em particular – além de favorecer o florescimento de múltiplos fundamentalismos religiosos reativos –, ofereceram a alguns países não ocidentais, já protagonistas de um impressionante processo

---

[14] Heinrich Geiselberger (org.), *La grande regressione: quindici intellettuali da tutto il mondo spiegano la crisi del nostro tempo* (Milão, Feltrinelli, 2017).

[15] Ocupei-me dessa dinâmica há algum tempo em *Globalizzazione e imperialismo* (Nápoles, La Citta del Sole, 1999).

de descolonização, a oportunidade de iniciar um desenvolvimento autônomo ainda mais impetuoso; um desenvolvimento que, nas novas condições de crescente abertura dos mercados internacionais, alavancou importantes vantagens competitivas contingentes, como o baixo custo do trabalho ou a taxa demográfica, para adquirir uma vantagem competitiva duradoura[16].

Assim, no final de uma fase muito conturbada, chegou-se a um desfecho muito diferente daquele previsto pelos *think tanks* estadunidenses sobre ambas as orientações políticas: no fim de 2018, os saldos mundiais são muito diferentes daqueles do início dos anos 1990 e uma parte considerável do mundo que anteriormente era dominado pelo colonialismo e pela hegemonia ocidental, a China em primeiro lugar, é hoje dona de si e protagonista de um crescimento sem precedentes. E, reivindicando o que merece, essa vanguarda se torna pioneira de um mundo multipolar e dentro da arquitetura global constrói estruturas que antecipam os possíveis equilíbrios do futuro (pensemos na *Belt and Road Initiative* [Iniciativa Cinturão e Rota] e seu papel no que Parag Khanna define de modo um pouco otimista como o incipiente "século asiático")[17]: "O modelo ocidental está quebrado", comentou Pankaj Mishra[18].

Bem, tudo isso não poderia deixar o ambiente circundante inalterado, mas inevitavelmente deveria reduzir a parcela de riqueza e poder global disponível para o Ocidente[19]. Pensamos em questões cruciais como o consumo energético e problemas ambientais, bem como no fornecimento de matérias-primas ou água e nas cotas de mercado: hoje já não temos um par de *players* [atores] que atuam segundo hierarquias precisas, os Estados Unidos e a Europa, mas inúmeros *players* que questionam o equilíbrio consolidado e que rompem ou podem romper o eixo até agora dominante. Com todas as repercussões negativas que daí derivam para as nossas sociedades, há muito habituadas a níveis de consumo muito elevados à custa dos outros, mas forçadas, a certa altura, a perceber que os recursos disponíveis já não são tão ilimitados como outrora, já que outros e novos protagonistas alcançaram agora um peso que

---

[16] Sobre o despertar da Ásia nos séculos XIX e XX e o declínio concomitante do Ocidente colonial é fundamental ver Pankaj Mishra, *Le rovine dell'Impero* (Parma, Guanda, 2013).

[17] Parag Khanna, *Il secolo asiatico?* (Roma, Fazi, 2019).

[18] "The Western Model is Broken", *Guardian*, 14 out 2014, disponível em: <https://www.theguardian.com/>, acesso em: 29 dez. 2022; ver Gianpaolo Calchi Novati (org.), *L'alternativa Sud-Sud, chi vince e chi perde: economia, politica, modelli culturali* (Roma, Carocci, 2011).

[19] Ver Stephen D. King, *La fine della prosperità occidentale: come affrontare il declino* (Roma, Armando Editore, 2016).

não pode mais ser negligenciado e também reivindicam o acesso à modernidade e ao bem-estar.

Daí, como muitas vezes acontece, uma inesperada surpresa dialética da história humana[20]: uma contrarrevolução atlântica que, disfarçada de globalização, deveria conter a expansão de qualquer sistema alternativo ao modo de produção capitalista, tornando mais eficiente a divisão internacional do trabalho, mas perpetuando ou aumentando o *gap* [distância] entre as economias tecnologicamente avançadas e o resto do mundo, na verdade levou a um resultado diametralmente oposto. A um verdadeiro cataclismo geopolítico que, como Domenico Losurdo muitas vezes apontava, derrubou contra as intenções de seus partidários a "grande divergência" que Pomeranz havia mostrado ter se aprofundado até o final do século XX[21], e que muito tempo antes havia "reservado para o Ocidente uma posição de absoluta superioridade", em um processo inverso graças ao qual "o resto do mundo"[22] recuperou significativamente terreno em comparação com as antigas potências coloniais. Dando vida, em última instância, a uma nova e inadvertida grande revolução internacional, que continua com meios diversos e preponderantemente econômicos e tecnológicos, aquela revolução democrática anterior que, ao derrubar o colonialismo em âmbito militar e político, tinha sido a premissa da autodeterminação de povos de grande civilização histórica, mas há muito considerados subumanos pelos brancos[23].

Como o Ocidente reagiu a essa consequência inesperada e indesejada de suas próprias ações? Não há dúvida de que, do ponto de vista da China e dos países emergentes se apresenta como uma grande oportunidade, mas para aquelas potências que pensavam ter passagem livre representa um problema e uma amarga decepção, pois restringe enormemente seu raio de ação, fazendo com que os recursos aos quais recorrer sejam decididamente menores.

---

[20] Para o ex-ministro Giulio Tremonti, a globalização, fruto de uma "mente coletiva" e dos interesses e projetos de "homens poderosos e pensantes, anglo-saxões e europeus, políticos e esclarecidos, acadêmicos e financistas, empresários, técnicos e visionários", foi certamente um erro para o Ocidente; *Le tre profezie: appunti per il futuro* (Milão, Solferino, 2019), p. 27.

[21] Kenneth Pomeranz, *La grande divergenza: la Cina, l'Europa e la nascita dell'economia mondiale moderna* (Bolonha, Il Mulino, 2004).

[22] Domenico Losurdo, *La sinistra assente: crisi, società dello spettacolo, guerra* (Roma, Carocci, 2014), p. 13 e 252.

[23] Ver Pierre Grosser, *Dall'Asia al mondo: un'altra visione del XX secolo* (Turim, Einaudi, 2019).

Daí a resposta ocidental à dinâmica que Richard Baldwin chamou de "Grande Convergência"[24]. Uma resposta que se traduz na tentativa de iniciar imediatamente um novo processo de recolonização do mundo[25] que, a partir do uso e controle da tecnologia mais avançada, fosse capaz de conter a revolta das ex-colônias desde o início por meio de uma série de intervenções militares estratégicas que, especialmente no Oriente Médio, reafirmassem o equilíbrio de forças que havia sido alterado e estreitassem o cerco militar em torno dos rivais de amanhã.

Daí, então, a asfixia impiedosa do ciclo progressista na América Latina, outro continente com sinais de distanciamento em relação às hierarquias imperialistas, por meio do uso de técnicas clássicas de "revolução colorida", como no Brasil. Daí o agravamento dos conflitos diretos com potências emergentes, a ponto de recentemente fazer estudiosos como Allison falarem de uma verdadeira "síndrome de Tucídides" anunciando novas catástrofes[26]. Daí, porém, uma nova rivalidade descoberta entre os mesmos parceiros ocidentais do passado, os Estados Unidos e a "velha" União Europeia, dois polos que, perante uma súbita redução dos recursos disponíveis, veem aumentar os seus conflitos de interesses em comparação aos seus consideráveis interesses comuns. Daí, finalmente – e este é o aspecto que mais nos interessa para compreender o fenômeno do populismo na Itália e na Europa – o recurso à gestão de crise que, dentro do próprio Ocidente, descarregará em primeiro lugar precisamente sobre as classes baixas e médias os custos da súbita redução dos dividendos imperiais. Uma gestão que, aliás, jogará facilmente a culpa por esse súbito empobrecimento e por essa redução drástica das perspectivas de vida sobre os ombros de uma revolta ameaçadora dos bárbaros. Uma revolta ignora a ascensão do antigo Terceiro Mundo e a concorrência industrial e comercial das ex-colônias, é claro. Mas que se manifesta, sobretudo, de formas ainda mais concretas, na invasão física que desse mesmo Terceiro Mundo irrompe em nossas cidades pelas migrações dos povos, orquestradas sabe-se lá por qual quinta-coluna, mas

---

[24] Richard Baldwin, *La grande convergenza: tecnologia informatica, web e nuova globalizzazione* (Bolonha, Il Mulino, 2018).

[25] Domenico Losurdo, *La sinistra assente*, cit., p. 13. "A África está próxima e seria um recurso precioso para todos os países europeus que deixaram vestígios de sua passagem por lá", reclama Sergio Romano, mas infelizmente "foi abandonada à China"; "L'Occidente tramonta", *Corriere della Sera*, 14 abr. 2019.

[26] Graham Allison, *Destinati alla guerra: possono l'America e la Cina sfuggire alla trappola di Tucidide?* (Roma, Fazi, 2019).

destinadas, em todo caso, a concluir-se com o fim de nossa civilização e de nossas tradições culturais e até mesmo com uma possível substituição genocida de povos brancos por parte dos povos negros (a lenda do Plano Kalergi)[27]. Uma nova "maré crescente dos povos de cor" pós-moderna, pode-se dizer.

"A selva está crescendo de novo"[28], adverte Robert Kagan ameaçadoramente. A recolonização do mundo em resposta à Grande Convergência é, portanto, o quadro estrutural que solicita e canaliza o renascimento populista da xenofobia e da discriminação racial em um Ocidente que se vê hoje assediado por um mundo que de repente se tornou perigoso e rebelde a sua coleira e está entrincheirado, portanto em defesa de sua própria fortaleza. Mas a recolonização – que também é indispensável para a negação do reconhecimento do Outro, ou seja, para a reespecificação daquela parte da humanidade que não habita o Espaço Sagrado da Liberdade – não seria suficiente se não atuasse em conjunto com a adoção de uma série de políticas neoliberais que podem reafirmar as hierarquias sociais dentro de cada país e do mundo capitalista como um todo, apenas sob o risco de enfraquecer a coesão dos sistemas sociais e minar sua estabilidade no longo prazo: o cobertor subitamente se encurta e, diante desse cataclismo, as classes dominantes certamente resguardam suas posições cortando todos os custos desnecessários para elas. Depois de endurecer seu poder político contra um movimento operário há muito derrotado e decapitado por suas organizações autônomas, elas removem qualquer indício de redistribuição de riqueza, pelo desmantelamento do *Welfare* e de uma multiplicidade de formas de compressão do custo do trabalho e da obliteração de direitos sociais que passam por esses processos de decomposição do ciclo produtivo, de terceirização e desterritorialização que a globalização facilitou.

Claramente, essa operação massiva de engenharia social, mas também de culpabilização das massas que tomou o nome de *Austerity* (a austeridade para quem já tem pouco poder de decisão implementada por quem tem e vai continuar a ter e consumir muito...)[29], a longo prazo acaba arrastando as próprias

---

[27] Ver Renaud Camus, *Le Grand Remplacement* (Paris, David Reinharc, 2011).

[28] Robert Kagan, *The Jungle Grows Back: America and Our Imperiled World* (Nova York, Knopf, 2019).

[29] Ver Marco Bersani, *Dacci oggi il nostro debito quotidiano: strategie dell'impoverimento di massa* (Roma, DeriveApprodi, 2017); Andrea Terzi, *Salviamo l'Europa dall'austerità* (Milão, Vita e Pensiero, 2014); Elettra Stimilli, *Debito e colpa* (Roma, Ediesse, 2015). Provocante por ser cruel e zombeteira já no título, porém, é a análise de Veronica De Romanis: *L'austerità fa crescere: quando il rigore è la soluzione* (Veneza, Marsilio, 2017). Na mesma linha, ver Alberto

classes médias para a crise. As quais, por sua vez, se veem sujeitas a um processo de empobrecimento que as leva ao limiar da proletarização em um momento em que a condição proletária volta temerosamente a assemelhar-se àquela, fragmentada e sempre precária, típica do século XIX, e, portanto, reage de maneira raivosa, rompendo com toda a disciplina à hegemonia burguesa. Daí, porém, também uma grave fratura no seio das próprias classes dominantes, que se encontram em diferentes situações diante da crise: a fração vencedora até agora, vinculada ao capital financeiro globalizado, que tentou se salvar à custa da fração subordinada, aquela ligada aos distritos territoriais e em dificuldade muito maior face à crescente concorrência internacional, vê hoje o seu primado radicalmente questionado, perseguida por *outsiders* que se tornaram não menos revoltados do que a pequena burguesia em revolta que a segue.

Um comportamento suicida, poder-se-ia dizer, que paradoxalmente no Ocidente tem causado uma nova forma de "'grande divergência' que separa uma elite opulenta cada vez mais exclusiva do restante da população"[30]. Isso conduz a um "fosso cada vez mais fundo entre a pequena minoria de privilegiados e a grande maioria da população, condenada à insegurança, à precariedade, à miséria e mesmo à fome". Nenhuma forma de racionalidade estratégica conseguiu temperar a restrição competitiva que o capitalismo impõe a seus atores. Mais uma vez: essa é a raiz dos fenômenos de decomposição e recomposição do quadro político que enfrentamos hoje na Itália. E essa é a raiz de um possível novo bloco histórico reacionário unindo as classes médias, a fração marginal do capital e as profissões intelectuais que deram seus primeiros passos no governo Grillo-Liga. Um bloco que constitui o verdadeiro significado do mito transpolítico, isto é, da tese da superação de direita e esquerda contra o inimigo comum, com toda a nova hegemonia que esse poderoso mito consegue exercer sobre as classes subalternas, dispersas e em busca de novas referências após trinta anos da derrota do movimento operário.

Inevitavelmente, porém, trata-se também de uma mudança gigantesca no plano cultural, ou seja, no plano das formas de consciência e das visões de

---

Alesina, Carlo Favero e Francesco Giavazzi, *Austerità: quando funziona e quando no* (Milão, Rizzoli, 2019).

[30] Domenico Losurdo, *La sinistra assente*, cit., p. 12-3 e 19. Ver Timothy Noah, *The Great Divergence: America's Growing Inequality Crisis and What We Can Do about It* (Londres, Bloomsbury, 2013); Joseph Stiglitz, *La grande frattura: la disuguaglianza e i modi per sconfiggerla* (Turim, Einaudi, 2015).

mundo e dos valores. Se até este momento no debate público haviam prevalecido de fato os valores da fração globalista do grande capital, ou seja, os valores da "sociedade aberta" e de um iluminismo abstrato que em seu universalismo imediato pensava o mundo em chave cosmopolita – ou as de um relativismo pós-moderno, expressão de um bem-estar difuso que facilitava a futilidade das massas (o já mencionado *"espírito do maio de 68"*) –, agora, porém, tudo muda diante de nossos olhos. E a ideia de um mundo sem fronteiras e sem atritos, como sem fronteiras e sem atritos são os mercados financeiros que vivem em redes digitais, é seguida pelo ressurgimento de novos e mais pesados valores. Ou seja, valores igualmente antigos, mas sempre mantidos em xeque após a Segunda Guerra Mundial: valores particularistas e egoístas que exigem um recuo "soberano" das formas de consciência para favorecer uma aliança entre as classes médias e a velha, mas aparentemente nova burguesia "nacional" e "produtiva" de cada país, que nem sequer hesita em evocar o mito da raça – embora em grande parte declinada em termos de diferencialismo cultural – em oposição a tudo o que parece estrangeiro e ameaçador.

5. Estado nacional, redefinição da Comunidade dos Livres e "soberania"

A revolta populista na Itália e no continente europeu[31] põe em questão, portanto, a globalização e as instituições globais após a crise que essas mesmas instituições determinaram com seu comportamento irracional, ou seja, como consequência da gestão míope e puramente de classe, cuja crise as elites estabelecidas, relegadas a um estágio corporativo e incapazes de ampliar seus horizontes, colocaram em prática. Além disso, essa revolta assume uma face "soberana", porque identifica na suposta restauração da soberania nacional e na saída da União Europeia e do euro, e em geral na reversão do chamado globalismo, as premissas para uma plena reapropriação de recursos e de poder político por parte do povo: para derrotar as elites é preciso romper as grades da jaula europeia e sua concha cosmopolita. Trata-se, então, de uma revolta pela justiça social, com a intenção de restaurar a democracia

---

[31] É uma revolta que serve de contraponto – é preciso dizer – à explosão de tendências fundamentalistas, particularistas e antiocidentais no mundo ex-colonial em ascensão, a ponto de Pankaj Mishra falar de uma espécie de "guerra civil global"; *L'età della rabbia: una storia del presente* (Milão, Mondadori, 2018).

nacional moderna e formas mais justas de redistribuição entre as classes? Sabemos que o Estado-nação é o lugar histórico de máxima acumulação de poder pelas classes subordinadas: aquela que muitas vezes também apela à santidade socialista das constituições nacionais é, portanto, uma revolta objetivamente "de esquerda", apesar de sua retórica transpolítica? Uma revolta que observa as dificuldades das classes populares na perspectiva de favorecer a sua recuperação por meio de uma melhoria do equilíbrio de poder e que os progressistas certamente devem apoiar, sobretudo porque prefigura uma redescoberta do papel da intervenção pública?

Não vejo dessa maneira. Trata-se, certamente, da reação irada a uma crise produzida em todos os aspectos pelo capital, como vimos, que é em grande parte legítima e que também envolve grandes setores da população. Mas é uma reação que não pode e nunca poderá questionar a própria sociedade capitalista e sua natureza estruturalmente crítica – talvez buscando uma conexão "leninista" com as demandas dos povos coloniais que estão despertando, para explodir as hierarquias imperialistas em geral, que estão na base dos desequilíbrios comerciais e da exploração do Terceiro Mundo e que desencadeiam as migrações –, mas desafia a redistribuição muito mais desfavorável que o capitalismo ocidental, após esse despertar, gerou hoje internamente para aqueles que já possuíam menos. Uma reação que, após décadas de difusão da ideologia do consumo ilimitado de bens e recursos que erigiu uma visão precisa do mundo, tenta desesperadamente se apegar aos níveis de bem-estar da fase anterior, enfim. Uma reação que, nesse sentido, apoia abertamente a restauração das estruturas neocoloniais e rejeita *a priori* qualquer hipótese de partilha da riqueza global com os "bárbaros" que batem às suas portas.

Trata-se, nesse sentido, de uma reação explícita à Grande Convergência. Uma reação que clama pela construção de uma verdadeira *Herrenvolk Democracy* [democracia da raça superior] planetária, ou seja, de uma nova ordem mundial que, ao renovar a primazia ocidental, seja capaz de continuar protegendo as classes médias e subalternas, garantindo seus direitos "naturais" como membros reconhecidos dos povos livres. Nesse sentido, mais do que racismo clássico, os fenômenos de discriminação hoje tão difundidos na Itália e em outros lugares devem ser lidos precisamente como a tentativa de redefinir a Comunidade dos Livres em tempos de crise permanente. Uma reescrita dos códigos escritos e não escritos da sociedade, a fim de distinguir os excluídos que podem ser parcialmente cooptados para o Espaço Sagrado da Liberdade porque lhe são úteis, daqueles que, sendo inúteis ou menos úteis, podem ser excluídos dele[32]. E que terão de formar uma subclasse fora da lei, privada de direitos porque clandestina ou sujeita a uma legislação paralela e ao *apartheid*, e sempre potencialmente em risco de prisão ou expulsão porque é causa de penúria social e essencialmente destinada ao trabalho servil.

Junto aos imigrantes (e à esquerda política, que favoreceria sua entrada para compensar a perda do consenso dado como certo entre as classes populares), está em primeiro lugar a União Europeia, a entidade externa identificada pela revolta populista-soberanista na Itália como o inimigo principal, porque é a ela que é atribuída a responsabilidade predominante pela crise social. Esse diagnóstico é realista? Não há dúvida de que a União também desconsidera um marcado caráter de classe: seria estranho se fosse o contrário, já que – diferentemente das grandes constituições nacionais, nascidas depois de 1945, no fim de uma fase revolucionária em escala planetária – a União Europeia e seus tratados foram formados no início de um período de restauração, após a queda da União Soviética. Do ponto de vista das classes subalternas dos países ocidentais, porém, se o globalismo e, nesse contexto, a construção europeia respondem claramente a essas coordenadas de classe, ou seja, movem-se sob o signo da hegemonia burguesa e, portanto, só podem funcionar para uma compressão do custo do trabalho e seus direitos, a alternativa não é de forma alguma melhor. O retorno a um quadro puramente nacional, aliás, na sequência do novo bloco histórico em formação entre as elites marginais e a pequena burguesia, mesmo que fosse praticável, não implicaria de forma alguma um terreno de conflito mais avançado porque não representa qualquer garantia de melhor equilíbrio nas relações de poder entre as próprias classes.

Mesmo à luz do exposto, ninguém pode negar que a globalização e a convergência europeia funcionaram no Ocidente como um mecanismo de subjugação das classes populares, agravando a assimetria de poder entre dominantes e dominados. Mas isso significa – em termos simples – que, antes do início desses processos, essas relações eram favoráveis às classes populares ou que seriam se a União Europeia fosse destruída? Não é bem assim: essas relações permaneceriam igualmente desfavoráveis ou piorariam ainda mais e o fariam dentro de um quadro de formas de consciência agora muito mais selvagens.

---

[32] São mecanismos que Domenico Losurdo havia explicado em *Controstoria del liberalismo* (Roma/Bari, Laterza, 2005), sobretudo no cap. 2, tópico 8, e cap. 9 [ed. bras.: *Contra-história do liberalismo*, trad. Giovanni Semeraro, Aparecida, Ideias & Letras, 2006].

Sabemos que, após o auge das lutas sociais nos anos 1970 – lutas que constituíram o ápice da democracia moderna sancionada na Itália pelo Estatuto dos Trabalhadores e que determinaram um enorme reequilíbrio nas relações de força entre as classes em favor das subordinadas –, o capital respondeu de maneira extremamente eficaz, colocando em prática vários processos que reverteram essa tendência. Transformações igualmente impactantes no plano político, econômico e cultural atingiram o ápice na década de 1980, quando a luta de classes na Itália foi decidida com uma clara vitória sistêmica do capital. Também pela recuperação e *detournement* [redirecionamento] dos temas emancipacionistas do ciclo 1968-1977 no contexto de uma revolução passiva[33], a derrota histórica das classes baixas coincidiu a partir daquele momento com o desmantelamento dos elementos de modernidade da democracia, a ponto de sancionar um novo desequilíbrio crescente nas relações de força e a restauração quase total de uma lacuna social que só foi preenchida depois de cem anos de história e lutas operárias. Pois bem, precisamente esse resultado indiscutível do conflito de classes, com a desintegração do antagonista social, de suas organizações políticas e sindicais e de suas formas de consciência solidária e cooperativa, permitiu às classes dominantes italianas – mas o discurso não é diferente para os demais países – dotarem-se, nas suas frações mais avançadas, de estruturas internacionais capazes de deslocar o terreno da concorrência para um nível diferente e mais elevado. Precisamente a grande vitória burguesa dentro de cada país é o acontecimento decisivo que acompanha a construção das instituições continentais. Não se compreende, portanto, por que o retorno a uma dimensão totalmente nacional – que nos termos autárquicos grotescos em que é pensado pelo "soberanismo" de hoje era improvável já no século XIX – deveria automaticamente buscar relações de poder mais favoráveis, uma vez que essas relações foram claramente perdedoras mesmo antes de uma nova fase se abrir com a globalização e a União Europeia. Também não se compreende por que colocar-se na retaguarda da fração nacional atrasada e marginalizada pelo capital e por suas classes políticas e intelectuais facilitaria o despertar da luta das classes subalternas e produziria melhores resultados do que aqueles que as classes populares conseguiram no passado, em seu conflito – agora perdido – com aquela fração capitalista avançada e hegemônica que se colocou à frente da globalização.

---

[33] Ver Stefano G. Azzarà, "An Intellectual Mass-Transformism: Restoration and Postmodern Passive Revolution in the Neo-liberal Cycle", *International Critical Thought*, v. 8, 2018, p. 66-78.

Pulemos, então, a catástrofe cultural que torna possível hoje na Itália a propagação dramática de um pensamento mágico que leva a maioria a acreditar que, recuperando uma suposta soberania monetária, poderia facilmente criar riqueza para todos por meio da impressão de papel-moeda ou da dívida *ad libitum* [sem limites], e, em vez disso, façamos outra pergunta mais séria: quem lideraria hoje um possível processo de saída da Itália da União Europeia e do euro? É mais provável, nas condições dadas, que esse processo seja conduzido por forças progressistas com o propósito de uma renovação inclusiva da democracia e para o bem-estar dos trabalhadores, ou que as forças mais reacionárias, que têm agitado instrumentalmente isso há algum tempo e têm um consenso muito maior, estejam à frente do tema? Como dizia no início, o fim da democracia moderna na Itália ocorreu principalmente a partir de uma série impressionante de processos de concentração de poder. Não se trata apenas do crescente desequilíbrio na relação entre parlamento e governo. A introdução da lei eleitoral majoritária no início dos anos 1990 levou ao fim dos tradicionais partidos de massa e à progressiva identificação entre política e riqueza, com a construção de cartéis eleitorais centrados na liderança carismática personalista deste ou daquele líder político e na sua capacidade de propaganda e manipulação publicitária de formas de consciência. O populismo hodierno não é uma resposta democrática a essa degeneração que impede uma representação real do corpo social, mas apenas uma variante dela: um aspecto novo e diferente da mesma concentração de poder em novas condições e, portanto, mais uma face pós-moderna do neoliberalismo[34].

A mítica democracia direta permitida pela disseminação das redes digitais e pregada como um remendo da relação entre cidadãos e instituições, por exemplo, é na verdade uma forma de investidura plebiscitária de contraelites perfeitamente condizente com aqueles processos de desintermediação que preveem o fim dos órgãos intermediários e de qualquer capacidade de organização autônoma dos interesses de classe. E, portanto, apresenta-se como uma peça importante de uma forma pós-moderna de bonapartismo: o projeto de introduzir o instituto do referendo propositivo sem quórum recentemente apresentado pelo 5 Estrelas[35], ou seja, a ideia grotesca de uma espécie de mensuração em tempo real da soberania popular por meio de pesquisas de opinião confirma isso; assim como o confirma a sugestão, proveniente dos mesmo ambientes, mas provavelmente inspirada em

---

[34] Ver Yascha Mounk, *Popolo vs. democrazia* (Milão, Feltrinelli, 2018).

[35] Elisa Patta, "Referendum propositivo, esperti a confronto: 'Così la democrazia diretta diventa più digeribile'", *Il Sole 24 Ore*, 22 jan 2019.

Reybrouck, de substituir o sufrágio eleitoral universal por um procedimento de loteria[36]. A tendência perene à externalização do conflito social responde à mesma dinâmica da bonapartização pós-moderna, cujas contradições são hoje projetadas nas instituições internacionais, mas sobretudo nos migrantes, ou melhor, nas vítimas do processo de recolonização do mundo e não nos seus algozes.

É provável que nessas condições não haveria chances de virar à esquerda numa eventual saída italiana e que essas tendências prevaleceriam. Que dizer então de uma "soberania" que identifica o inimigo principal na União Europeia, mas nada diz sobre a presença militar dos Estados Unidos no país e na Europa? A Itália seria mais livre e soberana fora da União Europeia, com quase uma centena de ogivas nucleares estadunidenses e em breve novos dispositivos temíveis em seu território[37]?

Há também um risco muito grande de que o recente projeto de devolução dos poderes do Estado às autonomias regionais locais, fortemente patrocinado por uma Liga sempre atenta às suas raízes territoriais, possa colocar em crise a unidade nacional do país, estimulando a secessão fiscal das zonas mais ricas, de acordo com o modelo catalão. Belo resultado para os supostos defensores do Estado-nação!

6. Populismo ou marxismo?

Em 1923, olhando também para o que havia acontecido recentemente na Itália, Clara Zetkin explicou ao Comitê Executivo ampliado da Internacional Comunista reunido em Moscou que a disseminação dos *Freikorps* e dos movimentos fascistas na Alemanha havia sido uma consequência direta da guerra, que havia provocado uma crise tão profunda a ponto de mergulhar as classes médias e os trabalhadores intelectuais na miséria mais escura e numa depressão espiritual aguda[38]. Mas em sua opinião uma grande responsabilidade recaía

---

[36] David van Reybrouck, *Contro le elezioni* (Milão, Feltrinelli, 2015).
[37] "In Italia 90 bombe atomiche USA", *La Stampa*, 15 set. 2007; ver Manlio Dinucci, "L'italia nel piano nucleare del Pentagono", *Il Manifesto*, 23 jan. 2018; "Oltre alle bombe, missili USA in Italia?", *Il Manifesto*, 16 out. 2018. Para uma contextualização mais geral, ver sempre Manlio Dinucci, *Guerra nucleare: il giorno prima – Da Hiroshima a oggi: chi e come ci porta alla catastrofe* (Milão, Zambon, 2017).
[38] Clara Zetkin, "Der Kampf gegen den Faszismus", em *Protokoll der Konferenz der erweiterten Exekutive der kommunistischen Internationale*, v. 19 (Moscou, Verlag der Kommunistischen Internationale/Hoym, 1923), p. 204-32.

também sobre a social-democracia, que havia contribuído para levar o país ao matadouro europeu e com sua atitude comprometedora havia desacreditado o próprio nome do socialismo diante das massas pequeno-burguesas, empurrando-as – especialmente depois de Versalhes – na direção não do proletariado e do socialismo, mas das correntes *völkisch* [populistas] e neonacionalistas. Reiterado que a era atual não pode ser assemelhada à do fascismo (não há impulso revolucionário a ser frustrado), deve-se dizer, no entanto, que, mesmo em nossa crise – a crise que levou ao surgimento do populismo hodierno –, a esquerda tem enormes responsabilidades, na Itália, mas não só. A derrota do sistema sofrida ao fim da Guerra Fria foi de fato de natureza política, mas teve uma implicação cultural não menos importante: a partir dessa passagem, a esquerda foi privada de qualquer autonomia em termos de ideias e visões de mundo e acabou por colocar-se na esteira do liberalismo triunfante e de suas diversas correntes, favorecendo suas flutuações e, portanto, a predominância ora de uma, ora de outra ala.

Durante toda uma fase, a esquerda italiana fez sua a ideologia "iluminista" da fração vencedora do capital internacional, ou seja, a visão de mundo da fração globalista. Dela, acabou por absorver todas as posições e, em particular, a ideia *liberal*, de cunho estadunidense e wilsoniana, de um cosmopolitismo abstrato que identifica a globalização com a realização do conceito universal de homem a partir da confiança numa irmandade imediata dos povos que, quando não ocorre espontaneamente, pode ser ativada pela exportação militar da democracia. A esquerda moderada tornou-se, portanto, defensora de um processo de modernização capitalista, de abertura dos mercados e de liberalização descontrolada que eliminou o papel dos Estados-nação (os Estados-nação mais fracos) e a capacidade deles de proteção social. De fato, propôs governar esse processo em primeira pessoa. E, confiante nas mágicas capacidades produtivas e redistributivas de um mercado sem regras, fê-lo sem prestar atenção às dramáticas contradições que se seguiam e ao vasto sofrimento que as classes populares sofreriam devido a esse aumento exponencial da concorrência econômica e social e à austeridade necessária para recuperar as contas públicas sem recorrer a um imposto sobre riquezas reais.

A transformação terminal da organização política herdeira do PCI, o PDS social-democrata, em uma organização liberal orientada à esquerda no plano dos valores culturais, o PD, e a representação plástica dessa deriva, em relação à qual a esquerda radical e os partidos políticos que se autodenominavam comunistas – aliados estruturais e subordinados do PD no contexto de um sistema eleitoral majoritário – não conseguiram representar uma alternativa. Então, quando a crise econômica colocou essa ideologia nas cordas, trazendo à tona os profundos conflitos entre os centros geoeconômicos de poder que estavam agitando a superfície da globalização e destacando o papel persistente do Estado e da política de poder, a esquerda de todas as orientações – tanto a mais moderada quanto a supostamente mais intransigente – não conseguiu recuperar a sua autonomia, apesar de ter por vezes antecipado muitos desses problemas. E depois de ter governado sob a bandeira da privatização e da liberalização, ficou nua com as suas responsabilidades e pagou o pato diante das camadas crescentes de população empobrecida – mas também transmutada no âmbito das formas de consciência e inatividade – que a identificaram como a principal culpada pela crise.

Nos últimos anos, diante do mundo em mudança, o liberalismo, por sua vez, soube mudar sua atitude de maneira flexível e pragmática. E, aproveitando as novas relações de poder muito favoráveis alcançadas depois de ter derrotado o movimento operário na luta de classes, abandonou qualquer aparência democrática para redescobrir suas raízes. Em outras palavras, o liberalismo retornou em muitos aspectos ao protoliberalismo da acumulação primitiva e renasceu em uma chave ferozmente conservadora: é exatamente essa mudança política e cultural que acompanhou a ascensão da fração marginal do capital, que – como vimos – derrotou a fração outrora vencedora também agitando a bandeira do capitalismo "produtivo", do "soberanismo", do mercantilismo, do protecionismo econômico, mas também do inconformismo em confronto com a doçura do humanismo moral e da civilização das boas maneiras. A esquerda, por outro lado, há muito abandonou qualquer instrumento de análise da sociedade capitalista, permanece imóvel, desprovida de ideias, "ausente" ou reduzida a um neoliberalismo democratizante. E, nesse sentido, sua atual e repentina redescoberta do patriotismo, em oposição a um esquivo "nazismo" euroburocrático que oprime os povos, é hoje certamente não a redescoberta de suas raízes populares autênticas nem a redescoberta da questão nacional há muito negligenciada, mas apenas mais uma demonstração de reboquismo e oportunismo. Essa é mais uma forma de subordinação ao liberalismo, que – também já sabemos –, tendo perdido o *per se* das classes, é hoje capaz de satisfazer as necessidades ideológicas de cidadãos sem orientação política, como os ex-comunistas ou os ex-fascistas.

Independentemente do erro gritante na identificação do inimigo principal – não os Estados Unidos, mas a União Europeia –, mesmo à esquerda, a questão nacional não é, de fato, reivindicada no sentido de um universalismo mais concreto e mais atento a historicidades particulares e, portanto, no sentido de um anticolonialismo e anti-imperialismo destinado a unir as classes subordinadas nacionais com aqueles povos que estão pressionando por uma ordem mundial diferente, mas principalmente de acordo com o mesmo particularismo egoísta e *Herrenvolk* [supremacista racial] da direita. Isso é confirmado pelos muitos discursos "soberanos" agora difundidos na esquerda italiana e europeia, discursos em que, para prosseguir a narrativa da direita, as migrações dos povos são descritas como uma trama – "marxista" ou não – para construir um exército industrial de reserva funcional para a redução do custo do trabalho do proletariado branco e ocidental[39]. Essa deriva social-chauvinista – em que o materialismo histórico degenera em conspiração a-histórica e econômica e a suposta *libertas maior* dos direitos econômicos e sociais se opõe à suposta *libertas minor* dos direitos humanos e civis, negando uma tradição cultural que remonta a Togliatti – confirma que o terreno populista é, por sua própria estrutura, ligado ao imediatismo, e já desde o início orientado à direita. Isso certamente pode ser contestado, como Karl Radek tentou fazer na década de 1920 em face do crescente consenso de neonacionalistas entre as massas alemãs[40]. Quem deveria fazê-lo, porém, e a partir de qual proposta política? Nas condições dadas, diante da dramática inexistência organizacional e da confusão político-cultural desenfreada hoje no campo progressista na Itália, é muito mais provável que aqueles que tentam se aproximar do "povo" pela esquerda sejam, por sua vez, hegemonizados à direita, em vez de hegemonizar à esquerda as outras forças que disputam o campo. Como tantos exemplos súbitos e desconcertantes de transformismo – como o recente nascimento das mais improváveis siglas sociopatrióticas – parecem confirmar.

Na Itália e na Europa, estamos em muitos aspectos em uma situação muito semelhante à da *Befreiungskriege* [Guerra de Libertação] alemã, quando – como Domenico Losurdo reconstruiu em um magistral afresco histórico[41] –, após

---

[39] É um discurso que transparece por exemplo, felizmente sem referências impróprias a Marx, no livro do filósofo alemão (e ex-ministro da Cultura do governo Schröder) Julian Nida-Rümelin, *Pensare oltre i confini: un'etica della migrazione* (Milão, FrancoAngeli, 2018).

[40] Ver Stefano G. Azzarà, *Comunisti, fascisti e questione nazionale – Germania 1923: fronte rossobruno o guerra d'egemonia?* (Milão, Mimesis, 2018).

[41] Domenico Losurdo, *Hegel e la Germania: filosofia e questione nazionale tra rivoluzione e reazione* (Milão, Guerini, 1997), p. 25-37.

a invasão napoleônica, parcelas inteiras de classes intelectuais e classes dominantes, em um primeiro momento entusiástico sobre a Revolução Francesa e interessadas em uma modernização que tirasse a Alemanha do feudalismo, acabaram por repudiar *tout court* as ideias de 1789, com sua carga universalista, igualitária e emancipatória e, decepcionadas com essa dialética do Iluminismo *ante litteram*, chegaram naquelas posições particularistas do molde teutômano e francófobo que décadas mais tarde estariam na origem da ideologia *völkisch*. Não está claro por que os progressistas deveriam hoje repetir o mesmo erro e ceder às tendências políticas populistas eurofóbicas claramente reacionárias, sucumbindo ao mito da superação da esquerda e da direita e enfiando a cabeça no laço da única dimensão nacional, em cujo terreno já foram derrotados. Não está claro por que, ao contrário, não deveriam manter firme a centralidade do conflito de classes e tentar responder ao capital no mesmo nível: revivendo o conflito dentro do Estado-nação, se forem capazes disso; mas, ao mesmo tempo, unificando as lutas em âmbito continental. E – o que nunca aconteceu até agora – construindo em boa hora um movimento de trabalhadores e classes subalternas que tenha uma dimensão europeia.

Publicado em 2023, trinta anos após a entrada em vigor do Tratado de Maastricht, que instituiu a União Europeia, este livro foi composto em Adobe Garamond Pro, corpo 11/14,3, e impresso em papel Pólen Natural 70 g/m² pela gráfica Rettec, para a Boitempo, com tiragem de 3 mil exemplares.